U0730221

指向核心素养的
中小学信息技术教学

袁泽姬 ◎主编

世界图书出版公司
WORLD PUBLISHING CORPORATION

图书在版编目（CIP）数据

指向核心素养的中小学信息技术教学 / 袁泽姬主编
. -- 北京：世界图书出版公司，2019.6
ISBN 978-7-5192-6351-5

Ⅰ.①指… Ⅱ.①袁… Ⅲ.①计算机课—教学研究—
中小学 Ⅳ.① G633.672

中国版本图书馆 CIP 数据核字（2019）第 105840 号

书　　　名	指向核心素养的中小学信息技术教学	
（汉语拼音）	ZHIXIANG HEXIN SUYANG DE ZHONGXIAOXUE XINXI JISHU JIAOXUE	
主　　　编	袁泽姬	
总　策　划	吴　迪	
责　任　编　辑	齐　雪　沈　佳	
装　帧　设　计	刘　岩	
出　版　发　行	世界图书出版公司长春有限公司	
地　　　址	吉林省长春市春城大街 789 号	
邮　　　编	130062	
电　　　话	0431-86805551（发行）　　0431-86805562（编辑）	
网　　　址	http：//www.wpcdb.com.cn	
邮　　　箱	DBSJ@163.com	
经　　　销	各地新华书店	
印　　　刷	三河市燕春印务有限公司	
开　　　本	787 mm × 1092 mm　　1/16	
印　　　张	16	
字　　　数	288 千字	
印　　　数	3 001—5 000	
版　　　次	2019 年 6 月第 1 版　　2020 年 5 月第 2 次印刷	
国　际　书　号	ISBN 978-7-5192-6351-5	
定　　　价	20.00 元	

版权所有　翻印必究

（如有印装错误，请与出版社联系）

编 委 会

主　编：袁泽姬

副主编：刘丹蓉　洪敏仪　李应聪　陈进曦　赖　军

　　　　罗茂寿　江小宇　张锦东　叶成权　陈燕贤

　　　　周伟琼　陈淑华　黎尚斌

编　委：陈伟涛　陈玉妹　陈　宇　周　鼎　吴泽光

　　　　冯　妍　许　晶　官照欢　张菊红　邹红毅

　　　　梁　戈　秦婧丽　周　菁　李思韵　黄晓铭

　　　　叶中华　黄伟斌　李俊豪　林伟强　艾建红

　　　　颜凤珠　罗秀红　吉世玉　何秀花　简惠莲

　　　　袁志克　孔吉生　黄华林　张　倩　黄　然

　　　　陈玉华　梁永辉　郑新途　张　建　卢子豪

　　　　赵善洪　陈　锐　边永明

第三章　数字化学习与创新

绪 论

习近平总书记在十九大报告中明确指出，要全面贯彻党的教育方针，落实立德树人根本任务，发展素质教育，培养德智体美全面发展的社会主义建设者和接班人。教育部部长陈宝生同志在2018年全国教育工作会议上强调，要努力培养学生的创新精神、实践能力和社会责任感。这充分体现了党和国家对发展学生核心素养的重视。

中学生的核心素养是指其应具备的、能够适应终身发展和社会发展需要的必备品格和关键能力，综合表现为人文底蕴、科学精神、学会学习、健康生活、责任担当、实践创新六大素养。《普通高中信息技术课程标准》（2017年版）明确界定了以信息意识、计算思维、数字化学习与创新、信息社会责任为核心要素的信息技术学科核心素养体系。

海珠区教育发展中心信息技术科以微课题研究为抓手，构建移动协作学习的网络教研模式，发挥广州市袁泽姬名教师工作室的示范辐射作用，引领信息技术教师以发展学生核心素养为目标，重组教学内容，开展跨学科的项目式学习、翻转课堂等研究，创新教与学的方式。本书是海珠区信息技术学科微课题研究的成果，从如何培养学生的信息意识、计算思维、数字化学习与创新和信息社会责任四个维度进行了阐述与教学案例分享，供广大中小学信息技术教师参考、交流。

细读本书，你能够看到海珠教育人在日常信息技术课堂教学中致力于发展学生的人文底蕴、审美情趣，不断进行科学探究、实践创新，以及履行社会责任的努力。

信息技术教学中富含的人文底蕴教学特色能以春风化雨、润物无声的方式，将中华民族传统文化、人文情怀、地方特色、社会热点融入信息技术教学中，潜移默化式地培养学生良好的信息意识。例如，《我的花档我做主》教学设计中创设的学习情境要求同学们在广州迎春花市上对自营花档销售情况的数据进行收集、分析、处理，这充分激发了学生学习的兴趣；《宝石我来挖》教学设计倡导"宝石文化"，体现了学校的"闪光教育"特色；《海珠湿地大闯关——表格的编辑》的教学设计则将游玩海珠湿地公园巧妙地融入枯燥的表格编辑课堂教学当中，有效激发了学生的学习兴趣。具有人文底蕴的课堂教学，既能让课堂妙趣横生，又能树立学生良好的信息意识。

信息技术教学中的审美情趣则通过创设情境，给学生美的享受；通过探究与合作，给学生美的体验；通过应用与创新，培养学生创造美的能力。《基于项目学习在小学电脑绘画教学中的实践》课，既让学生有机会欣赏叹为观止的广式满洲窗的美，又能通过引导学生如何修缮受损的满洲窗，培养学生高尚的审美情趣和数字化创新的能力。

信息技术教学中的实践创新包含两个部分：一部分是基于现实问题解决方案调整而进行的创新，创新的难度较低，需要一定的信息整合能力；另一部分是基于现实问题解决方案，并融合其他学科的知识进行的开创性创新，创新难度大，需要较好的信息整合能力和创造力。《我的魔法APP》教学设计通过对多媒体和传感器的应用实践，引导学生创作"魔法APP"，创作结果可以是创新的作品，也可以是符合实际的创新思路。

信息技术教学中强调社会责任是因为在新技术迅猛发展的今天，信息安全问题、道德问题日趋严峻，使得信息安全防范、信息道德、法律意识、社会责任等成为当代学生的必修课。例如，《电脑小报的页面设置》教学设计中融入"诚信"的传统道德观；《键盘控制及条件侦测指令》的教学设计中融入"俭"的传统道德观；《Scratch角色的控制及变量的使用》教学设计中融入"和"的传统道德观等。

用心耕耘，静待花开，你必能闻到核心素养在教坛中散发出的阵阵"芳香"，看到在"芳香"中成长的孩子有多幸福、多快乐。"他山之石，可以攻玉"，希望以此唤醒广大信息技术教师对核心素养教学的认识和重视，紧跟时代步伐，响应十九大和全国教育工作会议精神，牢记新时代教育的根本任务，脚踏实地，开拓创新，不断开创信息技术教育新局面，助力中华民族伟大复兴的宏图大业。

1

第一章

信息意识

信息意识与计算思维、数字化学习与创新、信息社会责任共同组成信息技术学科核心素养的四个核心要素。它指的是个体对信息的敏感度和对信息价值的判断力。其中，对信息的敏感度是指个体获取信息和利用信息的前瞻力、应变力和适应力；信息的判断力，是指个体对信息进行分析与选择的能力。信息意识在一定程度上是一个人的计算思维、数字化学习与创新、信息社会责任在意识层面的投射，能直接反映个人的核心素养发展水平。因此，我们建议在教学设计时，教师应注重对学生信息意识的培养，发展他们的信息技术核心素养，以促使他们适应现代社会对人才的要求。

第一节　信息意识的概述

意识是一个复杂的概念，有关意识的研究可以追溯到心理学、哲学、社会学等领域。在心理学领域意识有广义与狭义之分。从广义上讲，意识是指人脑对外界事物的主观反映，是人脑的机能与属性，是知、情、意的统一；从狭义上讲，意识是指人们对外界和自身的察觉与关注程度，或者说是广义意识概念中知、情、意的意志部分。目前，狭义的意识概念是心理学领域的主要研究对象，它可以分为外在意识和内在意向。外在意识主要是指人们对外界事物的察觉程度与反应灵敏度，而内在意向则是指一种行为准备状态，是一种行为倾向。

信息意识作为意识的一种特殊表现形式，是指个体对外界信息的主观反映，即在参与信息活动中产生的感觉、知觉，以及在感觉、知觉积累的基础上形成的对信息活动的自觉认知和判断能力。简言之，信息意识是个体参与信息活动而产生的敏感性、自觉性和判断力的综合表现。

1. 信息意识是人对客观信息或信息活动的敏感反映，是通过实践而形成的对信息世界的认识结果，一定意义上代表着人的计算思维、信息社会责任等精神世界。钟志贤认为，信息意识是对信息的认识、兴趣、动机、需求和理念等；亦有学者认为，信息意识是社会人在信息活动中产生的认识、观点和理论的总和。

2. 信息意识是思维的开端，是编制解决方案等思维过程的起始阶段。袁桂琴认为它是信息主体对信息环境或信息的认识过程；王德义认为信息意识是人根据自身需要，把知识或信息激活为有价值的情报，并对其进行认识、吸收的思维过程。

3. 信息意识是人对外界信息刺激的察觉和"意识回答刺激"的自觉反应能力，表现为从良莠不齐的信息环境或微不足道的信息现象中发现目标信息或价值信息的能力。亦有学者认为它是当人面对现实问题时，主动寻找答案，并对其进行评价、选择、加工和传播，以及有意识地捕捉、选择、整理和利用价值信息的能力。

在学科核心素养的课程教学视阈下，信息意识是学科核心素养体系的关键，是统领计算思维、信息社会责任，实现数字化学习与创新的基础。着眼于信息意识，更有利于深刻看清素养体系，做到精准化发展学科核心素养。以"信息意识"为中心的"三层统合"学科核心素养体系模型见图1-1-1。

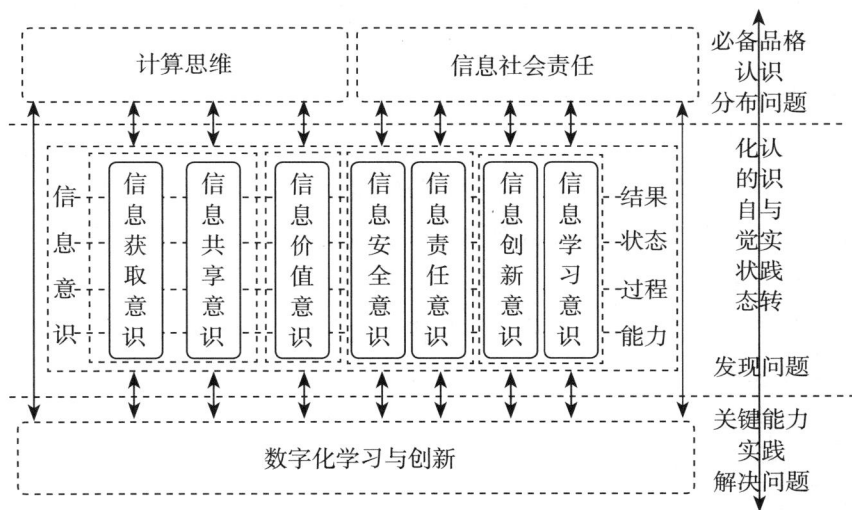

图1-1-1 以"信息意识"为中心的"三层统合"学科核心素养体系模型

培养学生的信息意识是一个帮助学生通过学习和理性批判而形成高级理性意识的过程。在一定意义上，信息意识是计算思维、信息社会责任和数字化学习与创新在意识层面的投射和自觉化，信息意识水平亦可直接反映学生的实践创新和学科核心素养的发展水平。

第二节　培养信息意识的意义

林崇德认为，核心素养主要指学生应具备的，能够适应终身发展和社会发展需要的必备品格和关键能力。品格是人的基本理性素质，决定人认识、参与社会实践的思维和行为模式；能力则直指实践。显然，在学科核心素养系统结构中，自觉的信息意识恰处于上承"品格、认识"、下启"能力、实践"的"自觉主导"位置。因此，在学科核心素养体系中，信息意识是自觉统领计算思维、信息社会责任，实现数字化学习与创新的关键要素。着眼于信息意识，提纲挈领，更有利于深刻看清素养体系的全貌，做到以点带面精准化、具体化发展学科核心素养。

"三层统合"学科核心素养体系是四个素养要素互相联系，逐层转化，贯通个体内外界域，彻底实现人、技术和社会实践共同发展的"活"系统。人的发展和信息实践是信息技术课程育人所应关注的两个主要方面。因此，审视问题解决过程（由上至下）和素养发展过程（由下至上）可发现，学科核心素养体系内部的四个要素呈现"上行"和"下行"两种运行趋势和规律。

1. 问题解决过程（下行）：信息意识唤醒、统领计算思维、信息社会责任，实现数字化学习与创新实践。

信息意识所处的"自觉意识层"是联结"理性思维层"与"实践能力层"的关键纽带，是信息实践和核心素养发展所应关注的关键层。一方面，信息意识是人在信息环境或实践中自觉捕捉客观信息，发现信息或信息现象中隐含的问题或价值的触角并自主解决问题的前提和开端；另一方面，信息意识唤醒、启动"理性思维层"，为思维搭建锚点，是思维的起点。就问题解决的认识过程而言，信息意识与计算思维存在时间上的先后和功能上的衔接，即信息意识唤起计算思维和信息社会责任，使其呈现出自觉分析信息系统问题的自然状态。换言之，计算思维和信息社会责任实现数字化学习与创新实践，必然要求自觉性，即在信息意识的统领下，敏感察觉、发现、分析并解决信息系统问题。而且，无形的信息意识、计算思维和信息社会责任作为内敛的心理特质，只有借助有形的数字化学习与创新，才能实现改造信息世界的最终目的。信息社会实践中，如果"数字居民"仅具备良好的思维能力，而缺乏信息意识，则无法迅速察觉信息中隐含的问题和价值，继而导致计算思维被束之高阁，无法落地。显然，信息意识缺乏者往往是解决问题的执行者，而无法成为发现问题的开拓者、创造者，所以，在发现、分析、解决问题的实践视角下，信息意识处于学科核心素养系统的统领位置。

2. 素养发展过程（上行）：信息意识统领学科核心素养发展，是计算思维与信息社会责任批判的认识过程。

信息意识的发展是一个由感性信息意识向理性信息意识升华的过程。信息技术课程所追求的信息意识统领下的学科核心素养，必然也是一种在感性认识的基础上发展而来的高级、自觉的理性认识状态。一般而言，信息意识由感性向理性的升华需要具备以下两个条件：第一，以掌握丰富的信息实践经验和感性的信息材料为基础；第二，经由科学的计算思维及信息社会责任的扬弃和批判，整个学科核心素养系统才得以协同、全面地发展。

第三节　如何培养信息意识

信息意识是学科核心素养体系中最为活跃的要素，是统领学科核心素养发展的关键。以促进学生发现问题为起始，以信息意识统领计算思维、信息社会责任、数字化学习与创新为基础，是培养信息技术学科核心素养的基本途径。在一定意义上，信息意识是计算思维、信息社会责任和数字化学习与创新的自觉化产物，因此，培养信息意识就是发展信息技术学科核心素养的关键。那么，该如何培养信息意识呢？

1. 数字化学习环境创设及信息丰富度阶梯设计

信息意识统领的学科核心素养教育不同于面向知识传授的传统教育形式。信息意识所追求的信息敏感度、价值判断力、计算思维、信息社会责任及数字化学习与创新的自觉化，很难在传统教授式课堂中得到发展。回归现实信息社会环境样态，教师应选择具有教学意义的真实信息情境，帮助学生创设技术丰富的数字化学习环境，依托数字化环境对学习的给养力，实现学科核心素养的自觉发展。

信息意识统领学科核心素养发展与环境的信息丰富度具有密切关系。就发展学科核心素养所需环境而言，数字化学习环境与资源的设计应看清现实社会环境信息资源分布不均及杂乱之现状，对其信息、技术丰富度实施逐渐的"降维"设计。"降维"的本质在于通过设计，使信息技术丰富、信息矛盾冲突尖锐、信息价值较高的信息环境，转向信息贫乏、信息问题隐蔽、信息易用度低的环境，以此提升学生反映信息的自觉性和敏感性水平。换言之，以信息环境信息丰富程度的波动引发意识的自觉发展，以信息问题、任务的复杂度变化推动信息意识统领学科核心素养的整体自觉化发展。

此外，就资源而言，传统教学资源的固定性、封闭性和精准性，并不利于学科核心素养的发展。因此，只有以教材为依托，将教学资源拓展到广袤、复杂的现实信息社会生态中，让学生自己发现、探索、认识这个资源分布不均的"大天地"，才能保证学科核心素养的长足发展。

2. 以"项目—任务—活动"重构面向学科核心素养的教学模式

基于数字化学习环境的支撑，信息意识统领学科核心素养发展的教学模式应以项目教学法为主。项目教学法强调着眼社会实践中的真实问题，将课程内容按类别分为若干知识或技能单元，每个知识或技能单元对应一个具有真实性、实践性的教学项目，以实现理论与实践的一体化教学。项目又可以划分为多个子项目，或称之为任务。每个任务具体对应一个或多个学习活动。为完成项目、任务，学生以信息系统问题发现者、解决者、实践者的身份进入任务情境，开展学习活动，以自觉信息意识为引领，进行自主探索，进而提升发现问题、解决问题的能力。

在教学内容上，项目内容应涵盖信息意识素养的结构要素所涉及的问题及知识领域，着眼于学生的认知能力、素养基础水平及课程目标对学科核心素养发展的要求，以"项目—任务—活动"来提炼、表征现实信息系统问题的存在形式。利用信息技术，将信息知识、思维方法、伦理规范还原为真实情境中的问题项目、任务和活动，使之符合学生的认知规律。以具有真实性、挑战性及价值性的教学内容激发学生主动发现问题、探究学习并完成任务。

在教学方法上，教学活动的组织应着重关注信息意识素养的四个发展维度。有效参与解决信息问题的实践是实现个体素养发展的根本方法，而项目教学法则是以接近信息社会实践真实样态的形式组织教学活动，为学生素养发展提供发现问题和以自主、合作、探究方式解决问题的机会，保障学生经历发现、分析、解决问题的过程，从而实现信息意识的"反应能力""思维过程""思维状态"及"认识结果"等维度的全面发展，进而统领学科核心素养的整体发展。因此，为提升学生察觉、发现信息问题的意识，教师对项目或任务的预设应以"话题"的方式呈现，而不是固定"命题"。

在素养发展方面，应以信息意识的"四组要素及四个维度"的发展为着眼点，来带动整个学科核心素养的全面发展。即：①学生在发现问题、解决问题、完成任务的过程中，一系列的发现、获取、分享、判断、抉择、管理、利用、创新等信息行为自觉发生，使其学习的意识、兴趣、动机得到强化，数字化学习能力得以提高，并逐渐形成对创新地、创造性地解决问题的期望；②察觉、判断、认识信息的敏感度、自觉性及信息反映能力得到发展，信息意识水平得以提升；③在发现问题、解决问题的过程中，计算思维的理性、精准性和迅捷性得以发展，自觉性得以提高；④为有效地完成任务，遵循信息道德伦理的责任意识也得以发展，责任意识的自觉性得以提高。

3. 采用PBL项目化教学模式

基于数字化学习环境的支撑，信息意识统领学科核心素养发展的教学模式应采用PBL项目化教学模式。PBL项目化教学强调，着眼社会实践中的真实问题，为完成项目，学生以问题解决者的身份进入任务情境，开展学习活动，以自觉信息意识为引领，进行自主探索，进而实现其问题解决能力的提升和素养的发展。

在教学内容上，以具真实性、挑战性及价值性的项目内容激发学生主动探究学习的兴趣，为学习活动的开展和信息意识统领学科核心素养发展提供知识材料和情感支撑，以此实现教学从"教材"向"学材"的转变。

在教学方法上，项目教学法以接近信息社会实践真实样态的形式组织教学活动，为学生提供发现问题和以自主、合作、探究方式解决问题的机会，保障学生经历发现、分析、解决问题的过程，从而实现信息意识的全面发展。因此，为发展学生察觉、发现信息问题的能力，教师对项目或任务的预设应以"话题"的方式呈现。在此原则指引下，教学应做到以下几点：①倡导学生从"项目"主题及自身实际信息需求和兴趣出发，自己发现、提炼、提出问题，在教师的指导下，自主设计或选择"任务"，以真实任务驱动、唤起、维持学生的学习兴趣和动机；②教师辅助或学生自己主动分解和分配任务，而认识和察觉任务之间的关联和创建完成任务所需要的信息条件；③在教师的引导下，学生主动查找资源，辨别信息资源的真伪及其对解决问题的价值性；④学生自主管理、处理信息，利用信息解决问题，完成任务，并形成对活动成果的初步认识；⑤教师与学生一起探讨、反思整个信息系统问题从被发现到解决过程的道德伦理规范性、技术理念及方法的创新性等，形成对信息系统解决问题方法、思想理念、信息技术价值及自己所扮演角色的理性认识。

第四节　基于信息意识素养培养的教学案例

《我的花档我做主》教学设计
——Excel数据运算专题复习

【教学分析】

1. 内容分析

本节课是初中Excel复习专题之一。Excel的计算功能是进行数据管理的基础，它包括了公式的编写和函数的使用，如求和、平均数等。为揭示数据的某种规律，必须对所采集的数据进行处理，在Excel中，主要通过对函数与公式的使用来达成此效果。

2. 现状分析

初二年级的学生，刚学习完Excel电子表格这章内容。在学习的过程中，学生对能力要求较高的公式编写和函数使用等方面的知识的遗忘速度较快。因此，需及时梳理相关知识，使学生建构起系统的知识网。

【教学目标】

1. 基本目标

（1）知识与技能：使学生熟练使用公式；熟练使用函数SUM、AVERAGE；有效使用RANK函数。

（2）过程与方法：通过知识回顾，唤醒学生的记忆；通过两轮在线测试，强化学生对Excel公式的编写和函数SUM、AVERAGE、RANK的应用能力。

（3）情感、态度与价值观：通过解决生活中的实际问题，让学生充分体会到因需要而学习的乐趣，从而激发学生学习Excel电子表格的兴趣，学会运用信息技术去解决实际问题。

2. 发展目标

使学生学会使用网络资源，进行其他学科的学习。

【教学重难点】

1. 重点：根据数据特征合理选用函数或公式，使计算结果正确。

2. 难点：利用RANK函数排名次。

【教学方法】

以"任务驱动"为主要的教学模式，通过两轮"递进强化"式的循环复习，由浅入深、循序渐进地引导学生逐步建构知识网；创设学生自主学习和训练的情境，让他们探讨、发现、思考问题，顿悟并内化成为解决问题的能力。

1. 通过对花档销售情况的数据进行收集、分析、处理，激发他们学习的兴趣。

2. 设置任务，层层递进。

3. 组织学生进行两轮在线测试，引导学生总结出解决问题的方法和规律。

4. 利用《我的花档我做主——Excel数据编辑》专题复习网站，展开教与学。

【教学准备】

多媒体网络教室、Web服务器、Excel操作技能在线测试系统。

【教学过程】

教学环节	教师活动	学生活动	设计意图
创设情境导入课题	寒假期间，初二（9）班的邝旭铭等18名同学在海珠迎春花市投一个档位卖精品。他们的经营情况如何？"金牌销售"会花落谁家呢？以上问题可以用我们学过的哪章的知识来进行解答？	聆听、思考	通过将学科问题生活化来呈现学习任务，使学生有新鲜感和惊奇感，由此激发学生学习的兴趣
回顾梳理夯实基础	为了提高大家的计算效率，我们先对Excel的知识进行分类、回顾、梳理： 1. Excel的运用主要包含格式编辑、数据运算和数据整理三部分。上节课复习的格式编辑主要是让数据表格看起来更美观、清晰；下节课要讲的数据整理主要是找出数据特点，揭示数据的规律，要做到这一点，必须先对原始数据进行运算，所用方法主要是本课所复习的函数和公式		唤醒学生的记忆，强化学生对重难点知识的理解，为构建良好的认知结构奠定基础
	2.归纳用函数计算的步骤：选定要存放结果的单元格—选择插入菜单—函数—选择相应的函数—检查要处理数据的区域是否正确—回车—拖曳填充	学生演示用SUM函数计算总分和用AVERAGE求平均分；其他学生观察SUM和AVERAGE函数的格式，增强理解	
	3.提示： （1）在number框和ref框分别填什么？ （2）绝对引用"$"有什么作用？	学生试用RANK函数按总分排名次并思考：使用RANK函数时，为什么要使用"$"？	
	4.以计算总评成绩为例，说明使用公式输入的方法：选定要存放结果的单元格—输入等号后输入编写的公式—回车—拖曳填充	思考： （1）总评成绩用函数计算可以吗？ （2）编写公式时只输入数字而不引用单元格会出现怎样的情况？	

续 表

教学环节	教师活动	学生活动	设计意图
即时测评 查漏补缺	花档生意究竟是赚钱还是赔钱呢？请同学们登录"Excel技能操作在线测试系统"，选择"第一轮测试题"进行计算	独立进行第一轮在线答题	本轮练习旨在唤醒学生对知识的记忆，师生皆利用系统的评改与汇总数据功能，发现问题，完成查漏补缺。其中，教师有针对性地引导学生对难点展开讨论，辅之以分析、讲解，以全面提升学生的"双基"水平
	巡视学生做题情况，对中、下生给予个别辅导	对照系统的批改再读学习网站，有错的重做错题，反思错因，改正方法。无错的练习"拓展题"或"模拟试题"	
	简评测试情况，分析、讲解多错题，并进行小结： 1.用公式计算必须先输入"="。 2. 复制公式必须把光标放在单元格的右下角成黑十字后，才能拖曳填充	讨论、思考	
强化提高 突破难点	点拨第二轮在线测试的题意与解法	思考：	本轮练习根据重难点知识，联系生活实际设计典型习题，引导学生进行辨疑解难和强化；在此基础上，适度拓展、创设具有综合性、探索性、开放性等有层次的问题情境，使学生在综合运用知识，解决实际问题中提高能力
	强调：用AVERAGE求平均销售量时，选择的区域不能包含"总销售量"	1. 根据此处的数据特征，求平均销售量应该用公式法还是函数法？操作时要注意什么？	
	比较RANK函数和排序的异同	2. 盈利怎么求？ 3. 用什么方法进行排名才符合题目"不改变数据位置"的要求呢？	
	组织第二轮在线测试与小结、讲评，方法同上	进行第二轮在线答题，方法同上	

续 表

教学环节	教师活动	学生活动	设计意图
总结评价 形成网络	提问：你觉得本专题的哪些知识容易混淆，为什么？	评估、反思自己对知识点的掌握情况，构建本专题完整的知识网	归纳本专题知识的基本应用规律，使学生构建起完整的知识网
	归纳基本解法与答题要点： 1. 解题时，首选运用函数进行计算（快捷、简便）；运用函数不能解决问题时再考虑编写公式。 2. 无论是用公式还是函数计算，都涉及单元格的应用，必须选择正确的数据区域才能计算出正确结果。 3. 只要设置了函数或公式计算，更改相应区域的数据，结果也会自动更新	提高解题技巧	

【教学评价】

利用"Excel操作技能在线测试系统"实施两轮在线测试，及时了解学生对各知识点掌握的情况。

（广州市海珠区教育发展中心　袁泽姬）

《美丽的海底世界》教学设计

——重复执行控制指令

【教学分析】

1. 内容分析

本课选自教材《广州市信息技术教科书》小学第三册第16课内容，是Scratch模块课程中第一次介绍"重复执行"指令、提到流程图的循环结构的一节课，是进一步了解结构化、面向对象软件开发方法的一节课。

前面的课时已经学习了"切换造型""下一个造型"等外观指令和"移动""旋转""移到"等单次动作指令，了解了流程图的顺序结构，还初次接触了本质上使用循环结构封装来实现多次"移动"动作的"平滑移动到"指令。本节课将继续深入分析多次动作的重复性特点，了解设计重复动作过程的流程图结构，学会使用"重复执行"控制指令，提升编写程序脚本的技巧，增强程序脚本的正确性、可维护性、可移植性，为后面设计更复杂的程序打下基础。

为了不受步骤模仿式教学的影响，以及考虑到性别差异带来的学生对"足球"主题兴趣的不同，在培养学生信息技术学科核心素养的思想指导下，本节课选择教材拓展作品《美丽的海底世界》作为主题样例重组教材。重组后的教学，更注重学习结构化、面向对象软件开发方法，使用流程图工具从顺序结构中推导循环结构，深刻理解为什么要用"重复执行"指令，什么情况下可以使用它，以及怎么应用它等。

2. 现状分析

本课的教学对象是六年级的学生，在心理方面，他们对色彩丰富的作品充满兴趣，而且敢于挑战有一定难度的程序作品；在知识基础方面，学生已经学了"切换造型""下一个造型"等外观指令，以及"移动""旋转""移到""平滑移动到"等动作指令，能保存程序文件，观看作品效果。大部分学生能运用已学指令对一个或多个角色进行简单脚本的编写，实现角色之间的对话、角色造型的切换、角色的定位和移动，但是对于指令的执行意义理解得不够深入，在灵活运用上有一定的困难。

【教学目标】

1. 基本目标

（1）知识与技能：使学生认识"重复执行"控制指令、"遇到边缘就反弹"动作指令，并理解它们的作用；学会使用"重复执行"和"遇到边缘就反弹"指令编写程序脚本；学会在角色资料区设置角色"只允许左右翻转"，使用"方向调节杆"调整角色的方向。

（2）过程与方法：根据结构化、面向对象软件开发方法，引导学生关注对象（事物、事件等），聚焦问题；教学生使用流程图工具，快速构造原型，从顺序结构中推导出循环结构，从而掌握"重复执行"指令的使用。

（3）情感、态度与价值观：通过"美丽的海底世界"创作活动，指导学生了解结构化、面向对象软件开发方法，使用流程图工具解决实际问题，培养学生的计算思维。

2. 发展目标

以生动有趣的海底世界情境刺激学生观察和关注"*"，使学生在关注对象的过程中，敏感察觉、发现价值信息，从而聚焦、分析问题，并唤醒计算思维，实现数字化学习和创新。

【教学重难点】

1. 重点："重复执行"指令。
2. 难点：角色左右翻转和方向的调整。

【教学方法】

本课遵循"学生为主体，教师为主导"的教学理念，以信息技术学科核心素养为培养原则，采用任务驱动教学法，根据结构化、面向对象软件开发方法，设置了"动嘴巴—来回游动—自由游动"三个层次的任务开展教学。任务一"动嘴巴"，通过分析"鱼儿一直张嘴合嘴"的流程图，认识顺序结构的不足，理解使用"重复执行"指令的原因和场合；任务二"来回游动"，引导学生关注新的对象"鱼儿来回游动"，修改流程图，改进程序脚本；任务三"自由游动"，完善作品，综合创作。

【教学准备】

多媒体电脑室、教学广播软件、Scratch、课件。

【教学过程】

教学环节	教学活动		设计意图
	教师活动	学生活动	
激趣导入	情境：美丽的海底世界		
	今天老师带大家一起参观美丽的海底世界。听，潺潺的水声；看，奋力游动的章鱼，横行霸道的螃蟹，还有调皮搞怪的海星，还有好多游来游去的小伙伴。看到这些，大家心动了吗？想不想设计这美丽的海底世界呢？请大家说：这动画里面有哪些角色呢？它们在做什么呢？请个别说：这么多角色和动作，我们该从哪里入手？	体验情境，思考并回答问题	吸引学生的注意力，指导学生关注对象，聚焦问题，了解化繁为简的设计方法
推导新知	任务一：动嘴巴		
	1. 能用流程图表示鱼儿的变化吗？根据学生回答，引出循环结构	分析动画中鱼儿的表现	
	（1）回答动嘴巴		
	① 动嘴巴有几个动作？（张嘴、合嘴）		
	② 木棉仔魔术变变变中挥动魔术棒，用的是什么指令？（切换到造型张嘴，切换到造型合嘴）	回顾木棉仔挥动指挥棒使用的外观指令	
	③ 可是，如果鱼儿一直张嘴合嘴，那么流程图该有多长啊	发现顺序结构中的重复部分，思考它的不足之处	
	（2）到底有没有一种结构来表示一直、不停、不断、重复、无穷无尽的动作或事件，可以用来简化冗长的流程图呢？	尝试根据流程图的循环结构编写脚本	
	2. 请同学打开素材，编写脚本。同时，请一名同学到讲台上做练习	继续简化脚本	
	3.重复框里有几条指令？（2条、4条）为什么？		
	任务二：来回游动		
	1. 请大家仔细对比这幅动画，与上一次原地动嘴巴的动画相比，你的鱼儿还缺什么动作呢？（移动、掉头）是不是重复的动作呢？	独立思考，尝试在重复框里添加合适的指令，以实现效果	从关注旧的对象（动嘴巴）中，转移到关注新的对象（来回游）上，促使学生聚焦问题，理清思路
	2. 请同学们继续修改作品。同时，请一名同学到讲台上做练习		
	3. 有鱼儿翻白肚了，谁来救救它？		

续 表

教学环节	教学活动		设计意图
	教师活动	学生活动	
巩固拓展	任务三：自由游动		巩固所学知识技能，给学生提供发挥想象的空间
	1.布置任务：请给鱼儿增加1或2个小伙伴，让它们往各个方向自由游动，并加上你自己的创意（如添加背景音乐，设置舞台冒泡泡效果，添加水草等）	尝试复制脚本。发挥想象，改进作品（丰富动画，改编故事，改编游戏）	
	2.选取一份学生作品来展示		
	（1）为什么使用"重复执行"指令？什么时候用？（重复动作、事件，扩展到重复脚本）		
	（2）在设计一份多角色的作品时，你采用了什么方法？（化繁为简，结构化、面向对象）		
	（3）当要完成一系列动作设计时，可以用什么图来理清思路呢？（流程图）		
课堂小结	在本次的作品设计中，我们使用化繁为简的方法，只关注一个角色，其实就是只关注一个对象，这就是面向对象软件开发方法的一种表现。分解一个对象的动作或事件，就是结构化方法的一种表现。而流程图是结构化方法的一种图示工具。掌握这些方法和工具，有利于我们关注问题的核心，理清分析和解决问题的思路，提升程序设计的质量	交流学习体会，总结本课所学	巩固所学，提升能力，为下节课的学习打下基础

（广州市海珠区新港路小学　张锦东）

基于"习惯—技能—思维"的培养与形成的教学设计
——以《海珠湿地大闯关——表格的编辑》为例

【教学分析】

学生良好习惯的养成，是一个长期的过程，也是每个课堂总和的体现。信息技术作为小学基础教育中的一门课程，我们应该从课堂内容中渗透良好习惯培养的意识。而养成自主学习习惯便是其中重要一环。因此，在信息技术课程教学中，我们应该结合学生的实际情况，选择适合学生自学的内容来逐步加强他们的自学能力。

学习技能辅导是信息技术学科基本的要求，主要指针对观察力、注意力、想象力、记忆力、思维力的指导。由于小学生的各种学习能力尚处于发展阶段，具有较强的可塑性，因此，教师要在教学中注重通过学习技能辅导来促进学生学习能力的发展，提高他们的学习效率。

"未来的帝国是头脑的帝国"，必须提倡创新思维的培养。信息技术学科要求教师解决问题的过程是让学生发现问题、分析问题以及最终解决问题的过程。这就要求我们一定要给学生充足的时间学习，必须遵守以"问题"为中心，让学生成为课堂的主导者。当然在此过程中，我们也要做好引导工作，进行必要的精讲，才能事半功倍。在教学过程中，我们还要促使学生充分发挥想象力，激发他们的创造欲，为他们提供一个能够充分打破常规的束缚、弱化思维定式"枷锁"的工具，构建新思维和新的学习方法。

1. 内容分析

本节课是广州市信息技术教科书第二册第一单元第11课内容，是学生已学会创建表格之后的一节课。本课主要是以"海珠湿地大闯关"为主线，学习表格编辑功能中的"插入、删除行列""调整行高、列宽""合并、拆分"工具的使用，这些工具常用于对表格进行细致的调整。本节内容是上节内容的拓展与提高，也为接下来学习表格的修饰等知识打下基础。

2. 现状分析

本课的教学对象是小学五年级学生，经过系统的学习，学生已经学会表格的创建，能够使用工具创建表格，但在制作表格中，他们经常容易出错。掌握"插入、删除行列""调整行高、列宽""合并、拆分单元格"，对提高学生制作表格的积极性，让学生勇于尝试表格的编辑，有着很重要的作用，学生会更乐于使用电脑编辑表格。

【教学目标】

1. 知识与技能：让学生学会在表格中插入、删除行和列；学会调整行高和列宽；学会合并、拆分单元格。

2. 过程与方法：在完成"海珠湿地大闯关"过程中，学生通过自主尝试、互动交流的学习活动，掌握插入、删除、调整、合并、拆分工具编辑表格的步骤与方法。

3. 情感、态度与价值观：通过对表格的行高、列宽进行调整，使表格更美观，使学生从中受到美的教育；通过参与"海珠湿地大闯关"活动，激发学生学习的兴趣，感受本土文化的魅力。

【教学重难点】

1. 重点：插入、删除行列，调整行高和列宽及合并和拆分单元格的方法。
2. 难点：合并、拆分单元格的操作方法。

【教学方法】

本节课以"做中学，学中做"为指导思想，采用范例教学法和任务驱动教学法，以"海珠湿地大闯关"活动为主线开展教学。在任务的驱动下，本课通过人机互动、师生互动、生生互动，引导学生自主发现问题，掌握探索和解决问题的方法，并在教师的操作示范下掌握表格编辑的方法及步骤。在本课教学重点的处理上，教师将其分割成3个简单的表格编辑任务，以闯关的形式引导学生掌握教学内容。本课设置了4大环节，即以"创设情境—引入课题、闯关体验—巩固内化、学以致用—总结提升、拓展延伸"来开展教学活动。

【教学准备】

多媒体电脑室、教学广播软件、课件、微课。

【教学过程】

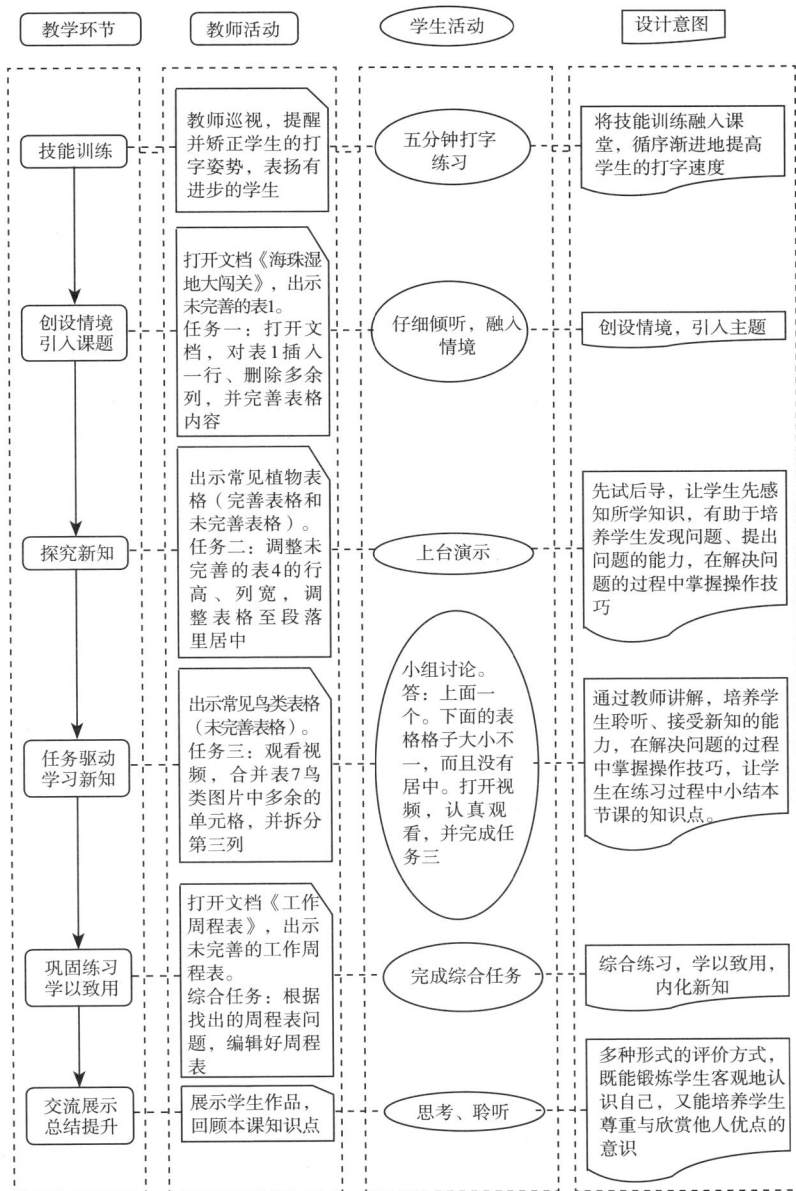

教学环节	教师活动	学生活动	时间	设计意图
技能训练	教师巡视，提醒并矫正学生的打字姿势，表扬有进步的学生	打字练习	5分钟	将技能训练融入课堂，循序渐进地提高学生的打字速度
创设情景 引入课题	1. 引言：同学们，你们都去过海珠湿地吗？今天，海珠湿地的解说员委托李老师给大家带来4个表格编辑的闯关任务，闯关成功的同学就能得到精美的湿地公园小鸟书签一份。同学们想要吗？事不宜迟，我们马上进入第一关！ 2. 打开Word文档《海珠湿地大闯关》 3. 板书： 海珠湿地大闯关——表格的编辑	仔细倾听，融入情境	2分钟	创设情境，引入主题。
探究新知	**任务一** 1. 问：解说员首先介绍了海珠湿地开、闭园时间，下面表1是开、闭园时间表，请同学们看看表1，发现有什么问题呢？ 打开文档《海珠湿地大闯关》（附件1），出示未完善的表1。 表1　开、闭园时间 | 开园时间	周二至周日 09：00—16：00	| 问：表1缺少了闭园时间一行，而且右侧还多出了一列，同学们能给表1添加闭园时间，并且删除右侧多余的一列吗？ 2. 演示：选中表1，点击"布局"选项卡，引导学生从中寻找"在下方插入""删除"功能 3. 板书： 一、行和列的插入与删除	发现问题并解决问题	6分钟	先试后导，让学生先感知所学知识，有助于培养学生发现问题、提出问题的能力，在解决问题的过程中掌握操作技巧

续 表

教学环节	教师活动	学生活动	时间	设计意图
探究新知	4. 请学生上台展示操作方法。学生在演示删除功能时，教师故意把光标定位到表格外，以引导学生知道需要先定位光标到表格内	邀请学生上台进行演示	6分钟	
	5. 引导学生归纳小结，PPT展示要点 （1）插入行 ① 先定位光标在第1行； ② 单击"布局"； ③ 单击"在下方插入"。 （2）删除列 ① 先定位光标在第3列； ② 单击"布局"； ③ 单击"删除"； ④ 单击"删除列"	观察、聆听教师讲解		
	6. 板书： ① 定位； ② 布局； ③ "删除"，"在下方插入"按钮 删除 在下方插入	听课，明确任务，并完成任务		
	7. 布置任务一：打开文档，对表1插入一行、删除多余列，并完善表格内容。教师巡视指导，个别辅导，答疑（完善后的表2如下） 表2　开、闭园时间 <table><tr><td>开园时间</td><td>周二至周日 09：00—16：00</td></tr><tr><td>闭园时间</td><td>周一</td></tr></table>	启用"小老师"帮助有困难的学生		
	8. 学生自评：请完成任务的同学把页面右下角"第一关挑战成功"的星星涂成红色，并举手示意	给星星涂色，并举手示意完成		

续 表

教学环节	教师活动	学生活动	时间	设计意图
任务驱动 学习新知	任务二		7分钟	通过教师讲解，培养学生聆听、接受新知的能力，在解决问题的过程中掌握操作技巧
	1.过渡语：同学们顺利闯过第一关，下面我们来到海珠湿地植物世界，进入第二关。出示两个表格（未完善的表格和完善的表格）。问：同学们比一比，哪个表格的编辑更美观，为什么？请同学们互相讨论	小组讨论 答：下面一个。上面的表格格子大小不一，而且没有居中		
	2.出示： 表3　常见植物分类 表4　常见植物分类			
	3.板书： 二、行高和列宽的调整			
	4.讲解：列宽、行高的含义。 表5　常见植物分类	观察、聆听教师操作与讲解		

教学环节	教师活动	学生活动	时间	设计意图
任务驱动 学习新知	5. 演示： 方法1：选中未完善的表2，依次点击布局—自动调整—根据内容自动调整表格，并调整表格至在段落里居中 方法2：把光标移动到需要调整的行（或列），当指针变成➕（或⬌）式样时，按住鼠标左键拖动至合适行高（列宽），然后松开鼠标左键，并调整表格至在段落里居中			
	6. 教师小结，PPT展示要点： （1）选定整个表格； （2）单击"布局"； （3）单击"自动调整"； （4）单击"根据内容自动调整表格"	听老师小结		
	7. 板书： ①定位； ②布局； ③"自动调整"按钮 🔲 　　　　　　自动调整			
	8.布置任务二： 调整未完善的表2的行高、列宽，把表格在段落里居中（见表6） 表6　常见植物 <table><tr><td rowspan="2">常见植物</td><td>水生植物</td><td>莲花</td><td>睡莲</td><td>铜钱草</td></tr><tr><td>陆生植物</td><td>龙船草</td><td>鸡蛋花</td><td>樟树</td></tr></table>	完成任务二		
	9. 教师进行巡视指导、个别辅导和答疑，鼓励完成得快的同学尝试帮助旁边未完成的同学	启用"小老师"帮助有困难的学生		
	10. 生生互评：请完成任务的同学给同桌检查，并把页面右下角"第二关挑战成功"的星星涂成红色，举手示意	同桌之间互相检查，给星星涂色，并举手示意完成		

续 表

教学环节	教师活动	学生活动	时间	设计意图
任务驱动 学习新知	**任务三** 1. 过渡语：同学们顺利闯过第二关，下面我们来到海珠湿地鸟类世界，进入第三关。出示未完善的表7： 表7　常见鸟类 斑嘴鸭　　　　鸬鹚 问：同学们发现表7有什么不完善的地方？	答：有些鸟类的图片被表格线覆盖了，第3幅图的文字被图片覆盖了	6分钟	让学生在练习过程中小结本节课的知识
	2. 板书： 三、单元格的合并与拆分			
	过渡语：应该如何操作去完善表7？请观看合并、拆分单元格视频			
	3. 布置任务三：观看视频，合并表7鸟类图片中多余的单元格，并拆分第三列（见表8），视频可重复观看多次。 表8　常见鸟类 斑嘴鸭　　　鸬鹚　　　翠鸟 教师进行巡视指导、个别辅导和答疑，鼓励完成得快的同学尝试帮助旁边未完成的同学	打开视频，认真观看，并完成任务三。如有需要，重复观看视频		
	4. 教师评价：请完成任务的同学举手示意，给老师检查，并把页面右下角"第三关挑战成功"的星星涂成红色			
	5. 引导学生归纳小结，PPT展示要点			
	（1）合并单元格 ①选定要合并的单元格； ②单击"布局"；	听老师归纳操作要点		

续表

教学环节	教师活动	学生活动	时间	设计意图
	③单击"合并单元格"。 （2）拆分单元格 ①单击要拆分的单元格； ②单击"布局"； ③单击"拆分单元格"； ④输入拆分的列、行数，单击"确定" 6.板书： ①定位； ②布局； ③拆分、合并单元格			
巩固练习 学以致用	**任务四** 1.过渡语：看来前三关都难不倒同学们。但要想得到小鸟书签可没那么简单，还需要通过终极关的考验。解说员要完成一份本月海珠湿地的《工作周程表》，表格的编辑存在不少问题，需要用前三关所学的知识去完善，同学们发现有哪些问题呢？ （1）打开文档《工作周程表》（见表9），出示未完善的《工作周程表》 表9　工作周程表 	日期	星期	上午		下午	备注
---	---	---	---	---	---
11月12日	一	闭园		闭园	
11月13日	二	观鸟比赛		植被维护	
11月14日	三	公益讲座			维持秩序
11月15日	四			灭蚊工作	
11月16日	五	环保宣传			制作标语
11月17日	六	学校参观			| 备注：11月18日 星期日 上午 将进行植物观赏	答： 缺少最后一行，多出一列 行高、列宽不统一，表格不美观 部分单元格需合并或拆分	12分钟	综合练习，学以致用，内化新知

教学环节	教师活动	学生活动	时间	设计意图
巩固练习 学以致用	（2）PPT展示要点： ① 缺少1行； ② 多出1列； ③ 单元格要合并； ④ 单元格要拆分； ⑤ 行高、列宽要调整			
巩固练习 学以致用	（3）布置综合任务：根据找出的周程表问题，编辑好周程表（见表10） 表10 工作周程表 	日期	星期	上午	下午	备注
11月12日	一	闭园	闭园	
11月13日	二	观鸟比赛	植被维护	
11月14日	三	公益讲座		维持秩序
11月15日	四		灭蚊工作	
11月16日	五	环保宣传		制作标语
11月17日	六	学校参观		
11月18日	日	植物观赏		| 2. 教师进行巡视指导、个别辅导t答疑，鼓励完成得快的同学尝试帮助旁边未完成的同学 3. 教师评价：展示任务完成度高的学生作品，并做点评	完成综合任务		

续　表

教学环节	教师活动	学生活动	时间	设计意图
交流展示 总结提升	1. 展示学生作品，引导学生交流评价，强化归纳操作要点 2. 小结：回顾本课知识点，"插入、删除"行列、调整行高列宽、"合并、拆分"单元格。布置课后作业——寒假安排表	思考、聆听	2分钟	多种形式的评价方式，既能锻炼学生客观地认识自己，又能培养学生尊重与欣赏他人优点的意识

（广州市海珠区晓港湾小学　李俊豪）

《宝石我来挖》教学设计
——角色的控制及变量的使用

【教学分析】

1. 内容分析

本节课是广州市小学信息技术教科书第三册第二单元第20课内容，主要涉及的知识点有："当角色被点击"指令、变量及使用等。"当角色被点击"指令能触发角色执行某一程序脚本块，是创作交互式Scratch作品的重要指令之一。而变量又是程序设计中相关数据赋值与计算的暂存器，在学生体验稍复杂程序脚本设计的过程中扮演着重要的角色，因此，在学会条件判断和重复、数字与逻辑运算等指令的基础上，承前启后地学习角色的控制及变量的使用，为后续创作综合作品打下良好的基础。

2. 现状分析

本课的学习者是小学六年级的学生。该校学生家庭条件较好，学生家中均有计算机设备，加之该校对信息技术课程非常重视，为学生提供的操作机会较多，因而学生的学习起点高，且对信息技术课程具有很高的学习热情。学生经过几年系统的学习和体验，已具备一定的逻辑思维能力和分析能力。前几节课他们已经学会了编辑角色、获取角色坐标值、移动角色、对角色进行条件判断等知识，并能主动地根据范例来学习进行作品的创作，为本节课的学习打下基础。但他们对角色的控制和变量的使用尚不了解。此外，由于小学生抽象思维能力有限，第一次接触变量，对变量的含义理解起来会有一定的难度，教师在教学中应注意。不过这一年龄段的学生喜欢接触新事物，具有较强的探索和求知欲望，教师一方面应注重调动学生的学习积极性，从易到难，使学生感觉学习编程不但不是一件难事，还很有趣；另一方面，要充分发挥学生的主观能动性，调动每一名学生的创造力。

【教学目标】

1. 知识与技能：使学生了解"当角色被点击"控制指令的作用；会用"当角色被点击"指令控制脚本的执行；能模仿"新建一个变量"，并对变量进行设置；能模仿程序脚本对变量进行简单的计算。

2. 过程与方法：使学生通过自主尝试、独立思考、互动交流学习，掌握用角色控制指令和变量编写程序脚本的方法与技巧。

3. 情感、态度与价值观：通过体验"宝石我来挖"活动的创作过程，使学生养成良好的编程习惯，并感受趣味编程的乐趣；增强积极探索、独立思考、大胆尝试和合作学习的意识。

【教学重难点】

1. 重点："当角色被点击"控制指令；变量的创建、赋值与计算。
2. 难点：变量的计算。

【教学方法】

1.《中小学信息技术课程标准》中指出，小学阶段要培养学生对信息技术的兴趣和意识，让学生了解和掌握信息技术的基本知识和技能，在条件具备的情况下，使其初步了解计算机程序设计的一些简单知识。建构主义认为，学生的学习活动必须与任务或问题相结合，本课体现以"学生为主体、教师为主导"的教学原则，采用"任务驱动"和范例教学策略，让学生围绕具体任务，借助学习资源，通过思考、交流、讨论、实践等方式，在大脑中建构知识，通过练习，掌握技能。

2. 本次授课是异地教学，所用学生来自宝玉直实验小学，该校倡导"宝石文化"，让每名学生都如宝石般闪闪发光。结合该校"闪光教育"特色，教师把文本进行改编，把课本的"苹果我来摘"改为"宝石我来挖"，围绕这一活动主题设计了三个层次的任务引导学生通过自主尝试、合作交流等形式学习角色控制和变量的使用方法。任务一：编写脚本，挖宝石；任务二：修改脚本，统计挖宝石数；任务三：限制挖宝石数。借助学法指导、学案引导以及多元评价方式启发学生的智慧，在自主学习、同伴互助、师生互动中进行学习。

3. 本课很好地体现了《中国学生发展核心素养》所提出的"学生应具备探究科学精神、学会学习能力"的要求。在"展示范例，布置自学"环节上，教师鼓励学生自觉有效地获取、使用信息去编写脚本，从而掌握适合自身的学习方法；在"拓展任务"环节，教师注重培养学生勇于探究的精神，大胆尝试、积极寻求优化挖宝石的程序，从而有效地解决问题。

【教学准备】

多媒体电脑室、教学广播软件、课堂作业系统、课件、教学配套光盘。

【教学过程】

教学环节	教师活动预设	学生活动预设	设计意图
激趣导入 揭示课题	1. 引言：		以"宝石我来挖"为主题导入，激发学生的学习兴趣，引导学生直观地发现问题，从而引出课题
	（1）师：正式上课前，我请同学们看一个动画片的片段，放松一下。	认真观看	
	（2）师：动画片《白雪公主》里的七个小矮人在干什么？	思考回答	
	（3）师：是呀，七个小矮人挖掘了一个闪亮的宝藏。听说，宝玉直实验小学的师生打造的是"闪光教育"特色，今天我们一起来制作挖宝石的游戏，开采更耀眼的宝石。大家有信心吗？	认真聆听	
	2. 板书：宝石我来挖		

续 表

教学环节	教师活动预设	学生活动预设	设计意图
任务驱动 探究新知	展示范例，引导学生观察分析		
	1. 引导学生观察：指令有什么不同？ 2. 板书：角色的控制及变量的使用 3. 师：如何把矿山里的宝石挖出来？在Scratch中要解决哪些问题才能实现这个作品？请看老师的操作	各抒己见 认真倾听	以"问题"为导向，层层递进，引导学生学会思考、分析问题，探究新知
	任务一：编写挖宝石的脚本		
	1. PPT出示要求： （1）程序运行时，一个宝石位于泥地； （2）当单击宝石时，一个宝石自动移到指定区域； （3）学法提示：回顾 当 P 键点击 指令和 移到 x: 0 y: 0 指令；运用 在 1 秒内，平滑移动到 x: 0 y: 0 指令	明确自学要求	通过观察分析，使学生明确作品需求，尝试思考实现这些所需要的脚本命令和方法
	2. 老师演示，并归纳操作点： （1）选定要设置的宝石角色； （2）用"绿旗"控制指令设置宝石的初始位置； （3）用"当角色被点击"设计宝石移动的程序效果	观察分析范例	引导学生理清设计思路，养成良好的编程设计习惯
	3. 板书： 当 角色1 被点击 表示当单击指定的角色后，运行其下面的程序脚本块 师：你们都会设置脚本了吗？		
	4. 引导学生看书或微课进行自学，教师进行巡视并指导	学生实践 小组互助	完成任务一，突破本节课的重点
	5. 邀请学生上台演示，师生互动交流，教师相机引导	个别演示 师生互动交流	

续　表

教学环节	教师活动预设	学生活动预设	设计意图
	任务二：修改脚本，统计挖宝石数	明确要求，自主学习、实践	完成任务二，解决本节课的难点，即变量的使用
	师：现在我们添加了很多的宝石，怎样让电脑科学地统计挖的宝石个数？		
	1.引导自主学习：计算所挖宝石数量 （1）巡视，观察，个别指导，汇总问题； （2）邀请学生上台演示； （3）归纳与小结并板书： 新建变量： 新建一个变量 ☑ total ；变量初始值的设置： 将变量 total 设为 0 ；变量的计算： 将变量 得分 的值增加 1		
	2.引导学生完善任务二：绘制更多的宝石，完善挖宝石数量的统计程序		
	3.教师巡视指导		
拓展任务 分享交流	**任务三：优化挖宝石程序**		
	1.出示要求：综合应用前面所学的重复、条件等控制指令，在任务二程序的基础上再进行优化挖宝石的程序脚本，制作一个更好玩的挖宝石的游戏	了解任务要求 构思自己的作品	让学生巩固所学知识与技能，学以致用，感受成功的喜悦
	2.学生挑战任务三。老师进行巡视、观察，对个别学生进行指导，并汇总问题	实践创作	
	3.请学生展示作品，师生互动评价	欣赏作品 互评作品	让学生学会欣赏他人的作品，懂得向他人学习，学会评价和交流，以评促学
自我评价 归纳总结	1.引导学生进行自我评价	反思自己本节课的学习，并完成《学会了》反思表	使学生学会总结反思，记录自己的学习点滴；梳理知识，归纳要点，加强记忆
	2.总结：这一节课我们学习了"角色的控制及变量的使用"，各小组成员携手挖掘了闪闪发光的五彩钻石矿藏。祝贺大家！	聆听	

（广州市海珠区后乐园街小学　冯　妍）

《Scratch 简介》教学设计

——结识新朋友

【教学分析】

1. 内容分析

本节的主要内容及在本章中的地位：本课选自广州市信息技术教科书小学第三册第12课，Scratch是一种类似搭积木构建模块的编程语言，可用于创建动画、游戏、交互式故事、音乐和艺术。非常适合8岁以上儿童学习，使用积木组合式的程序设计过程，会让学习变得更轻松，并充满乐趣，对于学生以后学习专业的语言也是非常有帮助的。本课为学习Scratch儿童编程的第一课，它可激发学生的学习兴趣，使其乐于使用该软件继续学习，是学生进一步学习Scratch儿童编程的基础。

2. 现状分析

本课的教学对象是对计算机操作有一定了解的六年级学生。他们对Windows系统、办公软件以及画图软件的基本操作都掌握了。但Scratch软件作为一款程序编写软件，学生还是首次接触，他们对操作界面和使用方法都一无所知，学生对其强大的功能会觉得新奇有趣，但又无从入手，因此，本课对学生打下编写程序的知识基础有着重要的引领作用。

【教学目标】

1. 知识与技能：使学生初步了解Scratch软件的界面；学会打开、保存和关闭Scratch文件；学会用搭积木的方式编写简单的Scratch程序，并运行。

2. 过程与方法：通过激趣导入，让学生通过自学掌握启动Scratch的方法；让学生通过自主探究，掌握Scratch软件界面的组成；教师通过讲解和演示，使学生初步掌握编写Scratch脚本的方法与步骤；通过学习微课学会Scratch文件的保存方法。

3. 情感、态度与价值观：培养学生的探究精神，让学生在学习中体验成功，获得成就感；让学生认识到Scratch软件的重要性，为接下来Scratch软件的学习打下基础。

【教学重难点】

1. 重点：Scratch界面的认识和体验。
2. 难点：Scratch简单脚本的编写。

【教学方法】

本课采用示范教学法、探究学习法、任务驱动法和迁移教学法进行教学。让学生在学习本课主要内容的同时，理解本课需要掌握的Scratch软件知识。在教学中，学生通过观察教师的演示，积极地提出问题，运用已有的知识给出自己对问题的假设答案，并根据假设答案，动手操作进行探究。

【教学准备】

志华教学平台、自制课件。

【课时安排】

1课时。

【教学过程】

教学过程	教师活动	学生活动	教学目的	媒体
激趣导入	1. 木棉仔在玩什么游戏？（课件出示小猫）	思考	通过游戏激发学生的学习兴趣	计算机
	2. 用PPT的小猫介绍软件的历史知识及其他功能	观看PPT	通过PPT介绍Scratch，让学生更直观地了解Scratch软件	
任务驱动 学习新知	任务一：认识Scratch软件界面			
	1. 通过微课学习软件启动的方法	聆听	了解Scratch软件的启动方法	计算机
	2. 通过微课学习软件的界面（任务一）	利用微课学习Scratch软件界面	通过自学知道界面中各部分名称	

续 表

教学过程	教师活动	学生活动	教学目的	媒体
任务驱动 学习新知	3. 通过抽查提问的方式来巩固认识软件界面	抽学生提问	通过提问来巩固和检验学习效果	
	任务二：编写简单的程序脚本			
	1. 谈话提出任务二	思考	学会编写简单的程序脚本	
	2. 学生自学进行脚本编写	聆听、观察		
	3. 学生演示，老师小结脚本编写方法	编写程序脚本		
	4. 提出任务三			
	任务三：脚本的保存			
	引导学生学会知识迁移，学会对文件进行保存	对文件进行保存操作	学会保存脚本文件	
分享交流 自我评价	指导学生把制作好的文件进行上传，并相互评价	上传文件，相互评价	文件分享与评价	志华教学平台
归纳总结	总结本课	总结本课	对本课知识点进行总结	

（广州市海珠区同福中路第一小学　林伟强）

浅谈计算机绘画的情境激趣教学

喜欢画画是人类的天性——人出生后第一次拿起笔就会涂鸦！婴幼儿时期，每一笔一画都是孩子对周边世界的惊奇发现，他们往往画个不停。小学时，他们仍然会迷恋画画，观察这些绘画作品，你会慢慢走进孩子的心灵及他们的世界，了解他们对人、事、物的视觉体验，背景的衬托和表达，还有孩子对美的心灵感受——这和我们成人的角度不同，他们的心灵要自然和单纯得多，而且对这个世界充满好奇。

笔者长期从事小学二、三年级的美术教学和小学整体信息技术教学。美术教学是逐步教学生相应的绘画知识和技巧，从欣赏作品开始，到学习作品的相关知识；从画自己喜欢的，到自己熟悉的，再到自己看见的。教学实践中，学生的情感通过画笔自然流露，他们的绘画兴趣和学习成果得以相互促进。美术学科的专业知识和其学科教学的经验积累，为笔者进行计算机绘画情境激趣教学实践打下基础，这有助于帮助学生做到情感共鸣、认知同步。

一、情景导入引发学生的情感共鸣

情景，指感情与景色，是对某一场景、局面的描述。情景设计利用视频、动画、音频甚至图片就可以达成。计算机绘画教学，从使用绘画工具开始，教学要做到知识的教学与学生的认知同步，以引起学生的情感共鸣，激起学生我要学、我想学的动机和兴趣，然后就是行动——提笔尝试画作。在这方面，广州市信息技术教科书做得很好，如让学生在T恤上用"铅笔"工具画自画像，画熟悉可爱的小猫、小狗和小熊等；用"橡皮擦""颜色填充"工具解决小胖的烦恼——一个同龄小伙伴在生日当天领取蛋糕后，在积雨路上被经过的汽车溅了满身的污渍；用"刷子"工具给晴朗的珠江夜景添上圆点的星光、方形楼房窗户的灯光、斜向弯曲滑动的烟花和广州塔的多彩灯光等；用"直线"工具画出果园里摘苹果的梯子、画上装苹果车车轮的钢丝和果园的栅栏等；用"曲线"工具画出动物园探秘遇到的观光小火车前面的山洞、小河中弯弯的河岸线和河上的小桥等。这些内容非常贴近学生的日常生活、学校生活及旅游的经历，能引起学生的情感共鸣，使其乐意去尝试操作学习，让他们切实体会到学会使用各式各样的绘画工具，就能将心中美好的画面画出来。

二、主题情景引领编辑工具的组合技巧教学

笔者喜欢把自己对计算机绘画的爱传递给学生。一般的美术绘画除了直线度量绘画可以复制外，其他拿着画笔画的都是自然之画，令学生们难以复制。画错了修改要用橡皮擦擦掉，难免留下不可"磨灭"的痕迹，擦不干净的甚至要换画纸，造成纸张的浪费。但计算机不同，"画纸"取之不尽用之不竭，不会造成纸张、笔墨的浪费。修改擦除后不会留下痕迹，画得随意，可令人轻松地体会到画画的愉悦和成功的欢乐。如图像的移动可以对图画的任意一部分进

行移动，轻易进行家居物品移动设计，重新布局。更有趣的是，图像可以复制、缩小和放大，以及扭曲、拉伸变形组构图画等。将计算机绘画的编辑组合技巧，以主题的形式贯穿于学生的生活当中——如搬家总动员，引导学生选定并移动家居物品的放置；图像的复制，让学生根据自己在公园的游玩经历，引导学生将鲜花复制布满于花圃中，并将素材中的人物、景物复制到公园的对应角落等；图像的旋转与翻转，则让学生从经历过的开心游乐场的情景中，复制图像进行翻转和旋转，并布置在自己游乐场的图画中；而图像的拉伸与扭曲，以复制素材中的古今中外名画，根据老师提供的艺术馆名画框架，对图像进行拉伸、扭曲设计。这些生活情境化的教学内容设计都能引起学生极大的兴趣去学习计算机绘画的编辑组合技巧，使学生的绘画学习充满奇特的发现并富有成效，最终使得学生乐于去学习。

三、让情境引导绘画作品的创作

情境是指情景、境地，不仅包括场景，还包含某些隐含的氛围。情境的创设需要多种媒介手段，甚至要在积极的人际交往中才有可能被成功创设。

鼓励学生学以致用。在学习了各种各样的绘画工具和编辑技术后，让学生加以综合运用，并进行绘画作品的创作，让他们去记录自己的生活、表达自己的想法，最终从绘画中反映心中的美好景物、景色。

绘画作品的创作从模仿入手。参照课本，如《越秀山游记》，首先明确作品的主题，然后构思画的内容。作品中必须包含主题中标志性的景观，如鲜花、树木、蓝天、白云、太阳和草地等，其他的诸如学生的小伙伴们等内容可以自行想象描绘，最后起稿构图。构图时，教师指引学生在绘画时要使画面有饱满感，其中主体部分占画面的比例要稍大一些，且将其放在画面的中间位置；其他部分内容则根据比例和位置分别画人物、景物和背景。在绘画时，要充分利用图像的复制和移动技术，添加相同景物，将画面中的各个部分组合成一幅图画，回应主题。

一般来说，我们让学生选择自己感兴趣的主题，如身边的趣事、环境保护、校园生活、广州美景、家庭生活、旅游记忆画和节日欢聚，等等。这些主题在学生的日常生活中均有体现，所以距离感比较小，也让学生不但能而且乐于描绘出心中美好的画卷。

四、以教师专业素养和教学热情激发学生的学习热情和创作动力

笔者喜欢在电脑上画画，绘画中常获得意想不到的人物、景物表现效果，并由此总结出电脑绘画的一些方法与技巧，将之制作成微课供学生随时学习。如笔者很喜欢用曲线画画，就制作了微课《曲线的使用》（放于微课展示网上），示范曲线的使用方法与技巧，用于画一个弯、两个弯、交叉曲线和封闭曲线，笔者已达到用曲线画一切景物的程度——无论是画戴帽子的人物、瓶子、鱼、水滴、火焰、花瓣、蜻蜓和蝴蝶等。学生可以通过反复观摩和练习微课内容，熟练理解后进行创作，从而获得新发现。

笔者对电脑绘画的激情、兴趣与认识引起学生的兴趣与共鸣。在学生向笔者学习电脑绘画时，我在课堂上教授学生绘画工具的使用方法，使其通过操作练习来掌握运用工具绘画的技巧，课余指导他们系统尝试在绘画中表现各种景物、场景与人物，并设主题练习创作。同时，现身说法地提醒学生留意观察身边的事物，去留心学习与感受生活，通过自己对学习和生活的观察、体会得出的感悟来围绕主题进行选材、表达和创作。以黄敏怡、林建鸿、穆艺文、吴昂炫、聂韬、黄靖童、赵茹静等为代表，他们从四年级开始参加课余电脑绘画制作，比赛时曾获得区电脑绘画奖项，五、六年级均参加区、市的电脑制作活动与电脑现场赛并获奖。其中，黄敏怡最高获过省电脑绘画三等奖，聂韬参加广州市现场赛获二等奖，黄靖彤五年级参加广州市现场赛获一等奖等，这些荣耀体现了学生通过电脑绘画铸就的实力。

教学中寻找师生间的默契，是笔者的快乐追求之一。训练学生参赛，都是从跟着笔者的演示进行绘画学习开始，到看景、看人物动作（有时笔者表演，并只为其做局部示范让他们进行绘画）到最后笔者只需要稍对人物、景物、场景进行语言描述，他们便能自行绘画，这便达到了很好的电脑绘画中师生指导配合的默契，使我深感难得和珍贵。

学生的电脑绘画创作、辅导是利用中午、放学后的点滴时间进行，这需要学生有很大兴趣来支持。笔者的努力付出和教学热情也有赖于学生的学习兴趣。作为一位教师，学生乐于学习、乐于参赛是我的荣耀，为此，我乐于付出辛勤劳动。对于学生，我希望他们都去争取成功，但不要求他们只要成功。

　　由此可见，计算机绘画内容源自学生的生活、学习、旅游、居住和经历见闻，使学生在创作时既有熟悉感也饱含情感。只要我们教师运用情境激趣教学，学生完全可以融美术的知识于计算机绘画之中，并乐于描绘心中美好的画卷，表达对生活中美好事物的向往。

　　最后，以昆提利安的话"知识的获得要靠求知的志愿，这是不能够强迫的""凡是热忱求学的人就会是有学问的人"来作为我与学生共勉的结束语。

（广州市海珠区赤岗小学　袁志克）

2

第二章

计算思维

　　《高中信息技术课程标准》（2017年版）（以下简称《课标》）减少了对基本软件使用的要求，而大幅度增加了在编程、计算思维、算法方面的思维要求，以及对人工智能、开源硬件、网络空间安全等知识的要求。《课标》认为，学科核心素养是学科育人价值的集中体现，是学生通过学科学习而逐步形成的正确价值观念、必备品格和关键能力等。高中信息技术学科核心素养之一的计算思维是继2010年九校联盟（C9）计算机基础教学发展战略联合声明和2013年教育部高等学校大学计算机课程教学指导委员会发出计算思维教学改革宣言之后的又一重大教育举措，这说明对计算思维的重视和培养已经自大学推广到高中，而2017年8月（复查通过）的广州市初中信息技术教科书已经提及计算思维的概念。我们认为，中小学信息技术教师有必要对计算思维进行深入的了解，以迎接未来的挑战。

第一节 计算思维的概述

一、计算思维的演进

对于计算思维的理解，许多专家有自己的看法，美国计算机科学家及《伟大的计算原理》作者彼得·J. 丹宁（Peter J. Denning）认为计算思维起源可以追溯到20世纪50年代甚至更早，那时称为"算法思维"。西蒙·派珀特博士（Seymour Papert），美国麻省理工学院终身教授，教育信息化奠基人，数学家、计算机科学家、心理学家、教育家，近代人工智能领域的先驱者之一，在1980年和1996年首次使用"计算思维"这个词。

2006年，美国计算机科学家，卡内基梅隆大学周以真教授再次提出"计算思维"一词，她认为计算思维是运用计算机科学的基础概念去求解问题、设计系统和理解人类的行为。2009年，她指出计算能力和局限会影响目标达成度，而抽象和自动化可以解决复杂的问题。2010年，她再次补充定义计算思维是一种解决问题的思维过程，能够清晰、抽象地将问题和解决方案用信息处理代理（机器或人）所能有效执行的方式表述出来。2016年，她强调计算思维作为21世纪基础能力的重要性，认为已经跟理论、实验思维一样重要。

计算思维有6大特征：是概念化，不是程序化；是根本的，不是刻板的技能；是人的，不是计算机的思维方式；是数学和工程思维的互补与融合；是思想，不是人造物；是面向所有的人和所有地方。

其思维方法有：约简、嵌入、转化、仿真（阐释）、并行处理（递归）、抽象和分解（关注点分离）、冗余、容错、纠错（预防、保护和恢复）、启发式推理（规划、学习和调度、权衡）、预置和缓存（学前准备）、回推（原路回寻）、在线算法（不租而买，当前环境下怎么做出选择）、多服务器系统性能（选择服务）、失败的无关性和设计的冗余性（电话不停电）、图灵测试（人工智能难题挫败计算机程序）等。

美国对计算思维越来越重视，2011年，国际教育技术协会（ISTE）和计算机科学教师协会（CSTA）对计算思维下了一个操作性的定义，指出计算思维是一个用来解决问题的过程。在这个过程中，先形成一个能够用计算机工具解决的问题，然后在此基础上逻辑化组织和分析数据，使用模型和仿真对数据进行抽象表示，再通过算法设计实现自动化解决方案；同时，以优化整合步骤、资源为目标，分析和实施方案，并将解决方案进行总结，迁移到其他问题的解决中。同年，计算思维被纳入K-12标准中，而2016年的K-12计算机科学框架提出五大核心概念和七大核心实践（见图2-1-1），其中实践3~6体现了计算思维。

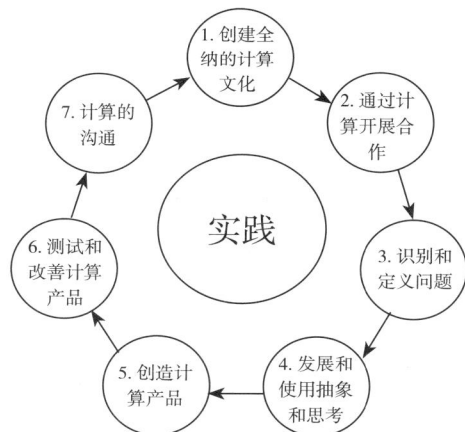

图2-1-1　包含计算思维的核心实践

计算思维是计算机科学实践的核心，通过上图中的实践3~6来描述。实践1、2和7是计算机科学中对计算思维进行补充的、独立的、通用的实践。计算思维是指使用计算机可执行的计算步骤或算法的形式呈现解决方案的思考过程。计算思维要求理解计算机的能力，系统地阐述需要被计算机处理的问题和设计计算机可以执行的算法。最有效的发展计算思维的情境和方法是学习计算机科学，它们是内在联通的。计算思维本质上是一个解决问题的过程，这个过程会利用计算机来设计解决方案，这个过程在写一行代码之前就已经开始。计算机在记忆力、速度和执行准确性方面均具有优势。它们需要人们通过一种正式结构来表达想法，如编程语言。与通过在纸上写注释来"记下你的想法"相似，编写程序使人们通过一种能够操作和检查的形式来使想法外部化

（Externalize）。编程使学生能够考虑他们的思维，通过调试程序，学生可以排除自己思维的问题。尽管称为"计算思维"，但是计算思维根本上是一种人的能力，计算思维可以跨越计算机科学，应用于多学科领域，如STEM，甚至是艺术与人文学科。

我国也有很多专家对计算思维进行研究。何钦铭、冯博琴等专家认为计算思维的本质特征是基于不同层次计算环境（如硬件系统、软件系统、网络、计算的社会影响）的问题求解，应该培养学生掌握在计算环境下的问题求解方法。计算机课程应该关注计算环境的构成和基本原理、程序设计方法而不是语言本身、多媒体信息编码、处理与传输、领悟应用系统级和计算机系统级的问题求解方法。李廉认为计算思维实际上是一种构造思维，不同于归纳自然及人类社会活动规律的理论思维，也不同于以推理和演绎为特征的实验思维，之所以称其为计算思维，是因为计算机的发展加速了构造思维的应用而形成的习惯性称谓。王飞跃认为，计算思维是一种以抽象、算法和规模为特征地解决问题的思维方式，广义而言，计算思维就是基于可计算的手段，以定量化的方式进行的思维过程；狭义而言，计算思维就是数据驱动的思维过程（Data-Driven Thinking）。2015年，李锋提出计算思维教育关注的是利用信息技术解决问题的能力。这种能力既表现为结构分解、实体抽象、模型建设、自动化实施等技术应用特征，也包括明确问题、设计方案、实施反馈、修订完善等一般性解决问题方法，指向利用信息技术解决问题能力的发展。故此，要帮助学生理解信息社会中程序驱动的数字化工具、发展数据意识、提高信息技术应用与创新能力，用"计算"来解决日常生活中的现实问题。于颖认同计算思维的内涵更倾向于问题的解决，可通过构建计算思维三棱结构构建信息技术课程的计算思维结构。

2017年，我国教育部《高中信息技术课程标准》提到，计算思维是指个体运用计算机科学领域的思想方法，在形成问题解决方案的过程中产生的一系列思维活动。具备计算思维的学生，在信息活动中能够采用计算机处理的方式界定问题、抽象特征、建立结构模型、合理组织数据；通过判断、分析与综合各种信息资源，运用合理的算法形成解决问题的方案；总结利用计算机解决问题的过程与方法，并迁移到与之相关的其他问题的解决中。

二、计算思维培养要点、问题与挑战

1. 计算思维培养要点

计算思维是建立在可计算基础上的计算机科学。计算机只是帮助计算的工具，但是绝不仅仅是计算机，凡是能帮助计算的信息处理代理（包括人）都可为问题的解决服务。

问题的解决贯穿计算思维活动的整个过程，即围绕问题，运用计算机科学领域的思想方法来解决。

计算思维解决问题的步骤：界定问题、抽象特征、建立模型、组织数据、运用算法形成方案、迁移过程和方法。

2. 计算思维培养问题与挑战

（1）教师对计算思维认识不足。

当下，中国的信息技术教育着重在教会学生如何利用现有软件与工具，完成日常生活中的信息浏览、加工与表达，但对学生创造能力和实际解决问题能力培养的关注度还不够。

信息技术教师对计算思维认识不足，导致无法从计算思维角度、从问题出发，不能关注知识点教学地去设计课程，导致目前信息技术教学以任务驱动为主或者讲演练居多，学生总是被动地接受知识，缺乏发现问题的习惯，更缺乏解决问题的思维，进而无法有效进行计算思维的培养。

（2）缺乏基于计算思维角度编排的教学内容。

一方面，计算思维教学没有太多现成的素材，需要深入挖掘和整理隐藏在知识和技术背后的、科学家们遇到问题时寻找解决办法的思想和方法，这不是一件容易的事情；另一方面，计算学科兴起的时间虽然不长，但能挖掘出来的"计算思维"内容和素材却相当丰富，但不太可能将其全部纳入教学，这就需要认真地进行筛选，最后确定一个最佳的集合，该集合应该涵盖学科的不同层面。问题解决意识不足，导致在教学中增加了教师备课的负担，也降低了内容对学生的吸引力。

为了切实做好新一轮课程改革，培养中小学生的信息技术核心素养，海珠区中小学信息技术教师坚持科学发展观，因地制宜，开拓创新，与时俱进，以"重在应用"为指导思想，有计划地进行"计算思维"教育的研究，以下是各位教师分享的心得体会，供各位中小学信息技术教师参考与交流。

基于计算思维的问题求解教学模式构建与探究

——以初中信息技术图像采集为例

信息时代的海量数据催生出大数据时代，其核心就是计算。把握计算，就能把握时代，而培养新时代的人才，则要帮助学生形成符合时代要求的思维——计算思维。

作为人类三大科学思维之一的计算思维，由卡内基梅隆大学的周以真教授于2006年提出。她阐述了一种运用计算机科学基础概念进行问题求解、系统设计以及人类行为理解等解决问题的思维过程，这种思维能够清晰、抽象地将问题和解决方案用信息处理代理（机器或人）所能有效执行的方式表述出来。

一、计算思维对初中信息技术教学的启示

计算思维给初中信息技术教学带来新变化。结合初中阶段性要求，在问题求解的过程中，培养学生用信息代理解决问题的思维方式和习惯。

1. 当前教学中存在的问题

遗憾的是，在当前教学中，老师把课堂上的能力培养简化为"步骤学习"和"技术操练"，侧重操作的机械训练，仅根据知识点要求学生掌握软件指令，而对于学生把握计算，解决问题的思维培养过于笼统，导致不能很好地给予学生思考、发展思维的空间，更不能帮助学生形成解决问题的能力，从而造成学生只把信息技术课看成是技能课，缺乏灵活的问题求解思维，只会生搬硬套。

计算思维理论恰恰填补了思维培养缺失的空白，给教学注入新的活力，是改善目前理念陈旧、教法笼统、学法机械的不利局面的新方向。

2. 信息课堂培养计算思维的优势

计算思维培养在初中信息技术课堂上的实现，有着天然的优势。

（1）《纲要》对计算思维培养的支持。

广东省《初中信息技术课程纲要》（简称《纲要》）为计算思维培养提供了有力支撑。《纲要》指出，信息技术课是为了适应信息时代对人才培养提出的新要求而设置，以培养学生信息素养、发展学生的信息技术能力为主要目标。

学生要掌握信息时代生存与发展所需的知识与技能，形成在生活与学习中应用信息代理解决问题的态度与能力。这是适应时代发展变化的能力，而不是机械的操作与模仿；这也是创新的能力，在追寻技术发展的过程中，让学生体会创新的价值，培养创新的精神。

而创新源自思维，计算思维概念立足于学科本源，强调了教学的本质是培养建构于学科的思维，这需要帮助学生形成适应信息时代发展的思维方式，并发展成为解决问题的能力，落实在今天的信息技术课堂上就需要大力推行计算思维的培养。

（2）教材内容有利于计算思维的培养。

目前较为成功的"计算思维"案例多集中于高等教育院校，且以"程序设计"课程居多，这就让人们产生了一些误区，以为计算思维必须要通过"程序设计"课程来实现。就目前初中教材内容而言，Excel、多媒体及动画制作软件等工具软件才是主要内容，但这些教学内容并不妨碍对学生计算思维的培养。其原因有三：

第一，虽然初中生普遍不具备熟练编程的能力，只能简单使用工具软件，但是，软件的命令多是编写好的功能模块，只要合理使用，也能提高解决问题的效率。

第二，许多功能强大的工具软件，可以提供脚本语言实现操作的自动化。对于学有余力的学生，完全可以在这方面更进一步，开拓解决问题的思路。

第三，从信息工具的发展和推广来看，良好的功能和便携的操作才便于更多人体验。计算思维要推广，工具软件也是很好的载体。

所以，结合初中生的实际情况，以工具软件为主的教学内容，也有利于计算思维的培养。

二、计算思维问题求解教学模式的构建

计算思维培养将"问题求解"视为要经历的过程与效果评判依据。这一

过程中，应先从对基本概念的正确理解入手，提出并阐述可用信息处理代理解决的可计算性问题，在问题求解中，应用计算机科学基础概念，树立计算的思想，形成计算思维。

本研究围绕粤教版信息技术教材中多媒体制作软件等教学内容，结合国内外学者对计算思维的观点，设计出问题求解五阶段策略：提出问题→分析问题→设计实施方案→评价反思→迁移实际生活。这其中贯穿三大原则：

原则一：问题引领——在提出问题阶段。通过约简、嵌入、转化、仿真等方法，清晰抽象地重新阐述可计算性问题。在解决过程中，鼓励学生思考和探索，进而提出新疑问，做进一步探究。

原则二：学科渗透——在分析问题阶段。渗透计算机学科相关知识，不断学习，拓宽视野，从可计算的角度达到运用信息处理代理理解和解决问题的目的。

原则三：迁移应用——在迁移阶段。鼓励学生像计算机科学家一样思考，从可计算角度理解人类行为，将计算思维合理应用到日常生活中。

根据计算思维课堂培养策略和原则，可以初步构建问题求解教学模式。例如，在《图像的采集》一课中，图像采集的问题求解教学模式的运用流程图见图2-1-2。

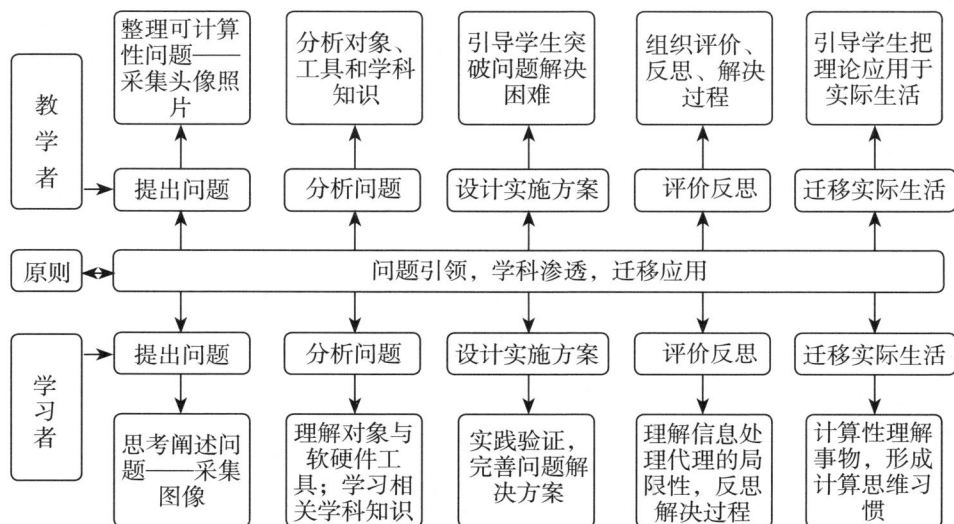

图2-1-2 计算思维问题求解教学模式

该模式紧扣计算思维培养的教学要求：以知识教学为任务，以问题解决为过程，从知识本质理解技术原理，合理使用技术，用概念图、流程图等工具可视化思维过程，迁移应用计算思维解决实际问题，使学生形成像计算机科学家一样的思考方式。

三、计算思维问题求解教学模式的实践

以问题引领、学科渗透和迁移应用为原则，让学生在信息处理条件下感受问题求解的过程，最终形成计算思维。下文将以粤教版初中第一册第三章第二节《图像的采集》为例，阐述问题求解教学模式的实践：

1. 结合教材创设情境，提出问题

广州现行的信息技术教材并非完全依据计算思维理念编写，如果完全按照书本内容安排来教学，难以实现计算思维培养的目标。因此，教师必须把握教材重难点，结合学生实际情况，引导学生提出问题。

根据知识点创设合理情境，引发学生的问题意识。例如，在《图像的采集》课堂里，重点是掌握图像采集的技巧，难点是根据实际情况合理使用技巧。教师通过情境设计，联系时事——人工智能程序"阿法狗"战胜了围棋冠军李世石，设想"阿法狗"会在科技展览会上与大家见面，提出参观要有参观证，制作参观证需要彩色近照，应用问题引领原则，引发学生重新获取近照图像的需求，提出问题——如何获取图像。

计算思维培养实践中要抓住"计算"二字，在问题提出阶段，老师就要考虑到问题的对象是否可以计算、用什么计算，前者是计算思维区别于其他思维的关键，后者是通过软、硬件提高效率帮助解决问题的关键。

2. 引导学生分析问题，理解相关学科知识

分析问题能充分培养和展现学生的思维过程。

首先，分析问题的对象。例如，可以让学生明确问题的对象——头像，引出图像的知识原理。然后，从硬件和软件两个方面分析可以使用的信息处理途径。例如，让学生阅读书本，比较各种图像获取途径的特点（见图2-1-3），选择可以解决问题的设备。

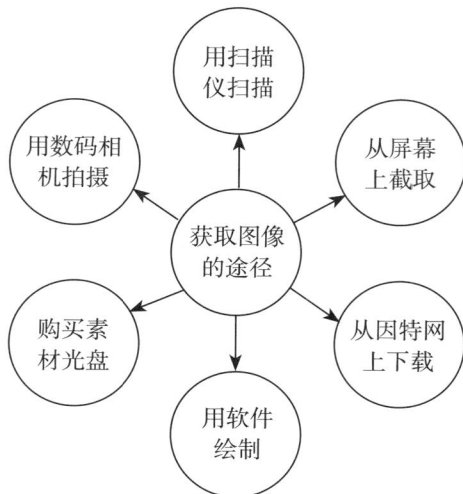

图2-1-3 获取图像的途径

同时，为帮助学生更好地理解和使用设备，教师可以介绍相关学科知识。例如，数码相机的工作原理（见图2-1-4），提示学生数字图像是从外界事物的模拟图像得到的。

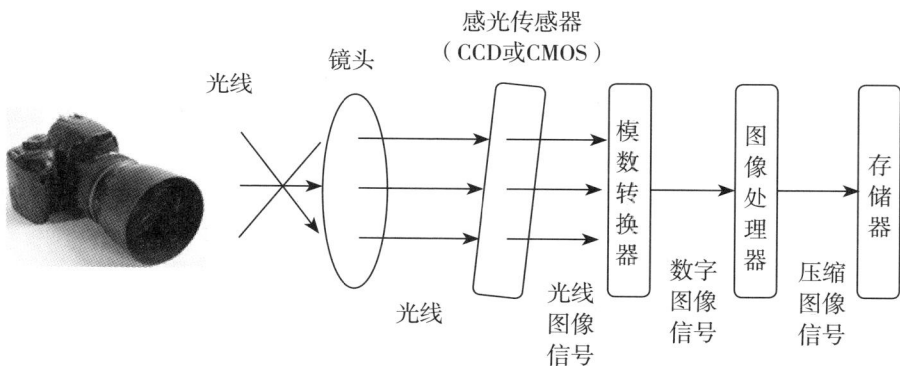

图2-1-4 数码相机的工作原理

老师必须要有意识地引导学生在分析问题的过程中，既要体现使问题可计算化的这个关键点，又要学习和理解会用到的信息处理代理。依据学科渗透的原则，学习内容不但包括软、硬件知识，而且还包括如何使用它们的知识。

3. 设计施行方案解决问题

设计和施行解决问题的方案能让学生充分理解知识点，更能在完善方案的过程中整合技术，获得解决问题的喜悦，培养运用计算思维解决问题的习惯。

首先，根据采集方式去设计方案的流程。例如，提供摄像头，让学生先设计和安排获取图像的步骤，再提出操作步骤的排序题（见图2-1-5），让学生讨论和完善方案。

问题：采集头像的操作步骤是什么？请排序。

A. 接入摄像头
B. 安装软件
C. 打开软件
D. 调整角度，按获取拍照
E. 检查拍照效果，按需要截图
F. 重命名，提交应用

图2-1-5　采集头像图片的操作步骤

然后，对工具软件进行简单讲解，鼓励学生按照设计方案尝试解决问题，并修正完善方案，让学生在做中学、学中思。例如，学生在计算机接好摄像头后，要用专用软件获取保存图像。这时，可以鼓励学生通过互相合作探讨软件的使用方法。对个别接受能力较差的学生，老师可以进行简单讲解。有的学生发现用摄像头自拍时，看镜头和点击鼠标拍摄很难兼顾，后来想出请同桌帮忙拍摄的主意；也有的学生在操作中发现刚才设计的操作步骤不合理，进而修正完善。这样，学生在问题解决的过程中，摸索和理解软件的功能，在实践中激发学生学习的兴趣，思考如何才能用好软件。

先设计，后实施，在实施中反馈，在修改中完善设计方案。在设计方面，可以学生自主设计，也可以老师提供初步设计，学生再完善；在实施方面，可以学生自主实施，也可以老师在某阶段提示要点，促进问题解决方案得以实现。

4. 评价反思解题过程

评价反思不但只针对问题解决的效果，而且还针对问题求解过程中各环节的完成情况。在这个过程中，学生可能会发现新问题，从而通过进一步学习讨论，完善解决方案。例如，学生获取图像要保存时，产生了以下疑问："图像的格式是怎么回事？"教师可以借此机会让学生用同一张图片另存为四种格式（见下表），比较其特点。有的学生这时发现，自己拍摄的图像色彩较差，原来是保存选择了gif格式，于是重新拍摄保存成色彩更丰富、更清晰的bmp格式。

图像的四种格式比较表

图像格式	主要特点
bmp	Windows操作系统的位图格式，未经压缩，文件较大，效果清晰
jpg/jpeg	常见的图像格式，高质量的图像却容量较小，经常用于网页
gif	支持透明背景、压缩率高，也可以做动画文件格式，容量较小，只有256色
png	Netscape公司开发的图像格式，可以保存24位真彩色，支持透明背景，可在不失真的情况下压缩图像

评价方面，可以老师点评，也可以学生互评；反思方面，可以学生主动提出新问题，也可以老师总结学生情况。总之，评价是为了肯定学生，也为了反思过程；反思是为了更好地巩固所学，也为了完善认知不足。

5. 迁移实际生活

在信息技术课程中，不仅需要普及计算机科学概念，更需要引导学生将计算思维合理地应用到日常生活与学习之中，让学生体验使用计算思维求解问题的一般过程和方法，最终达到能够在实际问题中灵活地迁移和应用计算思维的目标。

迁移实际生活是学生对知识的综合运用。例如，让学生根据对弈棋谱、光盘等资源，讨论如何选择工具，获取图像，形成各种方案。

迁移应用不但要与日常生活实际相结合，而且要与课程目标相结合，更重要的是必须体现问题解决的思维过程，才能有助于合理运用信息工具的思维习惯的养成。

四、结束语

通过实践，研究者认为运用问题求解策略的信息技术课堂，教师应该鼓励学生通过思考并阐述可计算性问题，以激发其学习兴趣；用学科知识分析，以帮助学生逐步建构信息技术知识体系；让学生主动探究设计和实施问题解决方案，以体会解决问题的思维过程；引导学生反思信息工具在问题解决中的局限性，以形成评价能力；推动学生形成用信息处理思维解决日常生活实际问题的习惯，以培养计算思维意识。

计算思维让学生感受到与之前的不同，不再把信息课堂看成是只注重机械训练的技能课，而是充满创新精神的思维乐园，从而积极参与课堂，愉快地感受信息技术的魅力；计算思维也让教师摆脱理念陈旧、教法笼统的局面，从新的角度思考教学、设计课堂，在良好的气氛中传授知识，在思维碰撞中增加课堂活力。

（广州市第九十八中学　李应聪）

小学信息技术教学培养计算思维的研究

2016年《中国学生发展核心素养》正式发布，确立了以"全面发展的人"为核心的学生发展核心素养体系，阐述了中国学生培养的基本立场，对中国教育发展及人才培养方向给定了明确的目标。2018年1月，教育部印发《普通高中信息技术课程标准》（2017年版），突出"立德树人"的核心目标，《新课程标准》围绕"信息意识、计算思维、数字化学习与创新、信息社会责任"四大信息技术学科核心素养提出宏观要求。计算思维作为信息技术学科核心素养之一，以其"面向学科"的特性受到业界的关注。小学信息技术教学中，如何科学把握计算思维的内涵及本质，运用有效的教学策略去培养学生的计算思维，需要我们对其进行研究和探索。

一、计算思维理论研究现状

理论研究的内容丰富，主要围绕计算思维的概念、特点、作用等进行阐述。

1. 关于概念的研究

美国卡内基梅隆大学的周以真教授在2006年系统地提出了计算思维的概念：计算思维指的是运用计算机科学的基础概念进行问题求解、系统设计以及人类行为理解等一系列思维活动。2010年，周以真教授又指出计算思维是与形式化问题及其解决方案相关的思维过程，其解决问题的表示形式应该能有效地被信息处理代理执行。

《普通高中信息技术课程标准》（2017年版）提出，计算思维的内涵是在信息活动中，能够采用计算机科学领域的思想方法界定问题、抽象特征、建立结构模型、合理组织数据；通过判断、分析与综合各种信息资源，运用合理的算法形成解决问题的方案，总结利用计算机解决问题的过程与方法，并迁移到与之相关的其他问题解决中。

任友群教授这样理解：计算思维是一种独特的解决问题的过程，反映出计算机科学的基本思想方法。通过计算思维人们可以更好地理解和分析复杂的问题，形成具有形式化、模块化、自动化、系统化等计算特征的问题解决方案。

2. 关于特点的研究

任友群教授这样概括计算思维的特征：①采用抽象和分解的方法形式化复杂问题，建立结构模型，形成更加高效、可执行的解决方案；②运用计算机学科基本概念与工具方法判断、分析、综合各种信息资源，强调个体与信息系统的交互思考过程；③它是一种独特的问题解决能力组合，融合设计、算法、批判、分析等多种思维工具，综合运用可以形成系统化的问题解决方案。

还有学者认为计算思维具有两个特有的性质，即可解释证明和关联世界。这两个特质是计算思维区别于实证思维和逻辑思维的界石。计算思维最本质的特点是抽象和自动化，它的表现形式具有有限性、程序性、机械性、可行性等特点。

3. 关于作用的研究

（1）计算思维既是信息技术学科核心素养的根基，也是联结基础操作与行为思想的核心要素，更是信息技术核心素养培养的着力点。

（2）计算思维不仅有重要的内在价值，也有非常重要的外在价值。计算思维提升信息技术课程的"基础性"。

（3）计算思维对我们所关注的所有领域在创新方面都将具有很好地促进作用。

4. 理论研究的启示

计算思维是信息技术学科的四大核心素养之一，其重要性不言而喻，培养计算思维已经成为整个基础教育的重要任务。任友群教授对计算思维的定义突出其问题解决的特性，强调运用计算机科学的基本思想方法，分解复杂问题，通过多种问题解决能力组合，形成系统化的问题解决方案，这比较符合学生的思维发展和小学信息技术教学内容的特点。借助这一理念，理清每一个教学中学生要解决的具体问题，通过有效的教学方法和策略，引导学生运用信息技术知识，形成解决问题的具体方案，发展其计算思维能力。

目前，教学中使用的信息技术教材作为小学信息技术培养核心素养的载体，也是创新创意教育中创新思维能力培养的载体，更是培养学生计算思维能力的载体。在使用教材时应该着重从分解、抽象、转化和建模四方面培养学生的能力。因此，信息技术教学不仅要注重传授信息技术基础知识、技术知识、动手操作能力以及实际应用能力，增强学生运用计算思维解决实际问题的意识，从原理理解到实践，在整个小学信息技术课程突出计算思维，使其整体素质和综合能力得到进步与发展。

二、适应计算思维培养的教学需求

1. 计算思维的培养方式

思维是在能力培养过程中形成的。在相关教学改革中，引用MIT（麻省理工学院）的CDIO（构思、设计、实现、运作）面向项目方式的教学改革和导向教学模式是目前思维培养研究较为突出的两种方式。前一种是面向工程的培养方式，以应用思维为主；后一种更倾向于素质培养，更适合计算思维培养。两种模式最重要的思想都体现了"实际问题导向→解决问题构思→实施与实践→问题推广"的教学模式，符合学习的建构过程，都注重学习者运用知识能力的培养。相对于CDIO对高中学生能力培养大方向的要求，导向教学模式则更适小学信息技术课的学习。

2. 适用计算思维培养的教学方法

在小学进行计算思维培养是最为有效的。培养方式的完全转变，使小学生在思维、学习方式上有了很大不同。在以后的学习中，他们中许多人将会更加独立地思考问题，学习方式由"被动学习"转变为"主动学习"。信息技术课程都有拓展内容，甚至在教材上根本找不到答案，需要学生运用学会的计算思维方式去分解任务，找出问题，寻求解决问题的方案。在这种学习状态下，学生只有深入探讨学习内容，才能理解、掌握知识点的本质，这要求学生具备较强的自主学习和独立思考能力。这就对教师的教学方法、策略提出更高的要求。教师在教学活动对学生思维的引导起着重要的作用，老师的引导能够使学生掌握有效学习方法，这是计算思维能力发展的表现之一。因此，"教师引导→学习者自主完成→接受辅助和监督"的模式是有效的。

三、计算思维培养的课程教学实践

在教学过程中，计算思维培养需要进行一系列的引导，才能保证学生在整个学习活动中积极参与，在各个环节中体现"思考实际问题→寻求解决问题构思→运用信息技术求解问题→把解决这类问题的策略推广"的学习模式。

1. 联系实际，设计引导性问题

每一节课的内容都有重难点，教师要通过对教学目标进行分析和知识点进行分解，将教学内容分成不同的难度层次。分层的关键是题目设计中现实问题抽象的层次，每一个现实问题通过简单的数学建模和仿真模拟就可以较容易地转化为抽象问题，抽象后的问题通常是10个以内问题的叠加。

2. 呈现引导问题，寻求解决问题构思

这个抽象的问题对于学生来说是难以解决的，这需要老师运用系列化的教学手段和方法引导学生运用计算思维方法明对知识点进行构建。这些手段和方法包括问题抽象、分解和规约，计算迭代、递归，数据保护、冗余、容错、纠错和恢复，利用启发式推理，确定情况的规划、学习和调度等。

这样教师才能有针对性地设计问题。在实际教学中，可以根据计算思维培养的三个层次，将问题分为入门、巩固、提高、创新四个层次，按照实际教学需要安排在不同教学阶段进行，分别用于课堂知识重现、知识点巩固、现实问题解决和科研问题探索四个不同层次的培养目标。

3. 呈现合适的问题，保证求解问题的顺利实施

在教学中，学生需要解决的问题是有关联的。依据学生解决问题所耗费的时间、正确性、方案难易度，对知识掌握程度和学习能力进行分级。呈现问题的难度要与学生的能力相适应，使其感觉问题具有一定的难度，经过努力是完全可以解决的，从而不断增强他们的自信心。学生借助丰富的学习资源（如文字、声音、图形、图像、视频、已有的解决思路等），进行资源收集、问题转化、答案找寻，通过深入探究、讨论交流得出结论，通过反思自评、内化知识、巩固练习进行知识拓展迁移。最终促使学生顺利求解问题，使学习过程不断深入。

4. 通过评价，推广解决这类问题的策略

评价活动包括两个方面：学习效果评价和教学效果评价。学习效果除了学生掌握了本课学习内容，达到最终学习目标外，还包括学生自我制订的训练计划、训练过程、解题思路、知识理解、自我参照对比等内在活动，以及展现出来的协作合作能力、帮助他人等一系列的能力。学生在评价自己学习效果的过程中形成解决类似问题的策略，而表达自己观点则是一个推广解决问题策略的过程。

教师通过观察学生的学习效果，制订一个表征学习效果的量规，并事先公布量规，对学习起到导向作用。然后，用量规来收集有关学习者的绩效信息，借此反思教学效果，为进一步提高教学效果提供依据。

通过上述的培养步骤，一步步地提高学生学习的积极性，在课堂上引发思考的方式让学生明白剖析问题的过程和处理问题的计算思维方式。通过巩固练习加强学生对知识本质的理解，激励学生自我掌握知识，培养计算思维能力，并给予学有余力的学习者以提升空间，从而发展学生计算思维的能力。

（广州市海珠区宝玉直实验小学　　陈伟涛）

第二节　利用Scratch培养计算思维的应用案例

基于计算思维能力培养的教学设计

——以"角色及外观指令"为例

【教学分析】

1. 内容分析

广州市信息技术教科书小学第三册第二单元第13课《小小魔术师——角色及外观指令》。

本课的主要内容包括：角色的导入与调整，造型的导入及切换，角色特效的设置。

2. 现状分析

已有的教学设计中的教学思路重步骤、偏模仿，学生学习后不理解知识的本质，不能很好地应用所学知识解决实际生活中的问题。

存在两个问题值得关注：以学习指令为主要目的，教学中难以体现学科知识的价值和意义；"做中学"的教学理念，课堂上注重学生操作步骤的学习，缺乏对学生计算思维能力的培养。

【教学目标】

1. 使学生能从文件夹中导入新角色并调整大小，能导入角色的不同造型。

2. 使学生能使用切换造型、角色特效指令编写程序脚本。

3. 使学生通过自主尝试、独立思考、讨论交流等学习方式，掌握切换造型、外观特效等指令编写顺序结构脚本的方法与技巧。

4. 使学生通过体验"悟空学艺"Scratch作品创作过程，提升其学习Scratch编写动画程序的兴趣。

【教学方法】

计算思维作为信息技术学科的四大核心素养之一，在信息技术教学中的地位和作用越来越突出，培养学生的计算思维能力已成为程序设计课程的核心目标。Scratch编程是小学唯一的程序设计课程，在教学实际中，应以培养学生的计算思维能力为目标，体现学科的思想内涵。

【教学流程】

教学环节	教师活动	学生活动	设计意图
激趣导入	播放范例	观看范例	激发学生的学习兴趣
探究新知	分析范例需要实现的效果	把一个总任务分解成三个容易完成的小任务	引导学生分解范例，培养学生的计算思维能力
	把任务分解成三个闯关游戏并完成	学会导入角色和造型，学会使用外观指令实现角色的动作变化、颜色特效	突破教学重难点

续 表

教学环节	教师活动	学生活动	设计意图
探究新知	辨析角色与造型的异同	知道角色与造型的异同	辨析角色与造型的异同
	分析错例，改进脚本	改进脚本	传达"修修补补"也是学习编程的一种策略
展示交流	展示学生作品	欣赏、评价作品	培养学生乐于交流、善于总结的学习习惯
拓展小结	本节课小结	总结自己本节课的学习情况	为以后的学习打下基础

【教学过程】

师：同学们，你们知道《悟空学艺的故事》吗？

生：知道。

师：今天老师带来了一个用Scratch制作的《悟空学艺》的作品，请大家一起来观看。

师：接下来请同学们再一次观看故事。这次我们要带着两个问题来看：一、故事的主角是谁？二、主角有哪些变化？

师：故事的主角是谁？

生：悟空。

师：主角有哪些变化？

生：主角的动作、颜色、数量变了。

师：还有没有其他的变化呢？

生：主角说的话有变化。

师：是的，悟空说话的内容有变化，也就是我们上节课学过的"说……"指令。仔细想想还有没有其他的变化？

生：悟空变成了一个小姑娘。

师：你能不能告诉我这个小姑娘是不是悟空？

生：不是。

师：确定？

生：我觉得还是悟空，是悟空用法术变的。

师：悟空用七十二变的法术变成了小姑娘，但他还是悟空，这就像电影中的演员，经过化妆师高超地化装，完全变了样，但演员还是那个演员。这个变化我们称为"外观"变化，就是角色的外形发生了变化。

师：有没有发现最后悟空哪去了？

生：驾着筋斗云上西天了。

师：悟空驾着筋斗云走了。悟空的法术不是一天练成的，我们的学习也是一步步积累起来的。用Scratch来完成这个作品，我们首先需要把悟空请到哪里呢？

生：三星洞。

师：是的，悟空要去三星洞学艺。我们要先把角色悟空导入舞台中，然后让悟空动起来、变起来。接下来，我们通过闯关游戏来一个一个地解决这些问题。悟空要先要到达三星洞找到师傅。

第一关：悟空到达三星洞

游戏帮助：

要顺利闯关，可以借助这些法宝：

（1）"悟空"在E盘"素材"文件夹下。

（2）请用Scratch打开"悟空学艺.sb2"文件。

（3）参考课本第54页。

游戏规则：时间为3分钟。在规定的时间内，小组成员全部完成，闯关成功，组长上台为你们小组加2分。计时开始！

师：时间到，第一关闯关成功的有C、H、F、D小组。其他小组加油！老师请一名同学上台示范，谁来？

生：先打开Scratch程序，然后选择"悟空学艺"文件，将其打开，单击新建角色，选择悟空。

师：非常好！你们是不是这样完成的呢？

生：是。

师：导入的角色在哪里？

生：角色列表区。

师：新建角色有4种方法，分别是：从角色库中选取角色、绘制新角色、从本地文件中上传角色和拍摄照片当作角色。现在，老师想请同学们来找一找，老师刚才范例中悟空的七十二变的秘诀在哪里？

生：在造型区那里。

师：你好厉害！我们看到刚才悟空的那些变化在造型区中都有。在Scratch中我们把角色的外观变化称为造型，让这些造型出现在舞台上，猜一猜是哪个指令呢？

生："将造型切换为……"指令。

师：你真棒！要进行造型的切换，我们需要先把这些造型导入到造型列表区。导入造型与导入角色类似。接下来我们进入第二关，解决悟空动起来的问题。

第二关："七十二变"初成

游戏帮助：

（1）"悟空"的其他造型在E盘"素材"文件夹下。

（2）其他造型可以从造型库中导入。

（3）参考课本第57~59页。

游戏规则：①导入3个以上造型。②能给角色配上说话内容。③可以使角色实现动作变化。④上交作业到"志华信息技术云课堂"任务一。时间为6分钟。闯关方式同第一关。开始！

师：时间到，第二关闯关成功的有C、H、D小组。刚刚老师发现这名同学的脚本完成得非常好，但是运行时却出现了问题，为什么呢？

生：将造型导入了角色列表区。

师：是的，所以悟空动不起来。舞台上出现了三个悟空，我们都知道悟空只有一个。就像今天，秦老师给大家上课，秦老师也只有一个——现在我和大家对话，我是秦老师；我拿起一张板书，我还是秦老师；我把头发盘起来，我也仍然还是——

生：秦老师。

师：虽然秦老师在不停地变化，但角色都是秦老师一个人，造型就是一个角色的不同外观。一个角色可以有多个外观，但一个角色某一时刻只能展示一个造型。所以，我们要把多余的角色删除，悟空的其他造型放在哪里呢？

生：造型列表区。

师：对了。角色及造型的操作是Scratch最基本的操作，在以后的学习中，我们将不断使用它们，因此，弄清楚角色及造型的异同，可以让我们以后的作品更精彩。请刚才作品运行有问题的同学修改自己的作品，其他同学可以自学课本第60页的内容。时间为2分钟。完成的小组加1分。

师：时间到。我们看到所有小组已经都闯关成功了，恭喜大家！现在我们继续解决后面的问题。悟空这些高超的本领实际都是用外观指令里的角色特效实现的。接下来就进入我们今天的最后一关。

第三关：卖弄本领

游戏帮助：

（1）参考课本第60页。

（2）参考云课堂下面的"学习指引"。

游戏规则：在原来作品的基础上，继续编写悟空学艺的故事。①根据悟空即将变化的效果，配上说话内容。②实现悟空的造型、颜色、虚像等方面的特效变化。③上交作业到"志华信息技术云课堂"任务二。时间为5分钟。闯关方式不变。好，计时开始！

师：时间到，我们看到A、H、D组已经完成。现在我们来欣赏这名同学的作品……你们认为怎么样？

生：颜色变化和多个悟空的特效实现了，但悟空消失的特效没有实现。

师：你说说怎样实现悟空消失的特效呢？

生：将虚像特效增加指令。

师：你们说是吗？

生：是的。

师：我们直接让悟空消失显得不自然，这时候，我们可以通过设置虚像特效的值来改变虚像的程度，通过多设置几次，使悟空逐渐消失，这样就很形象了。同学们，通过测试程序脚本的执行效果，发现不足，改进脚本，再测试再改进，是我们学习编程常常会用到的一种方法。这节课的内容你们都掌握了吗？

生：掌握了。

师：这节课的内容是Scratch学习的基础，只有打好基础，在以后的学习中，我们才能创作出更精彩的作品。好，这节课我们就上到这里，同学们，下课！

（广州市海珠区宝玉直实验小学　秦婧丽）

基于计算思维的问题驱动教学法在小学信息技术中的应用研究

——以"垃圾分类——角色的控制及变量的使用"为例

【教学分析】

随着现代信息技术的高速发展，信息技术课程所要承担的任务也发生了变革。2017年版的《信息技术新课标》提出，信息技术课程的主要任务是促使学生掌握与数据、算法、信息系统、信息社会四个核心概念相关的关键学科知识，培养学生的信息意识、计算思维、数字化学习与创新和信息社会责任四个信息技术学科核心素养，使学生成为数字化时代的合格公民。

时代为信息技术课程赋予了新内涵，开展程序设计课程教学是让学生理解并提高计算思维的重要途径。我国《基础教育信息技术课程标准》（2012年版）指出，"算法与程序设计"是信息技术课程的核心模块之一，规定"算法与程序设计"为小学阶段信息技术课程的拓展模块。目前，许多学校都在开展Scratch可视化程序设计的教学实践，以期培养学生的计算思维。但是许多信息技术课的思想方法活动都是流于形式，把"计算思维"简化为"程序设计"，忽略了学生对信息技术实质方法的思考，导致学生学到的知识只停留在技能操作层面，很难把计算思维的方法应用于实际生活和学习中。

【教学方法】

1. 选取具有时代特征、贴近生活情境的学习内容

信息技术的课程定位从综合实践性向基础课程转变。要求将知识建构、技能培养与思维发展融入运用数字化工具解决问题和完成任务的过程中。提升学生计算思维的最终目的是促使学生将这种思维方式迁移至日常生活中。所以，在信息技术课程的学习内容选择上，强调选择构建具有时代特征、贴近生活情境的学习内容。

本课是广州市信息技术教科书小学第三册第二单元第20课的内容。教材通

63

过用Scratch设计《苹果我来摘》游戏，让学生掌握"用鼠标控制角色"和"变量的使用方法"。为了让游戏主题更贴近生活，本课把学习任务改为制作一个《回收垃圾》的小游戏，通过对游戏得分的设计，帮助学生理解"变量"的含义和功能。引导学生在游戏设计的过程中解决生活中的问题，在学习新知识的同时，增强环境保护的意识。

2.结合计算思维的核心要素，构建基于问题解决的信息技术教学模式

2011年，ISTE（国际教育技术协会）联合CSTA（计算机科学教师协会）在分析计算思维过程各要素的基础上提出了计算思维的操作性定义，即计算思维是一个问题解决的过程，该过程包括制定问题、分析数据、抽象、设计算法、选择最优方案、推广六大要素。

本课以"许多同学的垃圾分类回收意识薄弱"这一实际生活中的现象为出发点，提出问题：有没有宣传垃圾分类回收的好方法呢？学生根据所学的知识，提出了制作海报、标语、多媒体作品、环保小游戏等多种宣传方法。教师引导学生比较这些方法，分析其优缺点，并结合实际问题——许多同学是因为不清楚哪些垃圾是可以回收的才会乱放垃圾。选择一种最有效的宣传方式——设计能够交互的小游戏，帮助同学们了解垃圾回收分类的知识。进而引出本节课的任务——制作《回收垃圾》的小游戏。明确任务后，引导学生分析任务范例，将游戏的功能转换为问题，再将大问题拆分为小问题，借助流程图来帮助学生理解提炼算法，引导学生在分步调试的过程中，不断完善程序，寻求问题的最优解，体验游戏设计的思考过程，提升计算思维能力。

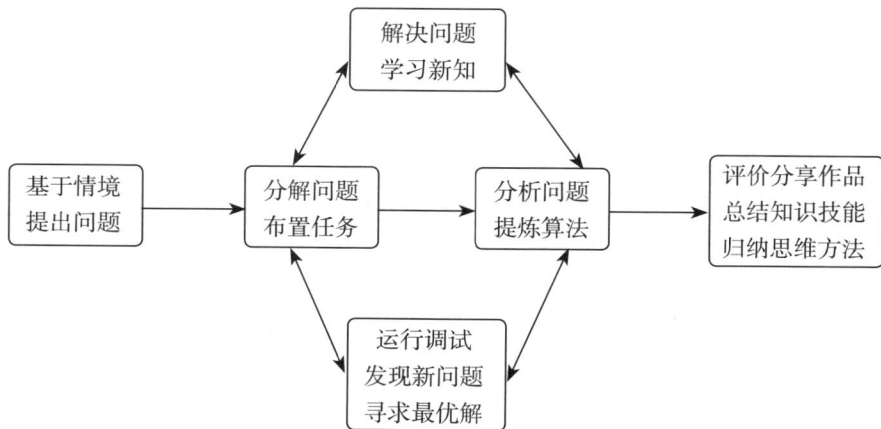

图2-2-1　基于问题解决的信息技术教学模式

3. 以问题解决引领教学过程，形成培养计算思维的信息技术学习策略

计算思维教育并不是单纯的程序设计教育，它强调的是信息技术解决问题方法的掌握、认知思维的发展和人机互动的理解，在真实体验与实践应用中发展学生利用信息技术思考与解决问题的独特能力。培养学生的计算思维能力，关键是要让学生主动地参与到思维实践活动中，学会运用计算思维的方法来解决问题。

（1）用分解的思维方法拆分复杂的问题。

在本课例中，教师先通过分析范例，引导学生运用分解思维的方式，将游戏的功能拆分成五个问题：①游戏开始时，怎样让"垃圾"散落在舞台上？②玩家怎样用鼠标与舞台上的"垃圾"进行角色互动？③当"可回收的垃圾"被点击移动到垃圾桶时，怎样实现加1分的效果？④当"不可回收的垃圾"被点击时，怎样实现减1分的效果？⑤当垃圾全部收集完时，怎样才能出现"垃圾已全部回收"的字幕？

（2）用模式辨别的方法分类相似的问题。

由于本课例任务中添加的角色较多，容易给学生造成混乱。所以，在学生自主完成任务前，教师会先提示学生用模式辨别的方法，依照"是否可回收"，将"垃圾"角色分为两类，相同类型的角色脚本类似，学生只需先编写一个角色的脚本，然后再通过复制脚本的方式，将已有的问题解决方法迁移到另一个问题的解决中。

（3）根据任务线索，借助流程图归纳算法。

本课例共设置了四个任务展开教学。任务一：参照课本，编写程序脚本，添加"饮料瓶"角色，实现单击"饮料瓶"使其自动移到垃圾桶的效果。任务一难度较低，学生可以通过自主学习掌握"用鼠标控制角色"的方法。任务二：参照课本，编写程序脚本，实现成功回收"饮料瓶"后加1分的效果。学生先自主学习感受"变量"的功能，再聆听教师讲解，进一步理解"变量"的含义和作用。任务三：添加"果皮"角色，参照课本，编写程序脚本，实现误点"果皮"后提示"我是不可回收垃圾"并减1分的效果。通过任务三的练习，巩固"用鼠标控制角色"和"变量的使用"。任务四：添加其他"垃圾"角色和"结束字幕"，引导学生举一反三，加深对本节课知识的掌握。

（4）分步调试，发现问题，寻找最优解决方法。

计算思维是通过冗余、赌错、纠错的方式，在最坏的情况下进行预防、保护和恢复的一种思维。调试和纠错是贯穿整个学习过程中的一个非常重要的环节。在完成任务二后，提示学生通过运行程序，发现问题——为什么点击已回收到"垃圾桶"里的"饮料瓶"，得分还会继续增加？当程序的运行效果与设想不同时，应该怎样调试？

学生通过小组讨论，寻找解决方法。实践证明，很多时候，问题的解决办法往往不止一种。在本课例中，学生找到了两种解决办法：①让"饮料瓶"移动到"垃圾桶"后马上隐藏；②用"如果……"指令和"坐标"设置条件，让"饮料瓶"在初始位置被点击时才会加分。两种方法各有利弊，引导学生根据需求，找出最优的解决方法。

（5）评价分享作品，归纳总结。

评价和总结能够强化学习的结果，实现知识和思维方式的迁移，是计算思维的一个重要的组成部分。在任务完成后，学生不仅需要对解决问题的过程中习得的知识和技能进行总结，还要学会归纳解决问题的程序，学会运用计算思维的方式来解决问题。

【教学过程】

教学环节	教师活动	学生活动	设计意图
创设情境 引入新课	1. 展示一组校园中在垃圾桶里乱放垃圾的照片 提出问题1：看到这些照片，你想到了什么？为什么产生这样的现象？乱放垃圾对生活有什么影响？ 提出问题2：运用我们之前学过的知识，想一想，有没有什么宣传垃圾分类回收的好方法呢？ 引导学生比较宣传方式的优缺点，布置本节课的任务：用Scratch制作一个关于垃圾回收的小游戏	观看照片，思考现象背后的原因，列举宣传垃圾分类回收的方法	通过创设情境，引出本节课的主题任务
	2. 展示游戏范例，分析游戏程序的功能，并把游戏功能拆分为简单的问题。 图1 游戏范例	观看范例，思考程序有哪些功能，怎样编写脚本才能实现这些功能	通过分析程序功能，用分解的思维方法拆分复杂问题，帮助学生掌握分解问题的方法

续 表

教学环节	教师活动	学生活动	设计意图
任务驱动 学习新知	**任务一：回收饮料瓶**		
	1.任务要求 参照课本P106【跟着做】，编写程序，实现单击"饮料瓶"，使"饮料瓶"自动移到垃圾桶的效果。	聆听任务要求，阅读教材，尝试自主完成任务一	依托教材，让学生在做中学，发挥学生学习的主观能动性，把学习的主动权和思考的空间交给学生
	2.归纳小结 （1）设置"饮料瓶"的初始位置  图2　游戏范例 （2）单击"饮料瓶"把它移到垃圾桶  图3　把"饮料瓶"移到垃圾桶	归纳小结，学会用鼠标控制角色的方法	
	任务二：回收饮料瓶后得分增加1分		
	1.任务要求 参照课本P107【跟着做】，编写程序，实现回收"饮料瓶"，得分增加1分的效果	聆听任务要求，阅读教材，尝试完成任务	引导学生先自主操作，感受"变量"的功能，再重点讲解，帮助学生加深对"变量"的理解
	2.归纳小结 （1）讲解"变量"的含义及作用 （2）如何通过变量实现加分效果 ①开始游戏时，"得分"归零  图4　"得分"归零	方法小结，理解"变量"的含义及功能，学会运用"变量"编写程序	

教学环节	教师活动	学生活动	设计意图
任务驱动 学习 新知	② 单击可回收垃圾时，"得分"增加  图5 "得分"增加		引导学生掌握运行调试，寻找最优解的程序设计方法
	3. 运行调试 引导学生在运行程序的过程中发现问题	通过运行调试程序，发现问题，寻找最优解决方法，体会运行调试的程序设计思想	
	4. 思考 为什么点击已回收到"垃圾桶"里的"饮料瓶"，得分还会继续增加？		
	5. 小组讨论 （1）怎样解决"点击已回收到'垃圾桶'里的'饮料瓶'，得分还会继续增加"这一问题 （2）比较不同解决方法的优缺点，选择你认为最好的方法，优化程序		
巩固练习 学以致用	任务三：误点果皮得分减1分		
	1. 任务要求 参照课本P107【小技巧】，编写程序脚本，实现误点"果皮"后提示"我是不可回收垃圾"并减1分的效果	聆听任务要求，阅读教材，尝试完成任务	巩固练习，引导学生在自主操作的过程中内化新知，学以致用
	2. 归纳小结 如何实现减分功能  图6 减分功能		
	3. 运行调试 在运行程序的过程中发现问题——多次点击"果皮"，得分不断减少 通过调试程序，找到最优解决方法	举一反三，巩固练习	

续 表

教学环节	教师活动	学生活动	设计意图
	任务四：添加更多角色和结束字幕		
	1. 任务要求 仿照前面的"饮料瓶"和"果皮"，继续添加"垃圾"角色和"结束字幕"，并完成脚本的编写	聆听任务要求，继续完善游戏	
	2. 归纳小结		
	（1）复制脚本的方法	掌握复制脚本的方法	
	（2）结束字幕的设计思路	灵活运用前面所学的知识，制作结束字幕	巩固练习，引导学生在自主操作的过程中内化新知，学以致用
	单击绿旗 ↓ 隐藏 ↓ 可收垃圾数小于5 —是 ↓否 显示 图7 流程图		
展示交流 总结提升	展示学生作品 归纳本节课的知识点和游戏设计的方法	观看作品 总结本节课的知识和技能，思考并感受游戏制作的过程	强化学习效果，实现知识和思维方式的迁移

（广州市海珠区昌岗中路小学　周　菁）

69

基于小学信息技术教学中计算思维的实践探索

——以Scratch程序编写《雨量我知道》为例

【教学分析】

1. 内容分析

本课的主要教学内容是运用旧知进行角色的脚本设计，利用调整"移动到X（ ）Y（ ）""在（ ）到（ ）间随机选一个数"优化脚本设计，本课以项目学习"气象知识——雨量多少我知道"为活动主线，学生回顾分享关于三级别暴雨警告的雨量情况并尝试玩观察游戏"接雨点"，分析游戏设计的基本要求；再通过小组合作，设计小雨点落下并计分的程序；最后通过复制，调整脚本优化作品。通过引导学生初次体验游戏的程序脚本设计，修改和完善的过程，为后续的创作打下良好的基础。本课的内容设计符合计算思维的定义。

2. 现状分析

六年级的学生经过一段时间的学习，已基本掌握了Scratch软件六个模块的程序脚本运用，能根据特定的要求合理地选择脚本进行角色脚本的编写。但对于如何从零开始设计一个完整的游戏脚本，总有种"老鼠拉龟无处下手"的感觉。此外，本阶段的学生均具有一定的创作基础，渴望运用自己所学的知识进行自由地创作，喜欢在活动中感受成功的喜悦，乐于在实践中学习新知识。

【教学目标】

1. 知识与技能：使学生学会对游戏作品进行整体的规划；能根据需要求对角色进行脚本编写；能综合运用"数字和逻辑计算"优化程序脚本。

2. 过程与方法：在接雨点游戏的设计过程中，学生通过自主分享、小组合作交流与探究发现的活动，掌握编写和优化程序的方法与技能。

3. 情感、态度价值观：使学生体验利用Scratch创作"接雨点"游戏的创作过程，提升其学习Scratch的兴趣；通过综合创作，形成积极思考、勇于探索、大胆实践的良好编程习惯；通过小组合作与互动交流，增强合作意识，养成善于欣赏他人的良好品质。

【教学重难点】

1. 重点：合理运用"移动到X（　　）Y（　　）""在（　　）到（　　）间随机选一个数"优化脚本设计。

2. 难点：作品的规划和程序的优化。

【教学方法】

本课以基于项目方式展开学习活动，学生通过对课前知识的收集整理，了解不同的暴雨预警信号与雨量的关系，以及暴雨预警信号对人类生活及大自然的影响，激发孩子们爱护大自然的兴趣。教学活动以"接雨点"游戏为主线，设计了"暴雨信息我知道""小雨点来了""哗啦啦的雨"三个不同层次的任务来开展教学活动。在学习过程中，通过师生互动、生生互动完成任务。同时，鼓励学生学会自我反思，不断优化程序设计。

为了让学生有充足的时间进行创作，本课需要两课时完成，第一课时：完成雨点的落下脚本设计，营造下雨的美丽画面；第二课时：能随机发出不同的暴雨信号，进行正确的判断，优化完成作品。

【教学过程】

环节1：游戏导入，激发兴趣

师：今天我们来上一节Scratch的编程课《雨量我知道》。谁知道雨是怎么形成的呢？谁来？

生：雨是积雨云遇到冷空气凝聚小水滴下降形成的。

师：下雨了，老人家经常说的小雨、中雨、大雨、暴雨是根据什么来判断的？

生：降雨量。

师：那怎样判断雨的大、中、小呢？

生：0.1~9.9毫米是小雨，10~24.9毫米是中雨，25~49.9毫米是大雨，50~59.9毫米是暴雨……

（此环节的设计所花的时间太长，可以直接用游戏进入。）

师：今天老师设计了一个跟雨量有关的游戏，哪位同学来挑战一下？玩的时候，请其他同学留意观察游戏，了解游戏有什么规则？有哪些角色？角色在游戏中有什么变化？

生：我！我！

（一名学生尝试游戏。）

师：这名同学玩的时候说"够了"，可是电脑提示他再想一想，说明怎么了？

生：时间到了。

师：错了，大暴雨的雨量是多少？

生：100~249.9毫米。

师：请玩游戏的同学告诉我，你是怎么控制的？

生：用键盘控制。按左键，量杯往左；按右键，量杯往右。

师：那游戏规则是什么呢？

生：通过键盘控制量杯，接雨水。

师：那我怎么知道合不合要求？按什么键提交？

生：空格。

师：第二个问题是"游戏中有哪些角色？"

生：量杯和雨水。

师：有多少雨水？

生：无限的。

师：游戏中的角色有什么变化？

生：雨量会变大。

师：变量有改变。还有吗？

生：雨水碰到量杯就会消失，雨水掉到地下也会消失。

师：现在老师提第一个问题：一个水滴从天上掉下来，有哪些可能性？我们在编写脚本的时候有什么流程图？小组讨论一下。

小组讨论。

分析各小组的讨论结果。

（此环节内容可以让学生了解雨量大小的数据，游戏的规则，初步分析游戏的结构。）

环节2：分析程序，合作探究

师：要设计这个游戏，最重要的是解决哪些问题呢？

师：那雨点要多少呢？无数个小雨点哦。

确实很多，那我们就先尝试一下，先让一滴小雨点落下——再尝试让许多小雨点落下。

师：让小雨点从天上落下来，会遇到哪些情况呢？

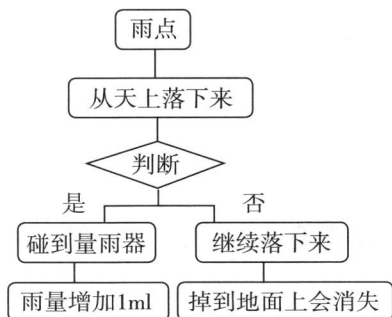

```
          ┌────────┐
          │  雨点  │
          └────────┘
              │
      ┌──────────────┐
      │  从天上落下来  │
      └──────────────┘
              │
           ╱────╲
          ╱ 判断 ╲
          ╲      ╱
           ╲────╱
       是 │      │ 否
  ┌────────────┐  ┌────────────┐
  │  碰到量雨器  │  │  继续落下来  │
  └────────────┘  └────────────┘
       │               │
  ┌────────────┐  ┌──────────────┐
  │  雨量增加1ml │  │ 掉到地面上会消失 │
  └────────────┘  └──────────────┘
```

图2-2-2　雨点落下流程图

和学生一起讨论脚本的设计。

现在小组探究合作，完成一滴小雨点的程序。

学生展示自己的作品。

（此环节知道小雨点从上方落下来的执行过程，尝试编写小雨点的脚本设计。小组合作讨论、学生自主探究两种方式结合使用效果不错。）

环节3：自主尝试，优化设计

（1）让雨点多起来。

师：下雨时，雨点是怎样洒落下来的呢？

师：那就得做许多滴雨点的角色。

（板书：许多滴雨点的角色。）

（2）改变位置：

师：从上往下落，哪个数值会发生变化？

师：在数字和逻辑运算中，它会随机改变数值，使得雨点出现的位置发生变化。

（板书：在（　　）——（　　）之间）

师：根据我们舞台的横坐标，应该改变X还是Y的坐标呢？数值范围应该设为多少至多少之间呢？

（3）自主上机尝试，设置下雨的场景效果。

要求：①调整雨点下落的速度，使它们的速度有快、有慢；②调整雨点下落的位置，使雨景变得更美。

（此环节让学生思考如何优化程序中的下雨效果，引导学生通过计算思维，解决问题，设计程序，优化作品。）

环节4：展示评价，总结提升

（1）展示学生作品。

（2）分享交流活动。

（3）提出作品的优化方案。

（此环节让学生体会编写程序能解决我们生活中的各种问题，获得成就感。）

（广州市海珠区第二实验小学　叶中华　陈淑华）

英歌舞
——声音和舞台特效

【**教学分析**】

1. 内容分析

本课是教材重组自广州市小学信息技术教科书第三册第二单元第17课《街舞表演秀——声音和舞台特效》，教学内容包括：限制次数的重复执行、声音的控制和舞台外观特效的设置等。本课是基于项目的学习课题研究的系列课程之一，主要依托项目"广府民俗体育运动"进行Scratch程序设计的学习。从程序结构的角度来看，本课是在学生掌握了重复执行命令的基础上学习限制次数重复执行的程序设计，是对前面学习的延伸；从作品的类别来分析，本课关于声音指令的学习为学生创作更多声"像"并茂的作品打下良好的基础。另外，从这一课起，学生开始尝试在舞台中设计程序脚本，这对学生理解角色及舞台之间各程序脚本的关系起到重要的促进作用。

课型特征：新授课。

2. 现状分析

学生在前面已经学习了角色和造型的导入、造型的切换、等待、角色的定位、移动和重复执行等指令，但对限制次数的重复执行指令和舞台脚本的设计尚未有接触。经过一段时间的学习，学生对Scratch动画创作产生了浓厚的兴趣，在学习过程中能发挥主动学习的能力，迫切希望能运用Scratch设计出更加有趣的动画。

【教学目标】

1. 知识与技能：使学生学会使用"重复执行……次"控制指令编写程序脚本；会给角色或舞台导入声音及用"声音"指令控制音乐的播放；会用舞台的外观特效指令编写程序脚本。

2. 过程与方法：本课结合课题《基于Scratch语言的小学程序设计课活动项目设计与教学策略研究》，在广府民俗体育运动"英歌舞"的项目学习创作过程中，使学生学习和掌握"重复执行……次"、声音指令和外观指令编写程序脚本的方法和技巧。

3. 情感、态度与价值观：学生通过体验利用Scratch创作"英歌舞"动画的过程，进一步了解英歌舞的特点，并提升学习Scratch的兴趣；通过特定主题活动创作，养成动手实践、积极探索的良好学习习惯。

【教学重难点】

1. 重点："重复执行……次"控制指令的使用。
2. 难点：声音与角色造型的同步控制。

【教学方法】

本课主要遵循"做中学"的教学理念，采用任务驱动教学法和范例教学法组织教学。以兴趣为起点、以问题为导向、以项目学习为主线、以任务为驱动开展教学活动，在课堂组织过程中重视用问题引导学生思考，引导学生在编写程序脚本前，先画出思维导图，以思维导图的方式引导学生对任务进行分析，注重完成任务的思想方法，培养学生的编程思维意识。教学过程中，首先以英歌舞表演视频引入主题，激发学生学习的兴趣。再通过创作《英歌舞》动画，安排三个层次的任务：任务一为"导入声音"，解决声音的导入和控制问题；

任务二为"造型和声音的同步控制",解决的是限制次数的重复执行问题;任务三为"给舞台添加声音及特效",对应解决的是舞台脚本的设计和舞台外观特效的运用问题,引导学生在做中学习新知;最后,"添加多角色"可以作为拓展任务,让学有余力的同学针对多角色进行创作,开放情景,画出思维导图,让思维发散,鼓励学生大胆想象、积极创新。教学过程将采用自主探究、小组合作、知识迁移等多种教学方法。

【教学准备】

多媒体电脑室、学案、教学广播软件、教材、课件、练习素材。

【教学过程】

环节	教师活动	学生活动	设计意图
情境 导入	1. 情境创设:谈话引出标题:(板书:英歌舞)	观看思考	与课题结合,创设情境,引入主题
	2. 播放视频"广东民俗体育——英歌舞",请学生带着三个问题观看: (1)英歌舞是广东哪里的传统项目,主队是什么武侠装扮? (2)舞蹈有什么特点? (3)你听到什么?	观看视频	培养学生发现问题的能力,有助于学生进行创作
	3. 请学生回答,引入课题"声音和舞台特效"	回答问题	
	4. 播放实例:用Scratch设计的英歌舞表演。 提问:动画中有几个角色?几个造型?	观看实例回答问题	通过观察思考,进一步了解角色与造型的区别
	5. 请学生演示拼接脚本(引导学生思考创作英歌舞要解决的问题:造型切换不要太快,等待时间不能太短,边舞动边缓慢移动脚步,碰到边缘就反弹等)	演示	通过学生演示,承接上一节课的知识
探究 知识	任务一:导入声音		
	1. 我们在观看视频时听到鼓点声,如何给角色添加声音,使表演更生动?(板书:导入声音)		

续 表

环节	教师活动	学生活动	设计意图
探究知识	2.出示任务一：导入声音 （1）打开"英歌舞1" （2）给"角色1"导入声音"Drum Machine"，编写声音程序脚本 （3）保存作品，提交到云课堂中的任务一中。 （学习指南：看信息云课堂中的学案或自学课本第83~第84页）	自主学习完成任务	引导学生主动关注学习内容，给学生充分的探究空间，培养其解决问题的能力
	3.展示学生作品	观看	
	4.反馈问题，进行小结并板书：选定"角色"—"声音"—"导入"—选文件	思考	通过小结，让学生进一步了解播放声音指令及功能
	5.问：声音指令有两个，它们有什么区别？ （板书：播放声音, 播放声音 DrumMachine 直到播放完毕 播放声音 DrumMachine "通过在声音控制指令后面加外观指令来比较" 当▶被点击 播放声音 DrumMachine 直到播放完毕 将 颜色 特效增加 25 当▶被点击 播放声音 DrumMachine 将 颜色 特效增加 25 ）	思考回答	引导学生分析对比相似指令，掌握各自的特点，训练学生的计算思维
	6.简单总结所学指令的几大类型		为后续学习做铺垫
	任务二：造型和声音的同步控制		
	1.（播放范例"英歌舞2"）问：观看范例和思维向导，说一说角色是怎么向前行进的？	观看并对比回答	
	2.思维向导： 图1　思维导图		通过画思维导图，分解任务，聚焦本课重点，引出"限制次数的重复执行"

图1　思维导图

环节	教师活动	学生活动	设计意图
	3. 根据学生分析，出示对应的流程图： 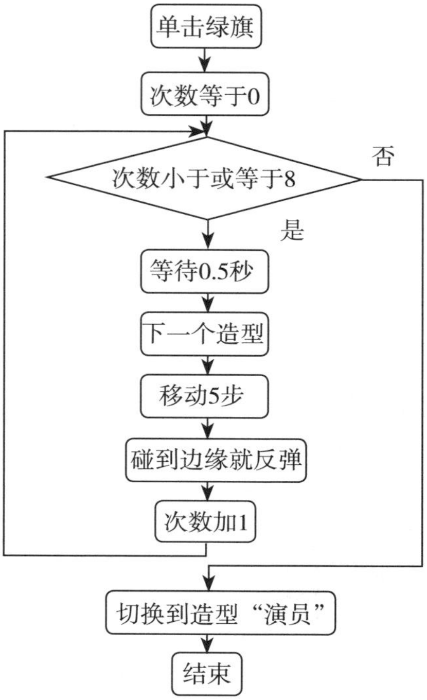 图2　流程图		通过分解流程图，让学生更清晰地了解程序设计思路
	4. 出示两个脚本请学生对比 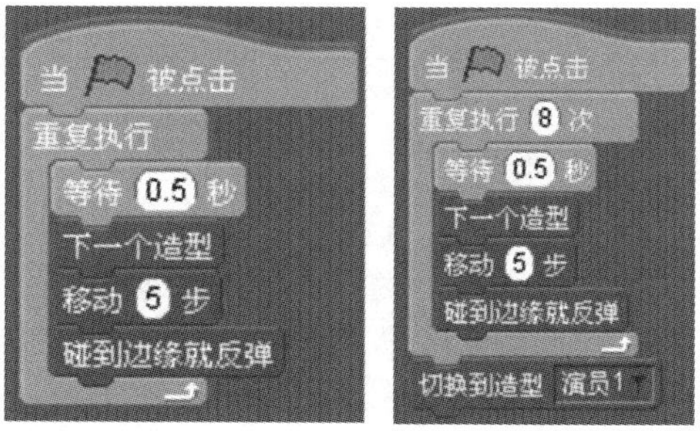 图3　学生作品对比		分析脚本，提醒设置技巧，对比"重复执行"，体会两种重复执行效果的异同
	5.小组讨论后汇报：根据声音的时长，设计重复执行多少次可以实现造型与声音的同步控制？ （板书：同步控制，限制次数的重复执行指令）	讨论汇报	

续 表

环节	教师活动	学生活动	设计意图
	6. 出示任务二： （1）尝试用"限制次数的重复执行"指令编写造型与声音同步控制的程序脚本 （2）保存后提交到任务二	完成任务	通过讨论，观察等待时间、声音列表的信息，培养学生的计算思维
	7. 展示学生典型作品		
	8. 小结：实现造型与声音同步控制的效果，学会观察、计算很重要	解决疑难归纳小结	
	任务三：舞台的特效		
	1. 不光角色可以导入声音，舞台也可以导入声音，还可以增加颜色特效，舞台声音的导入及程序脚本的编写与角色相同，现在就请大家试着完成任务三：给舞台添加声音及颜色特效 （1）给舞台导入"Drum Machine"声音文件 （2）先画出思维导图，引导学生编写导入声音及颜色特效的程序脚本，设置脚本与造型、声音的同步效果。（提示：参考第87页）		运用知识迁移，希望学生通过多次调试，掌握规律，培养思维能力
	2. 展示学生作品，说说增加颜色特效的步骤 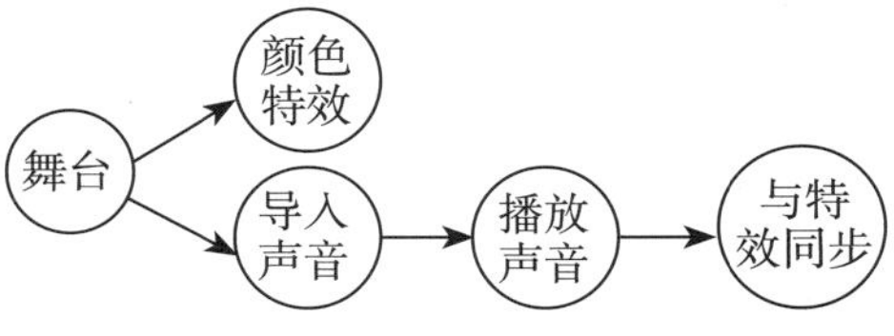 图4　展示学生作品 （板书：舞台特效，选定"舞台"—"外观指令"— 　）		利用思维导图，训练学生的发散思维，设置舞台的脚本
	3."舞台"和"角色"的指令区主要区别有哪些？	思考	
	4. 小结：在编写程序脚本时如何尽量做到动作、声音、舞台特效同步的效果？	完成任务	

续 表

环节	教师活动	学生活动	设计意图
巩固练习	1.巩固练习：（机动） 英歌舞是国家级非物质文化遗产，学习表演的人越来越多，三个任务都完成的同学可以再导入一个角色，并给他切换造型及导入声音文件，编写程序脚本，同样要使造型与声音得到同步控制	完成练习	通过巩固练习，既巩固新知，又呼应本课的主题
	2.展示作品，分享交流	交流分享	分享交流，互相促进
总结	通过这节课，你学会了什么？还有哪些不会的？	归纳	总结升华

（广州市海珠区同福中路第一小学　艾建红）

思维导图在小学 Scratch 教学中的应用

广东省《信息技术课程大纲》指出，小学信息技术课程的总体教学目标是培养学生应用信息技术的意识，激发学生进一步学习信息技术的兴趣，掌握初步的操作技能。广州市小学生从六年级开始学习Scratch，了解程序设计的基本思想，提高逻辑推理、批判性思维和动手解决问题的能力，Scratch教学一度成为教学研究的热点。Scratch教学中比较突出的问题是学生浓厚的兴趣与发现问题、分析问题、解决问题能力之间存在着一定的落差，自主学习出现障碍、创新意识受到限制，如何提高Scratch课堂教学质量和效率，成了教学亟待解决的问题。思维导图作为一种新型的学习策略，突破了以往封闭、零散和抽象的学习方式，能够大大增加学生的编程学习兴趣，提高思维的活跃度，培养学生自主学习的能力和创新意识，提高课堂教学的质量和效率。

一、思维导图的概念

思维导图（Mind Mapping）是英国"记忆之父"托尼·巴赞于1970年提出的。思维导图基于对人脑的模拟，突出思维内容的重心和层次，强化了联想功能，通俗地说，它是一个简单、有效、美丽的思维工具。思维导图通常从一个主要的概念开始，随着个人思维的延伸，向周围发散为一个树状的结构，能同时体现思维的广度与深度，利于学习者发散思维的形成。

思维导图的主要特征：

（1）注意的焦点清晰地集中在中央图形上。

（2）主题的主干作为分支从中央向四周发射。

（3）分支出一个关键的图像或者写在联想的线条上面的关键字，比较不重要的话题以分支的形式表现出来，附在较高的分支上。

（4）各分支形成一个连接的节点结构。

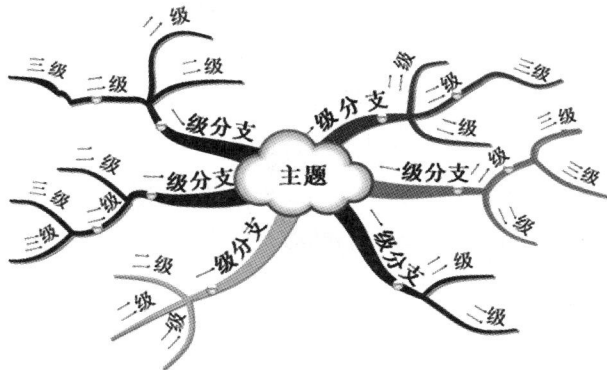

图2-2-3　思维导图

思维导图将发散性思考（Radiant Thinking）具体化，作为一种新型的学习策略，能在课堂上促进学生进行有意义的学习，促使他们整合新旧知识，建构知识网络，从而使学生从整体上把握知识；同时，它还可以作为一种认知策略，提高学生的自学能力和自我反思能力，这便给老师的教学带来了许多方便，学生学习起来也觉得轻松、有趣。笔者就思维导图在小学Scratch教学中的应用，从实践的层面探索其途径和效果，从而形成新型的教学策略。

二、思维导图在Scratch 编程教学中的应用

1. Scratch教学本质上是学习一种思维方式

编程思维，是一种思维体操，许多实践证明，学习了计算机编程的中小学生，思考问题的方式变得非常逻辑化，学会了严密的逻辑推理方法，可以

顺利地把它应用到其他学科的学习中。小学生学习Scratch软件更是乐趣无穷，Scratch是由麻省理工学院（MIT）设计开发，面向儿童的简易编程工具，界面友好简洁，软件窗口的中间黄色部分是编辑好的程序脚本，左边是可以用来选择的功能模块，右边上部是程序预览和运行窗口，右边下部是角色窗口。构成程序的命令和参数通过积木形状的模块来实现，分为8个大类，100多个功能指令，在使用时，学生根本不用记住命令代码，用鼠标拖动模块到程序脚本区就可以了，这大大降低了编辑的难度。

目前，Scratch教学多采用范例教学法和任务驱动教学法，注重体验，以贴近学生生活的主题入手，准备特定的范例，以问题为导向，以任务为驱动，引导学生模仿操作、相互启发、广泛交流、个性创作，进而达到对知识的综合运用。学生采用"做中学"的方法，从模仿编程入手，从理解参数和命令的区别与联系，到逐步清晰一个完整程序的每个环节，进而认识到条件语句、循环语句、判断语句的作用，必要时还要借助数组和函数，搞清了这些与问题之间的联系，形成脉络就架构了一种思维——编程思维。由此可见，编程思维是程序设计的灵魂，也是创新的基石，Scratch教学不仅要重视知识的构建，更要强调创新能力的培养，实现提升学生信息素养的总目标。

2. 利用思维导图功能，帮助学生提高课堂效率

教材中的Scratch教学范例多整合自然科学和社会科学内容，贴近学生认知又不乏趣味性。然而，由于跨学科融合的缘故，学生在理解客观现实和虚拟实现之间存在一个个鸿沟，当思维断层的学生遇到课时有限的问题，一些教师为了完成规定的教学任务，往往忽略了学生对知识的接受能力，老师为了讲课而讲课，学生则为了操作而操作。面对繁杂的命令，学生很难理清它们间的线索以及内在的联系，而只是把它们杂乱无章地堆放于脑中——有个印象而已，一到应用时便觉得无从下手，更谈不上知识的迁移、灵感的爆发。

采用思维导图辅助教学，教师可以在开始上课时把一节课的教学目标以及活动安排以思维导图的形式呈现给学生（见图2-2-4），使学生一开始便对一堂课有一个整体的把握，并明确自身的学习目标。在教学的过程中再次引导学生对教学活动中提出的问题进行思维的发散（添加子节点），让学生在轻松愉快、畅所欲言的氛围中交换点子或想法，彼此激发灵感。教师在学生讨论过程中用思维导图的形式将大家的各种观点和想法及时地表达出来，直到得出令大家满意的结果，这样既让学生的思维得到锻炼，又增强了学生的想象力和创造力。

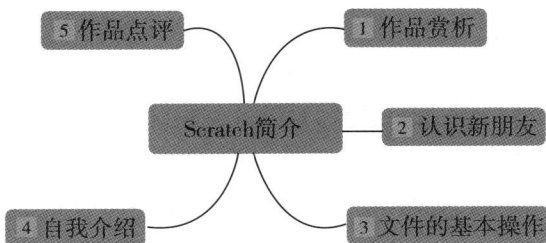

图2-2-4 "Scratch简介"五大构成部分

在小结或复习的时候，引导学生使用思维导图对学过的所有知识加以概括并网络化，这样对于所学过的知识及知识点之间的逻辑性就会理解得更加清晰，为下一阶段在新的问题情境中获得有效迁移和不断创新打下良好的基础。

3. 发挥思维导图的作用，促进学生自主学习，培养创新能力

（1）认知条理化，降低学习负担。

思维导图最初就是为提高学生的学习效率而诞生的。学习的过程实际上是人的大脑对信息的收集、整理、加工、存储和提取的过程。有的学生学习效率低，主要原因是只注意了信息的收集和存储，没有对信息进行有效的整理和加工，导致保存的信息条理不清，更无从对其进行科学的分类。因而应用时（提取）显得杂乱无章，有时还会提取不到，或想不起来。而思维导图引导学生必须去实施这一过程，即对大脑收集的信息进行科学的分类和加工，从而有效地提高对信息的使用率。以初识Scratch动画时为例，学生对舞台和角色认识不清，编写脚本时极易混淆二者，有时把角色的脚本张冠李戴地用到舞台上，有时又在舞台脚本编写中找不到动作模块，究其原因，种种混乱的认识是对舞台和角色的关系认识不清。我们用思维导图来呈现，可以帮助学生理解事物之间的关系更一目了然。由此可见，思维导图具有呈现条理化认知的神奇效果。

（2）记忆图像化，开发全脑功能。

人类的大脑对图像的识别和记忆功能几乎是无限的，比起左脑记忆语言文字、公式符号、逻辑推理等，右脑不仅仅擅长记忆，更擅长创造。无数发明家都是在常规方法无法达成目的，在右脑的帮助下创造性地解决问题的，如阿基米德为了解决王冠真假问题焦头烂额，最终却在洗澡的时候发现解决问题的办法。对于学生来说，记住知识只是提高成绩的基础，能够灵活地、创造性地运用它才是提高成绩的关键。思维导图作为图形记忆对学习有着深远的积极影响，在Scratch编写"百变魔术师"游戏中，应对角色及造型切换时，学生不再顾此失彼，懂得从网状关系图中，一条条抽离出分支图，即由思维导图到流程图，这样解决问题的思路就会变得清晰明了（见图2-2-5）。

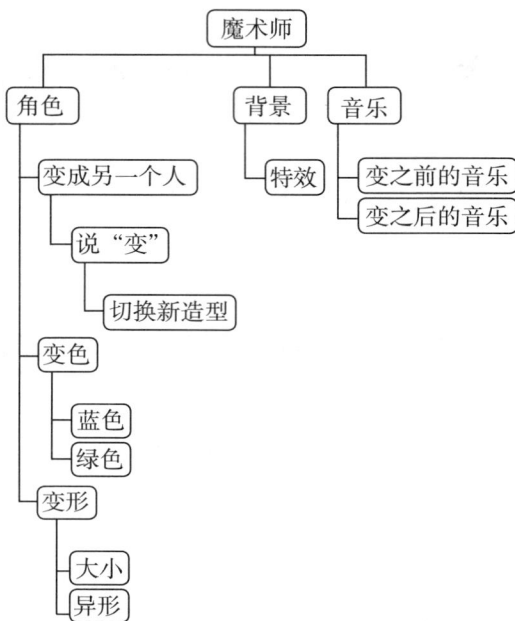

图2-2-5　Scratch编写"百变魔术师"游戏

（3）思维可视化，益于发散思维。

思维导图是建立在发散思维基础之上的，因而，它有利于创新，有利于编程中开展头脑风暴。而思维可视化，更能进一步促进创新思维的科学和有序。依据大脑的生理规律，每当学生产生一个程序设计的想法时，带有这个想法的神经通道中的生化电磁阻力就会减少，就像在丛林中清出一条小路来一样，第一次费力地清除了路上的杂草（难题），第二次就变得容易多了，这种路你走得越多，路就越变得又宽又平，最后基本没有什么东西要清除了。同样的道理，你重复的思维模式或制作思维导图次数越多，你摸索和走过的通道越多，思维就会变得越清晰、越快、越有效率。一方面，思维导图的这种可视性及发散性训练是可以强化正确的道路，从最初的不习惯到顺其自然，从而可以提高大脑的使用效率；另一方面，结合范例来制作思维导图还可以不断优化甚至改造其思维路径，使设计思维过程变得更合理、更科学。

笔者通过近一年的教学实践，已收到良好的教学效果。应用思维导图进行Scratch教学，打破了传统的授课方式，将思维导图融入基于项目的探究式的教学方法中，让学生根据项目主题进行发散思维，通过Scratch创意设计来表达自己的想法，学生的创意得到激发，其创作的作品更加多样化。

（4）应用工具化，提高思维品质。

在思维导图软件产生以前，人们主要是手绘，其优点是手脑并用，这有助于大脑加深对思维导图内容的印象，可以更好地帮助学生理解和记忆思维导图中的内容。学生初次接触思维导图，对其比较陌生，我们从手绘入手，以"幸福"为主题手绘思维导图，后期我们通过使用思维导图软件，这一软件具有更规范、更科学、更快捷、更美观的优势，同时也易于分享与推广。

在Scratch教学过程中，我们通常会成立合作小组，创造机会让具有一定广阔思维的学生"浮出水面"，他们在分析问题时不仅考虑问题的整体，还能顾及问题的细节；不仅考虑问题的本身，还要考虑和问题有关的影响条件。通过思维导图的引导，大家能提出多种假设，为这些假设寻找客观事实进行检验，客观地考虑正反两面，在程序中即为满足条件与否，对不同的结果都有预设和生成，这就具有了一定的批判思维。有了批判思维这个前提，顺势可以引导小组往内钻研问题，抓住本质与核心，不被繁杂的表面现象所迷惑，善于做出正确的判断，向思维的深刻性即抽象逻辑性推进。学生思维的灵活性也会随之增强，他们爱提问题，接受指导，根据情况的变化及进展主动修改自己原来的想法，机智应对，不固执己见，这种学生在小组中起到很大的带头作用。在Scratch教学过程中，学生的思维被激活，能在很短的时间内提出解决问题的意见并尝试实现。以上种种课堂表现都反映了学生思维品质的发展，包括思维的开阔性、批判性、深刻性、灵活性、敏捷性等。可见，在Scratch教学中使用思维导图工具，有利于学生自主学习能力的增长和自主创新意识的提升。

三、结束语

思维导图能使我们的思维可视化并最大限度地开发大脑的潜能，它一方面能帮助我们构建知识网络，明确知识之间的联系；另一方面能通过思维发散的办法，帮助我们在Scratch教学中积极地思考并有效地解决问题。在教与学的过程中，合理地使用思维导图，重视知识的构建与创新能力的培养，提高课堂效率，实现提升学生信息素养的总目标。绘制思维导图，其实就是一种思维能力的锻炼。时间久了，即使不用笔画出来，也能在头脑里快速地梳理出脉络。虽然学生可能不能一下子接受或形成使用思维导图的习惯，但是学习和运用思维导图可以改善学生的学习方法、思维品质和应用创新能力，值得不断研究。

（广州市海珠区金碧第一小学　张菊红）

第三节　利用APP Inventor培养计算思维的应用案例

基于计算思维的问题求解 APP Inventor 编程教学
——以初中信息技术APP Inventor创意涂鸦为例

2016年，美国《K-12计算机科学框架》明确了算法编程是核心概念之一，2017年中国教育部《高中信息技术课程标准》大幅提升了在编程、计算思维、算法方面的思维要求。以计算机为主的面向问题解决的计算机教育得到各国越来越多的重视，其中以编程来解决问题培养学生创新意识、问题解决意识的方式，越来越广泛的在中小学阶段得到践行。

一、初中信息技术编程教学的新挑战

广州初中2017年粤教版信息技术（第二册）在原有VB的基础上，增加了APP Inventor积木式编程教学，走在广东省甚至全国的前列。新内容的增加，给

初中信息技术编程教学带来新的挑战。

首先，教学环境方面从单纯计算机设备向移动设备转变。传统的VB教学主要依靠计算机编程，程序检验运行也在计算机上完成。然而，面向安卓系统的APP Inventor积木式编程则是天生与移动设备共融共生，程序检验不仅仅是计算机，还需要安卓手机和平板等设备辅助，而学校因为教学管理要求学生不能自带移动设备，又由于资源局限，只有部分学校配备了智慧教室，这就给大多数仅有计算机设备的学校带来压力和挑战。

其次，学生从代码学习者向程序设计者转变。传统编程教学，教师大多从程序语法讲起，继而算法，等等，学生像学一门新语言一样，从单词到句法，一句句地学，而且还不能有语法和拼写错误，否则整个程序失败，学生不得不陷入一字一句检查代码的煎熬，程序学习让学生望而却步。APP Inventor积木式编程降低了传统代码语法难度，学生甚至不需要输入代码，只需要修改一些参数，也不怕代码拼接出错，编程环境只接受合法的拼接，所以教学应该突出体现使用编程解决特定问题的方式，即程序设计方法，而不是语言本身，学生要做的是关注程序设计的思想和代码的功能是否能解决问题。而这些在传统的编程教学中，根本不容易达成，也给教学带来新的挑战——如何促使学生培养程序设计思维。

最后，核心素养要求学生实践创新。2016年《中国学生发展核心素养》一文中要求学生具有实践创新的素养，其中主要是问题解决能力。善于发现和提出问题，有解决问题的兴趣和热情；能依据特定情境和具体条件，选择制订合理的解决方案；具有在复杂环境中行动的能力。这也给教学思想带来新挑战——如何在问题解决中促使学生具备实践创新素养。

二、基于计算思维的积木式编程教学思考

2006年，周以真教授提出计算思维是运用计算机科学的基础概念去求解问题、设计系统和理解人类的行为。其依托的计算能力和局限会影响目标达成度，而用抽象和自动化可以解决复杂的和规模的问题。

对大多数人来说，计算思维的意义更多的是一种解决问题的思维过程，能够清晰、抽象地将问题和解决方案用信息处理代理（机器或人）所能有效执行的方式表述出来；对于所有人来说，其意义是理解问题的可计算方面，评估可

否用信息处理代理解决，理解其功能和局限，适应其新用法，并在各领域应用分解等计算策略；对于专业人员来说，其意义是应用新计算方法解决问题，根据计算策略重构问题，通过大数据分析发现新科学，提出新问题，用计算术语解析问题和找到解决方法。

计算思维的培养不能把电脑扔给学生就算了，要使其明白怎么才能最好地运用它。要使计算机技术适合于具体不同步调和认知能力的个性化学习个体。

依据周以真教授对计算思维的描述，笔者对初中信息技术的积木式编程教学有以下思考：

第一，提供给学生合适的编程环境。计算思维要求评估问题用信息处理代理解决，理解其功能和局限。笔者对APP Inventor的编程教学环境进行分析，其解决问题的方式有基于智慧教室、基于自带设备和基于模拟器三种。智慧教室设备可以统一管理，功能比较齐全，缺点是投入比较大，不是所有学校都能配备；自带设备可以是手机，也可以是平板，形式灵活，设备提升空间大，缺点是给学校管理带来不便，不同的设备安卓版本不同，可能造成调试不便，如果用淘汰的设备，可能本身固有设备缺陷影响调试效果；模拟器可选APP Inventor自带模拟器和第三方模拟器，成本比较低，受硬件限制小，缺点是不能满足测试效果的所有要求，比如，自带模拟器没有摇一摇功能，第三方模拟器又附带游戏APP，影响学生学习。所以，根据我校设备的功能和局限以及学生的学习习惯，笔者选择以自带模拟器为主、第三方模拟器为辅的教学环境设计。同时，利用管理员功能页面实现账号和作业管理。

第二，以问题求解策略培养学生的程序设计思维。计算思维关注学生解决问题的思维过程，问题求解策略源于笔者对计算思维问题求解教学模式的思考。本策略适合操作实践和编程开发的教学，关注学生的问题解决能力，实施过程分为五步：提出问题、分析问题、设计实施方案、评价反思、迁移应用。鼓励学生了解问题可以用何种信息技术解决，并能尝试解决。激发学生提出问题并分析问题的思路，知道解决过程中利用何种计算策略。

第三，任务引领教学培养学生实践创新素养。计算思维要求在各领域应用计算策略，甚至用计算策略重构问题。在教学中，笔者根据学生的情况，设计其通过思考和尝试可以解决的综合任务，要求学生运用程序设计思维进行解决，以培养其实践创新的素养。

三、计算思维问题求解策略的编程教学实践

基于以上思考，笔者在进行APP Inventor积木式编程第三节《创意涂鸦》教学时，根据教学环境和学生情况对教学内容进行研究，采用基于模拟器的编程环境，运用计算思维问题求解策略结合基本任务、探索任务和综合任务实现培养学生编程思想、计算思维和创新素养。具体思路是：通过情境导入引起学生的兴趣，提出基本任务，分析用户需求以培养程序设计开发思维；通过设计和编程实践，培养根据设计意图编写合适的代码；通过评价反思如何改善设计、以探索任务引导学生发现问题、思考问题；又以综合任务培养学生综合应用知识实践创新的素养，结合实际案例让学生学会迁移知识，解决问题。

1. 导入和回顾

初中信息技术课堂每节课的时长为40分钟，对于学生来说时间是很紧的，通过情境可以快速吸引学生的注意力，从而帮助其进入上课状态。

通过创设情境，播放涂鸦视频引发学生对涂鸦的兴趣，吸引学生的注意力，并回顾之前所学的编程基本知识，为本课操作实践扫清障碍。

计算思维首先要求学生了解所用信息处理代理功能和局限，就离不开对计算机科学基础知识的沉淀。

2. 提出分析任务

鼓励学生从用户的需求出发，根据用户需求思考要用的编程组件。

教师直奔本课主题——"涂鸦板"APP制作，并提出请学生在讲坛一体机上画出心目中的涂鸦板及其功能。很多学生都能找到重点：画布、调色盒等。教师引导学生进行分析，找出可能会用到的编程组件。

学生评估问题可否用信息处理代理解决，并通过分析结合所学，找出可以实现功能的组件，过滤暂时无法实现的功能。

3. 设计界面实践

让学生通过非线性阅读，把握相关要点。

教师在屏幕上展示组件列表，学生进入APP Inventor编程环境，阅读资料，进行界面实践和属性设置。

表2-3-1　组件列表图

组件	所属工具组	命名	作用	属性
水平布局	组件布局	水平布局1	布局画布	默认
水平布局	组件布局	水平布局2	横向排列三种色笔按钮	默认
画布	绘图动画	画布	显示图片并对图片进行修改	宽度320，高度200，背景图片自由选择
按钮	用户界面	红色	更改画笔颜色为红色	显示文本属性为"红色"
按钮	用户界面	*色	更改画笔颜色为*色	显示文本属性为"*色"
按钮	用户界面	*色	更改画笔颜色为*色	显示文本属性为"*色"

学生在问题求解策略教学过程中，经过刚才的问题分析过程，进入设计和实施方案的阶段。

4. 评价反思

通过演示，帮助学困生；发送背景图，提高学生的参与兴趣。

教师演示界面设计过程，同时提出完善设计问题：按钮可以放在画布上方吗？按钮可以设置背景颜色吗？画布可以设置背景图片吗？之后发送背景图并指导学生完善设计。

教师通过三个问题，引发学生进行自我评价和反思，通过发送资料和个别指导，引导自我要求高的学生主动完善设计。

5. 编程界面实践和探索任务

通过模仿，完成代码编写；通过探索，理解画布拖动——起点、邻点、当前的区别。

教师讲解画布拖动代码和按钮设置画笔颜色，提出探索任务；指导学生完成编程代码的实践，最后请同学分享演示探索任务的结果。

结合APP Inventor的编程特点，让学生完成从用户使用界面到底层代码的联系，理解编程思想，体会抽象和分解的计算策略。通过探索任务，激发学生提出新问题，并分析解决问题的思路。

6. 综合任务

通过综合任务，提高学生对程序设计思路的理解。

教师提出用"数字滑动条"设置笔触和自行设计编程，实现画布清除涂鸦功能的要求，鼓励学生自主完成。

计算思维要求在各领域应用计算策略，甚至用计算策略重构问题。在综合任务中，鼓励学生应用抽象和分解计算策略重构并解决问题，根据给出组件设计代码、根据要求功能选择需要组件和设计代码，从而培养学生的创新素养。

7.总结和迁移

总结和迁移能让学生加深对知识的理解，并培养其创新素养。

总结画布组件相关事件和方法，展示生活中已有的涂鸦板APP，让学生思考如何继续完善涂鸦板APP。

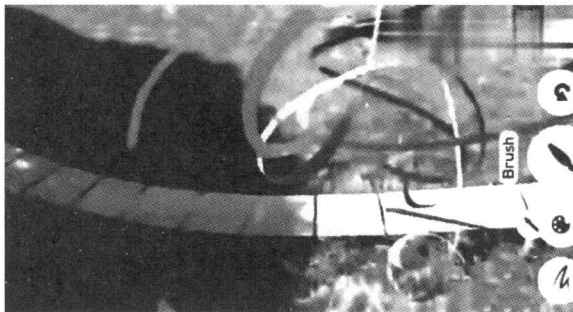

图2-3-1　迁移其他涂鸦板功能并理解应用

通过迁移，让学生理解事物，形成用计算工具解决问题的意识。这样既可以使学生掌握基础知识，又可以使学有余力的学生有所提高，培养其创新精神。

四、结束语

通过教学实践，研究者认为通过设计分析，使学生理解APP Inventor组件的事件和方法的功能和局限，在代码编程中体会事件和方法的抽象和分解的计算策略，并应用计算策略设计解决日常问题的程序，可培养学生的程序设计思维、计算思维和创新素养。

计算思维不但分析解决了编程教学环境的问题，而且影响了教学环节，为信息技术教学注入灵魂。基于计算思维的问题求解策略，兼顾积木式编程教学的特点和新要求，学生通过根据用户需求进行界面设计，根据界面设计思考组件选择，依据思路实施方案，使用自带模拟器评价反思完善设计，可培养其用编程工具开发解决日常问题程序的意识。

（广州市第九十八中学　李应聪）

《摇一摇听单词》教学设计
——基于离线版APP Inventor学习平台及模拟器调试环境的课堂教学

【教学分析】

1. 内容分析

本课教学内容为初二级信息技术第三章《App Inventor手机积木式编程》中的第二节《摇一摇听单词》，本章的要求是学会制作"摇一摇听单词"应用，涉及文本输入框、按钮、加速度传感器、语音合成器等组件的使用，教学中要注意强调各组件的功能作用，让学生掌握组件界面设计和编程设计，了解事件执行的方法、属性，让学生体验APP Inventor编程的过程和思想，学会利用计算思维解决问题。

2. 现状分析

本课的教学对象是初二年级的学生，他们刚刚学完第二章《VB程序设计》，有了一定的编程基础，但他们普遍认为编程很难，而且无趣。自从介绍了第一节《认识APP Inventor》之后，其简单、易用，而且能通过可视化的设计界面和功能模块编写出实用、有趣的程序，因为比较容易掌握，学生学习兴趣明显提升。

【教学目标】

1. 知识与技能：使学生学会设置"按钮"的"被点击时执行"事件；会设置"加速度传感器"的"被晃动时执行"事件；能完成"摇一摇听单词"应用的组件界面设计和编程设计。

2. 过程与方法：通过创设情境、任务驱动、学案、微视频教程、小组协作等方法让学生体验APP Inventor手机积木式编程过程和思想，培养学生的逻辑分析和计算思维能力；通过完成"摇一摇听单词"应用的任务，让学生了解APP Inventor常用组件的功能以及掌握常用组件界面设计和编程设计过程。

3. 情感、态度与价值观：让学生感受编程的独特魅力，体验使用APP Inventor编程的乐趣；在编程的过程中，提高其自主探究、观察分析、解决问题的能力，养成良好的计算思维习惯。

【教学重难点】

1. 重点：通过界面设计和编程设计，培养学生的编程思维及素养。

2. 难点：能分析组件或传感器的事件过程并进行编程设计。

【教学方法】

本课以制作"摇一摇听单词"手机应用这个任务为主线，主要采用创设情境、任务驱动、学案、微视频教程、小组协作等教学方法。在教学中，利用复习回顾、创设情境，激发学生的兴趣，引入本课的学习任务。"任务一"的目的是让学生掌握登陆APP Inventor平台并新建项目；"任务二"的目的是让学生掌握组件界面的分析与设计，了解组件的作用；"任务三"的目的是让学生掌握事件的编程分析与设计，了解事件执行的方法、属性；"任务四"的目的是检验学生任务的完成情况并进行有针对性的指导。最后，通过抢答、小结以及课后拓展等形式进行知识梳理，并鼓励学生创新、勇于发现和探究。

【教学准备】

多媒体电脑室（包括电脑、投影仪、耳机、极域广播系统、答题器等）、PPT教学课件（包括学生任务教程）、离线版App Inventor学习平台、雷电模拟器。

【教学过程】

教学环节	教师活动	学生活动	设计意图
复习回顾 情境引入 （5分钟）	复习回顾： 上节课我们了解到利用APP Inventor可以编写出很多有趣的应用，并且还自己动手在APP Inventor开发平台中通过"雷电模拟器"进行连接测试，编写出了一个"天气预报"的简单应用 情境引入： 假如你在学习的时候遇到不会读的单词怎么办呢？这节课我们来编写一个辅助学习的APP，通过点击"听单词"按钮或摇一摇，让手机朗读单词（展示应用，提出本课的任务）	认真听讲、复习回顾，观看展示	复习回顾，创设情境，引起学生的兴趣，引入本课的学习任务
任务驱动 复习旧知 任务一 （3分钟）	任务一 登陆APP Inventor学习系统，新建项目，名称为"word"（教师指导、小组协作、学案、微视频教程） 1. 用"谷歌浏览器"登陆本校APP Inventor学习系统：10.132.114.207:8888 2. 在"项目"菜单中选择"新建项目"，命名一个相对应的项目名称，如"word"	根据任务要求，完成任务一	通过操作实践，让学生掌握登陆APP Inventor平台并新建项目的方法
任务驱动 掌握新知 任务二 （8分钟）	任务二 完成组件界面设计（教师指导、小组协作、学案、微视频教程） 组件列表及最终页面布局见下表和和图： 组件列表 子表见下	根据任务要求，完成任务二	通过任务实践，让学生掌握组件界面的分析与设计，了解组件的作用

组件列表

	组件	命名	属性	作用
2.1	Screen	Screen1	水平对齐：居中	使组件位于屏幕中央
			标题：摇一摇听单词	屏幕左上角显示标题

续 表

教学环节	教师活动				学生活动	设计意图

续 表

	组件	命名	属性	作用
2.2	文本输入框	文本输入框1	——	让用户输入单词
2.3	按钮	按钮1	显示文本：听单词	提示按钮的功能
2.4	加速度传感器	加速度传感器1	——	实现摇一摇功能
2.5	语音合成器	语音合成器1	——	合成语音，实现朗读语音（单词）功能

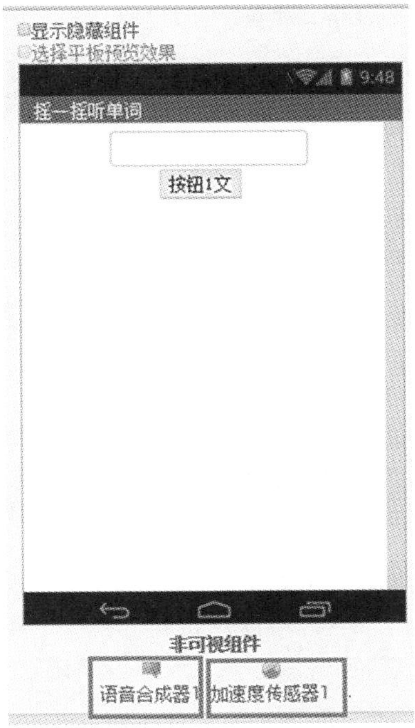

任务驱动

掌握新知

任务二

（8分钟）

最终页面布局

续 表

教学环节	教师活动	学生活动	设计意图
任务驱动 掌握新知 任务三 （8分钟）	任务三 完成编程设计（教师指导、小组协作、学案、微视频教程） 1. 选择"当按钮被点击时执行"（事件1） 2. 选择"让语音合成器合成语音"（方法） 3. 选择"文本输入框的显示文本"（属性） 当 按钮1 被点击时 执行 让 语音合成器1 合成语音 　　　　参数 文字 文本输入框1 的 显示文本 4. 加速度传感器被晃动执行事件（事件2） 当 加速度传感器1 被晃动时 执行 让 语音合成器1 合成语音 　　　　参数 文字 文本输入框1 的 显示文本	根据任务要求，完成任务三	通过操作实践，让学生掌握事件的编程分析与设计，了解事件执行的方法、属性
任务驱动 掌握新知 任务四 （8分钟）	任务四 完成调试和保存（教师指导、小组协作、学案、微视频教程） 1. 使用"雷电模拟器"进行调试（摇一摇或点击"听单词"按钮，耳机能听到相应声音），其调试步骤如下： （1）启动"APP Inventor调试工具"和"雷电模拟器"； （2）模拟器完全打开时，在开发界面中选"连接"—"模拟器"； （3）输入单词进行调试 2. 保存项目文件	根据任务要求，完成任务四	检验任务的完成情况，有针对性地进行指导
课堂小结 （3分钟）	1. 抢答（3道抢答题） 2. 小结： （1）学会了制作"摇一摇听单词"应用； （2）会设置"按钮"的"被点击时执行"事件； （3）会设置"加速度传感器"的"被晃动时执行"事件； （4）知道并会应用"语音合成器"的"语音合成"方法	抢答 倾听及共同小结	知识梳理与总结

续 表

教学环节	教师活动	学生活动	设计意图
课后拓展 （5分钟）	尝试对应用的界面进行美化，实现更丰富的功能： 1.增加"图片"组件，美化界面 2.增加"语音识别"的功能 	倾听思考	鼓励学生的创新思维，勇于发现和探究

【教学评价】

结合本课的教学目标，主要通过以下方面评价学生：学生是否积极参与课堂学习活动；学生对老师提出的疑问的思考和回答情况；小组间课堂任务的完成情况。

附：小组课堂任务完成情况表

7人一小组，最先完成的四个小组可以在黑板对应的栏目上分别贴上4、3、2、1个标志，一个标志对应答题器5个积分。

小组课堂任务完成情况表

	任务一	任务二	任务三	任务四
第1组				
第2组				
……				
第7组				

（广州市花都区实验中学　叶成权）

《我的魔法 APP》教学设计

——基于学生自带手机开展《APP Inventor手机编程》实验课程

【教学分析】

1. 内容分析

APP Inventor积木式手机编程是今年新增设的初二下学期必修教材。国务院提出新一代人工智能发展规划，这就要求人工智能从娃娃抓起，中小学生都需要学习编程。编程也是提高学生计算思维的最佳方法。积木式编程，不但深入浅出，小学到初中都适宜，而且能激发学生的兴趣。使用学生最感兴趣的手机过程中，还需纠正并培养正确用机的习惯。通过创新方式，培养学生爱科学、勤思考、多创作的思想，把学得的知识运用到实践中去。

2. 现状分析

初二学生已经掌握了一定的软件操作技能，并且初步学习了VB程序设计，再来学习同样是编程的APP Inventor应该不难，只要掌握APP Inventor下的设计规则，初次做一个APP并不困难，难点是程序代码部分，怎样设计一个正确的模块代码。

学生对学习很感兴趣，但需控制好其对手机内其他无关APP的使用。最好删除其他APP，并且手机不能带卡，所提供的WiFi不对外上网，因此，学生只能扫描安装自己需要制作的APP，这也是进行学生管理的好方法。

【教学目标】

1. 知识与技能：通过制作第一个手机APP，初步掌握APP Inventor手机编程与手机调试的整个过程，学有余力的学生可进行自主探究、灵活运用多媒体与传感器，制作趣味性更强的魔法APP。

2. 过程和方法：通过提出难度层层递进、不断完善的几个任务，利用智能机房管理系统，加以微课、学习网站教学辅助，在全面学习APP Inventor编程中，让学生初步了解几个代表性很强的组件的使用方法。

3. 情感、态度和价值观：通过积木式的APP Inventor手机编程，增强学生的兴趣，学习人工智能，提高创造性思维，培养计算思维；通过分组学习，共享设备，互相帮助；让学生明白包括手机在内的智能设备的真正使用价值，不再沉迷于网络和游戏。

【教学重难点】

1. 重点：掌握APP Inventor手机编程与调试的整个步骤与过程。

2. 难点：代码中组件模块使用与代码块设计，这也是所有程序设计语言的难点。

【教学方法】

教学方法主要包括：游戏竞赛、讲演练、任务驱动、启发教学法、问题解决法。

本节课是知识讲解与操作技能紧密结合的教学课程，在教学中根据学生的实际水平，运用演示、练习、探究、回答的教学方式组合，调动学生的积极性，并通过机房管理系统软件得到及时反馈。教师既要对学有余力的同学培养其创新能力，又要对学习能力较弱的同学进行个别辅导，再加以学习网站、微课视频的辅助，在有限的时间内更能完善解决分层辅导问题，推动不同层次的学生全面发展。

【教学准备】

智慧机房网络管理系统、多媒体电子教室、微课课件；学习网站、共享资源素材；屏幕投影、电子白板。

【教学过程】

教学环节	教师活动	学生活动	设计意图
实例 引入 创设 情境	先准备好学习网站和课件进行展示。 演示魔法APP： 使用一个已经做好的APP，用传感器与多媒体展示给学生看，在未知其中原理的情况下很有魔幻的感觉。可以激起其学习兴趣。 看大家这么感兴趣，那么我们就来尝试做一个APP吧！	学生观察老师的表演与广播，听老师分析，并思考回答问题	通过实例引入，引发学生的兴趣
任务 驱动 新课 学习	任务一：详细编程过程 指导学生通过学习网站与微课视频，学习APP Inventor编程基本步骤与设计过程： 1. 打开浏览器并登陆网站 2. 创建或打开项目 3. 设计屏幕与组件 4. 代码模块编程 5. 调试与编译 6. 项目保存与导出 老师巡视辅导，当即指出学生的错误，保证能力差的也能完成，并对已完成学生的作品进行点评，让学生参与讨论，发现问题后及时改进	学生使用学习网站，观看微课视频，完成任务一。 思考APP Inventor编程步骤与多种方法适用环境。 参与讨论，回答老师提出的问题。 不明白的或有自学能力的学生都可看学习网站与微课获得帮助	运用微课中老师的示范操作，让学生了解操作要领，并学会举一反三，完成任务。 老师巡视辅导，发现问题。 让学生了解动画的作用，能运用动画恰当地点缀作品
	任务二：增添声音效果 突出重点，增强趣味性，吸引观众，但要符合实际，不能滥用，并做出适当提示	理解并修改作品	符合实际，突出主题
	任务三：挑战其余任务 1. 使用传感器 2. 加入开场语音合成	每组学生根据题目要求和提示进行操作。通过自主探究和小组讨论找出操作的方法	学生通过操作，体会处理的方法、技巧、作用和原则。培养学生自主学习、互相协助的能力

教学环节	教师活动	学生活动	设计意图
	老师巡视辅导，发现问题，提示请要注意的地方，让操作成功的学生示范操作并评价其作品	成功学生进行示范操作并进行解说	让学生示范操作并解说，培养学生的动手能力和表达能力，鼓励并激发其积极性。通过评价别人的作品，从中发现要注意的问题，引导学生学会通过实践自主发现问题、解决问题
	最后总结获胜组	观看同学的作品，并做出评价，从中学习别人的优点和认识其不足之处	
	使用机房管理系统检查作业的上交情况	上交课堂作业	
理论练习	用智慧机房管理系统布置当节需掌握的理论知识，考查并分析学生对知识的掌握情况	学生使用机房管理系统，完成理论练习	及时检查与分析学生课堂的学习情况，及时查漏补缺
课堂总结	1. 人工智能 2. 计算思维、创客行为 3. 端正思想，多思考尝试制作更多的APP 4. 平时要多操作、多思考，做出既有特色又抓住中心主题的作品	学生观察屏幕，进行思考，听老师做总结	总结本节课的内容，提出学生要掌握的重点
拓展提高	对未能完成或做错的任务于课后思考，下次完成；完善整个APP，思考并尝试制作其他APP	学生观察样图，进行思考，如果时间不够可以下节课再尝试制作	让学有余力的学生更深一层地研究探索，以得到进一步的学习

【教学评价】

1. 作品点评。

2. 完成机房管理系统中的学生课堂教学自评表（见图2-3-2），学生对自己的课堂学习进行评估，老师用机房管理系统对评估进行分析总结。

自我评价反馈表仅用于教学参考，请如实填写，在相应选项前打"√"为确定，不选为否定。

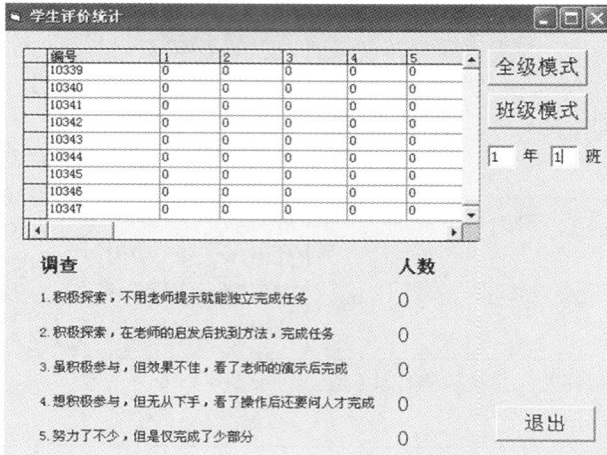

图2-3-2　学生评价统计

（广州市新滘中学　周　鼎）

基于项目学习的 APP Inventor 手机编程教学设计
——以《二年级口算》为例

一、APP Inventor介绍及其特点

1. APP Inventor简介

APP Inventor是2008年谷歌公司开发的安卓手机编程软件，2011年，该项目移交给麻省理学院MIT移动学习中心，并更名为MIT APP Inventor。利用该工具，用户可以用"积木拼接"的方式，方便开发出应用于手机、平板电脑等移动设备的程序，同时可通过外部设备和手机蓝牙等端口设计制作出智能机器人。这款软件以其可视化、模块化、简捷化等特征，让没有编程经验的爱好者也可以轻松走进安卓编程世界，是非常适合初中生学习的入门编程软件。

2. APP Inventor的特点

（1）开发环境搭建方便。支持在线版和离线版。在线版用户只要注册账号后就可以进行全云端的开发，所有项目都保留在云端服务器，无需用任何移动存储设备单独备份。只要有网络环境和计算机随时随地都可以进行软件开发。目前国内唯一的官方服务器为广州市信息中心服务器。离线版需要安装APP Inventor调试工具。

（2）开发过程简单。APP Inventor的界面设计和行为开发都可以通过可视化的能拖放、拼接的模块，像搭积木一样完成。使用者的创意在自动转换成代码后都会被封装在这些模块中，无须复杂的语法规则。

（3）组件模块丰富。APP Inventor 已经预先设置好不同类型的组件模块，如多媒体类、传感器类等，甚至还包括乐高机器人等组件。其中，多媒体类组件功能强大，特别适合中小学教学软件的制作。

（4）开发周期短。APP Inventor 可以在几分钟之内就完成程序的开发。利用APP Inventor 进行程序开发，只有想不到，没有做不到。

（5）支持及时调试。提供了强大的调试功能，调试中代码的变更会自动同步到进行调试的手机或者模拟器中，无须重装应用。

二、项目学习介绍

1. 什么是项目教学法

项目教学法是通过实施一个完整的项目而进行的教学活动。其目的是在课堂教学中把理论与实践有机结合起来，充分发挥学生的创造潜能，提高学生解决实际问题的综合能力。

2. 项目教学法的实施原则

项目教学法最显著的特点是"以项目为主线、教师为引导、学生为主体"，改变了以往"教师讲，学生听"被动的教学模式，创造了学生主动参与、自主协作、探索创新的新型教学模式。

在项目教学法实施过程中，遵循下列原则：一是以学生为中心，充分发挥教师的协作作用；二是项目的选取是学习的关键；三是协作学习；四是学习效果评价。

三、APP Inventor程序教学开设环境

1. 课程开展形式

以校本课程的形式开展。在以往常规初中信息技术课程教学中，每周1课

103

时，因课时紧，学生只能够模仿做出简单的小程序，不能进行深入的探究。

校本课程的安排为每周2课时，为学习提供了充足的时间。班级人数不超过20人，开展小班教学。学生自主选择这门课程，通常本身对编程感兴趣，能够专注地学习。教师可以根据实际情况自主安排课程的内容。

2. 软硬件环境

由于在线版容易受网络的影响，选择在每台学生机安装离线版，学生通过打开Google Chrome登陆网页进行访问。学校规定学生不能带手机到学校，也没有提供平板等设备进行测试。因此采取折中的方法，由教师提供旧手机并安装APP Inventor伴侣，让学生扫二维码进行测试。

四、基于项目学习的手机编程教学流程

首先，教师创设情境，提出所要解决的问题。学生进行项目分析，并对问题进行具体描述。分解任务，根据APP Inventor代码模块，找到解决任务的思维方法，并利用APP Inventor解决问题；其次，学生之间进行互评，教师观看学生作品并给出改进建议；最后，学生根据自己的创意设计并进行升级和完善，实现逻辑思维能力的提升。

通过师生合作、生生合作等形式，可以增加学习者的学习兴趣，提升教学效率，有效地培养学习者的计算思维，使计算思维真正地成为解决实际问题的一项基本能力。

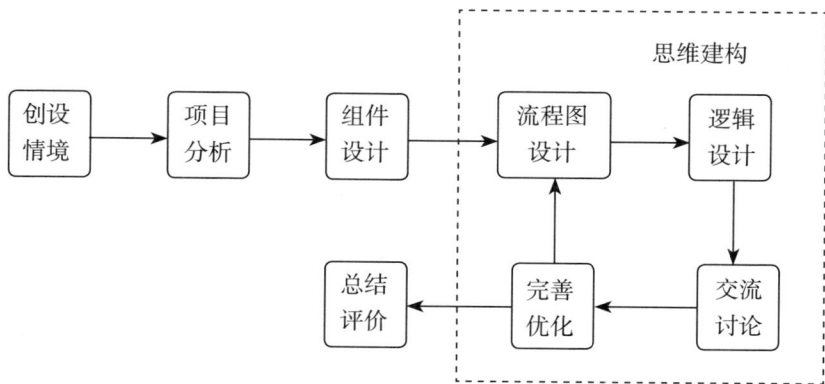

图2-3-3 教学流程图

五、教学实录

课程名称	APP手机编程《二年级口算》		
课程时间	2课时（90分钟）		
课程对象	初二年级学生		
教学重点	掌握循环控制流程的使用，时间组件参数的设置。		
教学难点	简单程序流程图的分析、设计		
教学环节	教师活动	学生活动	设计意图
想一想：情境导入	师：口算教学是小学数学的一项基本任务。二年级学生小明最近在数学课上学习了100以内的加法，由于小明口算能力不太好，所以没有在课堂上完全掌握。为了帮助小明在课后复习与巩固100以内的加法，我们需要帮助他设计一款手机APP。那么，你会如何来设计呢？	学生回答。这个APP要能随机出题，结果在100以内。选择正确答案后，有答案反馈	通过这个贴近学生生活的情境，将学生逐渐带入本节课的学习，引发学生们积极思考问题；通过这个例子引导学生去设计一个APP，来解决情境中的问题，发挥自己的创造力完成意义的建构
说一说：项目分析	功能分析：师：请同学们说一说，这个口算程序要具备哪些基本功能？教师需要引导学生将脑海中的想法用自然语言表达出来	学生回答。题目动态生成，自动评价，倒计时	学生通过将自己大脑中的想法和创意表达出来，增强自身的交流和表达能力
做一做：组件设计	师：首先需要进行组件设计		
	1.我们需要哪些组件呀？	思考回答：标签组件、按钮组件、计时器	学生可以一步步地模仿教师，熟悉平台操作界面，了解各个组件的使用方法和功能
	2.找一找。同学们比较熟悉标签组件和按钮组件。我们的计时器藏在哪里？	学生点击各个栏目，逐步熟悉组件的位置	
	3.组件怎样布局更加简明、大方？提示：使用水平布局或垂直布局	学生根据需要进行自主调整	

教学环节	教师活动	学生活动	设计意图
做一做：逻辑设计	师：界面设计好了，接下来我们要进行逻辑设计		
	第一步：分解任务。出题，判断，计时	学生知道了情境中的问题后，会与所要讲授的内容进行联系，并思考解决方法	
	第二步：流程图设计。教师给出部分流程图，本节课学习循环流程控制，"随机出题"这项功能让学生自主设计；小组探究，教师可以作为辅助者指导学生操作。展示典型小组流程图，进行点评	小组成员进行初步设计。思考采用哪种结构出题。填写流程图	运用流程图设计，可以帮学生建构解决问题的思路，降低编写程序的难度
	第三步：用APP Inventor进行拼接编程。在这个环节，教师可以提供一种设计方案供学生参考	学生在理清自己的设计意图和思路后，就可以进行创作了	运用编码语言将问题拆解的过程呈现出来，以锻炼学生的逻辑思维能力
评一评：交流讨论	这个环节设置了学生作品自评、组内互评和教师评价		
	1. 欣赏同学的作品。学生介绍、演示自己的作品	观看，学生点评作品的优缺点	这个过程可以促进学生的相互交流和学习，以取长补短。学生演示自己的作品也可以增强自信，获得成功感。教师的评价是学生作品改进的方向，也是获得肯定的途径
	2. 查找程序中的错误。例如，学生在测试程序时，发现出题时求和的结果会超过100，怎么办？	查找原因。调整编写程序的思路（第一次修改）	
改一改：完善优化	完善APP的功能，优化升级		
	1. 基本功能设计完成，你还有哪些想法，让我们的程序功能更丰富，使用更方便？		如果可以将自己所学的知识进行举一反三，实现知识迁移是最可贵的。这个环节是知识进阶的设计，让学生在完成当堂练习后，运用新学的知识解决同类问题
	2. 调整设计流程图	生答：加减随机出题，用滚动条倒计时	
	3. 第二轮的逻辑设计	思考并修改流程图，编写逻辑设计（第二次修改）	

续 表

教学环节	教师活动	学生活动	设计意图
评价总结	1. 归纳项目"二年级口算"的制作步骤 2. 学会根据实际情况，进行循环参数的设置 3. 让家人试用你的程序，收集他们的体验评价，进一步升级程序	思考并回顾知识	让学生产生不满足感和探索欲，继续修改完善，这是一个螺旋上升的循环建构过程

六、教学反思

APP功能的实现，使学生对手机APP应用开发产生了极大的兴趣，在界面设计与编程能力方面都有了显著的提升，在设计、创建、探究过程中，体验到了创造的乐趣和成就感，提高了逻辑思维的能力。不足之处在于，在学习评价方面以作品评价为主，缺少了对学习过程的评价。

（广州市第五中学　张　倩）

第四节　利用Office办公软件培养计算思维的应用案例

基于计算思维培养的小学 Office 办公软件的教学实践探索

无论哪个版本的小学信息技术课程，Office办公软件的学习都是一个重要的组成部分。在广州市小学信息技术教材中，Office办公软件的学习主要分为四个部分：一是五年级上册的《信息技术王国的小工匠》，通过学习Word文字处理软件，了解文字处理技术的变迁，感受用计算机处理文字的优势，学会利用Word文字处理软件制作出图文并茂、版式精美的文档作品；二是五年级下册的《信息技术王国的小编辑》，通过学习Excel电子表格软件，感受用电子表格管理和分析数据的快捷性和优越性，学会用Excel电子表格软件进行简单的数据处理；三是五年级下册的《信息技术王国的小编辑》，通过制作电子小报，学习数字作品制作的一般规则；四是六年级上册的《信息技术王国的魔术师》，通过学习PowerPoint演示文稿制作软件，感受集图像、文字、声音等多元素为一体的多媒体作品的神奇魔力，学会用PowerPoint演示文稿制作软件制作出形象生动、富有创意的作品来表达自己的想法。

这套教材通过卡通角色"木棉仔"和"石榴姐姐"的对话创设学习情境，以问题的方式提出本节课的教学内容；然后通过"跟着做""试着做""说一说""小知识""小技巧"和"学会了"这六个栏目，帮助学生实现基础知识的学习和方法技巧的迁移应用。其中关于软件的使用方法和技巧，教材及配套光盘视频已经给出了详细的步骤，学生参照学习资源，就能掌握操作技能。

在课堂教学中，教师一般会根据教材的栏目设置不同层级的任务，组织学生开展自主学习、小组合作学习等形式多样的学习活动，帮助学生提高运用信息技术处理文档、数据以及制作多媒体作品的能力。通过学习，学生掌握了软件的使用技巧，但是运用信息技术分析数据、表达观点的能力有没有提高呢？学生会不会独立发现问题、解决问题呢？这些都是值得教师关注的。

通过实际观察发现，学生在Office软件的学习过程中，常常会出现以下三个问题：

（1）学生只熟悉教材中的软件版本（Office 2007），一旦面对不同版本的软件，就会束手无策。比如，学生想要"更改图片形状"，在Office 2007的版本中，只需要双击图片，调出"图片工具"，在"格式"选项卡中，单击"图片形状"即可选择想要更改的形状。但在Office 2013的版本中，"图片形状"按钮变成了"图片边框"，学生找不到"图片形状"按钮，就不知道怎么办了。有一部分学生会尝试用插入形状，把形状的填充方式改为"图片填充"（课上有提到过这种方法）来达到目标效果，但大部分学生都因为没有"图片形状"按钮就无法更改图片形状了，几乎没有学生去尝试点击其他按钮，也就无法发现在新版本的"裁剪"按钮的下拉菜单里藏着"裁剪为形状"的子菜单。

（2）学生依照教材的提示，能够很快地掌握操作方法，可是遇到类似的问题，却不会迁移。这种情况在学习新知的过程中不是很明显，但在制作综合作品的时候，就暴露出来了。很多技能明明已经掌握了，却无法灵活应用。

（3）学生在完成任务的过程中，遇到一些特殊的困难，但不会尝试独立解决。这些困难与本节课的内容并没有太大关系，所以教材中没有解答，教师上课时可能也不会提到，但如果不及时解决这些困难，学生的后续学习将受到影响。比如，学生在学习Word软件时，很容易误点页面的顶端，调出"页眉和页脚"，导致正文无法继续编辑。还有些学生会误点"折叠功能区"的按钮，导致功能区被折叠。大部分学生第一次遇到这些情况时都很慌张，认为是电脑坏掉了，于是马上求助老师。很少有学生会思考是不是自己的操作有误，几乎没有学生去尝试独立解决问题。

为什么学生在学习的过程中会遇到这些问题呢？究其原因，并不是对知识和技能的掌握不过关，而是缺乏思考，缺乏主动运用知识解决问题的意识。虽然信息技术学科一直在强调核心素养的培养，但目前的信息技术课程，特别是Office软件相关课程，更多地停留在工具软件的使用上，无论是教材上操作步骤的提示，还是教师课堂上的分步讲解，Office软件的教学都好像是"软件使用说明书"，这种工具教学常常会导致思维教育的缺失，而思维的教育对学生的发展是极其重要的。

认知心理学认为，人的学习是通过知觉外部环境的刺激，不断完善大脑中已有的认知结构的过程，而这个过程与计算机的信息加工是很相似的。通过类比计算机处理信息的过程，教育心理学家加涅提出了信息加工的基本模型，该模型完整地描述了人的信息加工过程：当外界环境刺激感受器时，感受器接收到的信息进入感觉登记，被注意到的感觉登记中的信息会进入短时记忆，而那些没有被注意的信息则会很快消失。进入短时记忆的信息通过编码进入长时记忆，当信息需要被使用时，再从长时记忆中提取出来。信息的编码方式和提取策略是由"执行控制"决定的。模型中的"执行控制"即"认知策略"，是学习者加工、处理、存储信息的方法和技术，是一种大脑对外界事物做出反应的思维方式。信息加工模型揭示了人类的学习是在周围环境的刺激下不断改变内在认知结构的过程。认知心理学的研究使得人们的教育观念开始从重视机械的知识学习向重视学习者的思维发展转变。

与传统的知识学习不同，思维的训练是一个很复杂的过程。它既不能像知识一样能够通过记忆、理解习得，也不同于技能可以通过反复的操练得到提高。思维是以知识为基础，通过不同课程的学习和不断累积的个体实践经验而发展起来的人所特有的高级认知活动。

作为思维的一种，计算思维是指人利用计算机科学的方法解决问题的思维过程。这种思维能力与我们的生活息息相关，就像说话、阅读和书写一样，计算思维应该成为每个人必备的基本素养。

生活中，每个人都在解决各种各样的问题，在解决问题的过程中，人们已经在不自觉地使用计算思维的方法来分析问题、探寻规律了。只是那时对"计算思维"的研究还处于混沌时期，直到2006年，周以真教授明确了"计算思维"的概念，人们对"计算思维"的关注度才逐渐加大，"计算思维教育"也渐渐兴起。许多国家都把"计算思维教育"放到了一个非常重要的位置，把计算思维的培养作为信息技术学科的核心素养和主要课程目标。

由于计算思维是利用计算机科学的方法去解决问题的，信息技术学科成了计算思维教育的主阵地。而程序设计的思想方法又最直观地体现了计算思维的核心要素，因此在目前的中小学信息技术课程中，程序设计课程是计算思维教育的主要途径，但这并不意味着计算思维教育只能通过程序设计课程来实现。计算思维的方法应用于生活的方方面面，也应该在不同情境的问题求解过程中得到训练和发展。

在小学Office办公软件的教学中，计算思维的培养主要表现在以下几个方面：

一、从实际和应用的角度出发，唤醒学生的"问题意识"

1. 问题情境的设计要贴近学生的生活实际

问题是计算思维的出发点和归宿，发展计算思维的最终目的是为了解决问题，只有在问题求解的过程中，计算思维能力才能得到发展。

学生在学习的过程中常常会遇到问题，他们把这些问题当成是学习的绊脚石，一部分学生会求助老师或同伴帮他们搬走这块石头，一部分学生会停滞不前或绕道而行，很少有学生会去尝试自己移开这块绊脚石。导致这一现象的原因，主要还是因为学生缺乏独立探究解决问题的动机。

目前大多数信息技术课堂都是以任务驱动展开教学，但是学生是为了完成任务而做任务还是为了解决问题而做任务，这两者之间的差别是很大的。前者学生学习的目的是为了完成老师布置的任务，就像完成作业一样，学习的动力没有被完全激发，是被动地学习；后者学生学习的目的是为了解决问题，学习的动机被调动起来，是主动地学习。

为了唤醒学生的"问题意识"，课程中的问题设计就显得尤其重要。只有来自生活实际的问题才能吸引学生的目光，激发他们的求知欲。

例如，在设计第三册第2课《图片展缤纷——图片的处理》一课时，学习目标是图片的插入、图片的裁剪、图片位置和大小的调整、图片样式的应用等操作，教材以"图片展缤纷"的活动为主线开展教学。作为学习内容的载体，素材图片的选择就显得十分重要了。如果采用教材提供的素材图片，学生的学习兴趣不高，但如果采用学生自己的照片，学习效果就不一样了。所以，在实际教学中，结合学校近期开展的活动——广府庙会，把教材"多彩童年"电子相册改为"庙会相册"，以美化"庙会相册"活动为主题，把图片的各种操作融入主题活动中，帮助学生掌握PowerPoint图片的操作技巧。

2. 知识点要落实在真实的问题情境中

贴近学生生活的问题情境为思维的发展提供了外部条件，学生对任务产生了兴趣，就会积极地思考怎样完成任务。但是要促进深入的思考还需要精心设计每一个知识点。只有把知识点融入真实的问题情境中，才能提高学生发现问题、分析问题、解决问题的能力。

在《图片展缤纷——图片的处理》这节课中，主要学习PowerPoint图片的操作技巧，在实际的应用中，这些技巧几乎都是组合使用的。要达到学以致用的效果，在学习这些技巧时，就需要在真实的问题情境中进行练习。因此在教学实践中，共设计了四个任务来模拟真实的问题情境，这些情境是学生以后在进行图片操作的过程中可能会遇到的比较常见的问题。由于这些技巧都是初次学习，在呈现问题时，可通过同时展示素材和范例的方式，引导学生用观察法迅速发现问题，然后再通过阅读课本、小组讨论等方式寻找问题的解决方法。

本节课需要学生完成幻灯片中图片的插入及美化的操作。教师提供给学生《广府庙会》演示文稿作品（共4张幻灯片）及图片素材。前三张幻灯片中的剪纸风格的背景图片通过母版插入，不会影响学生的操作。

任务一：制作《广府庙会》封面。

引导学生观察范例和素材，找出区别，再把这些区别转换成问题：①怎样把图片插入幻灯片里；②方形的图片如何变成圆形？

学生通过自学教材和动手尝试解决问题，完成"图片的插入"和"利用软件提供的图片样式美化图片"的知识点的学习。

图2-4-1　任务一素材　　　　　　图2-4-2　任务一范例

任务二：完成《广府庙会》相册第一页的制作。

引导学生观察素材和范例，了解这个任务需要达到的效果——插入图片后，按照边框的形状调整图片，使图片刚好放进边框里。

教师可以边演示边让学生观察，在观察的过程中发现问题：

（1）教师插入一张图片，怎样缩小图片？学生根据Word中图片操作的经验，会回答拖动图片上的控制点，调整图片到合适的大小。

（2）教师拖动控制点，把长方形的图片压缩成正方形后，再引导学生对比范例，学生很容易就看出图片中的人物变形了。再次引发学生思考：怎样在人物不变形的情况下把长方形的图片变成正方形？引出"图片裁剪"的知识点。

（3）引导学生继续观察范例，边框四角有花纹，如果要达到镶嵌的效果，图片的四个角必须要被裁掉一点，应该如何操作？这是本节课的难点，可以让学生通过小组讨论的形式去寻找答案，让找到解决方法的学生上台分享。教师总结"更改图片形状"的技巧及注意事项。

图2-4-3　任务二素材　　　　　　图2-4-4　任务二范例

任务三：完成《广府庙会》相册第二页的制作。

在呈现任务三的时候，可以先不呈现范例和"中国结"图案，引导学生观察，与前两张幻灯片相比，这一张幻灯片有什么不同。学生会发现，前两张幻灯片有剪纸插图，但这一张幻灯片没有。帮助学生建立"整体"的概念。展示"中国结"图案时，提示学生可以参照教材【小技巧】中的提示，去掉"中国结"图案的背景，以强化学生对"透明"这一概念的理解。同时，也可以提示学生："不同版本的软件提供的图片处理方法也是有差异的，版本越高的软件，提供的方法越丰富。"比如在Office 2007中，只能把纯色背景设置为透明色，而在Office 2013中，则可以把更多颜色的背景设置为透明色。如果教师机装有其他版本的Office，可以演示给学生看。通过该操作，让学生了解软件更新换代的意义，帮助学生更好地适应不同版本的软件。

图2-4-5　任务三素材

图2-4-6　任务三范例

任务四：完成《广府庙会》相册第三页的制作。

任务四是拓展任务，可以先让学生尝试，在尝试的过程中巩固所学的技巧，发现新问题。该任务涉及不同对象的层级关系。如果一张幻灯片中有多个对象，需要调整它们的叠放次序。通过任务四，可以帮助学生建立"对象"和"分层"的概念。

图2-4-7　任务四素材

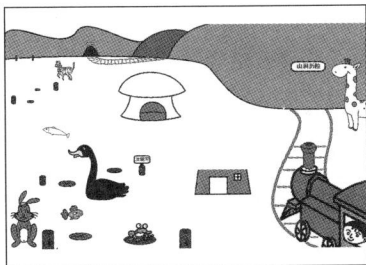

图2-4-8　任务四范例

二、采用"分治"和"结构化"的方法，引导学生建构系统的知识体系

Office办公软件的学习一般都是从介绍软件界面开始，再通过一些简单的实例操作逐步学习最基本、最常用的菜单，最后综合前面所学的知识和技能，独立创作一个数字作品。可是，当学生创作数字作品时，前面学过的知识和技巧可能因为久不使用而被遗忘，最终导致学生遇到与之前所学类似的问题时，无法及时从记忆中提取相应的知识来解决问题。

要避免这种现象的发生，需要强化学生头脑中的知识结构。遗忘的发生主要是因为知识与知识之间的联结不够紧密，大脑中的知识结构越松散，就越容易遗忘。在教学中，可以采用"分治"和"结构化"的方法来帮助学生建构系统的知识体系。

"分治"和"结构化"的方法都是计算科学中典型的方法。其中，"分治"的思想就是把一个复杂的问题分解成一些简单的子问题，循环这个过程，直到使子问题缩小到能被轻易地求出其解。而"结构化"则是一种自上而下、逐步求精的方法，它源自程序设计，先将待解决的问题作为一个系统，然后将复杂的系统层层分解建模，再对模块进行设计，最后将设计好的模块组装成结构系统。学生在完成复杂的学习任务的过程中，由易到难，从单一知识的学习到综合技能的运用，其实就是计算思维中"分治"和"结构化"的体现。虽然学生在实际的学习中已经在用这些方法了，但是却没有掌握方法的真谛，从而导致在生活中遇到类似的复杂问题，依旧会感到茫然无措。所以，在课堂教学中，教师的任务除了引导学生学习知识和技能之外，还要帮助他们习得这种计算思维的方式，只有灵活运用这些思维方式处理复杂的问题，才能学以致用。

例如，在Word文字处理软件的教学实践中，如果先介绍软件界面，再按部就班地从每个选项卡的功能开始学习，很容易把课程变成"软件说明书"，学生习得的知识也是零散的，虽然暂时掌握了方法和技巧，但却不能灵活地应用和迁移。在实际教学中，第一节课可以从文字处理的变迁讲起，帮助学生初步认识文字处理技术，了解造纸术、印刷术、打印机以及计算机的发明对文字处理技术的影响，激发学生学习Word文字处理软件的兴趣。然后由学生熟悉的手

抄报引入，明确在Word文字处理软件学习阶段的最终任务——制作电子小报。然后提出问题：你认为电子小报包含了哪些元素，应该要学习哪些技能才能把这些元素变成一张电子小报？学生通过类比手抄报，会想到横向的白纸、带边框的文字、图片、标题等元素，教师根据学生的回答，以思维导图的形式把这些元素呈现出来。这个过程就是计算思维中"分治"的方法。对于刚刚接触计算机文字处理的学生来说，制作电子小报是个复杂的问题，通过类比熟悉的手抄报，把制作电子小报这个复杂的问题分解为四个子问题：（1）需要一张大小合适的"纸"；（2）需要在纸中"写"出贴近主题的文字；（3）需要在纸上"画"出相关的插图；（4）需要把小报展示给大家看。再引导学生逐个分析这四个子问题，例如，电子板报的"纸"实际上是通过软件建立的，既然是软件，那怎样得到一张新的纸张，怎样继续制作没有完成的作品？等等。

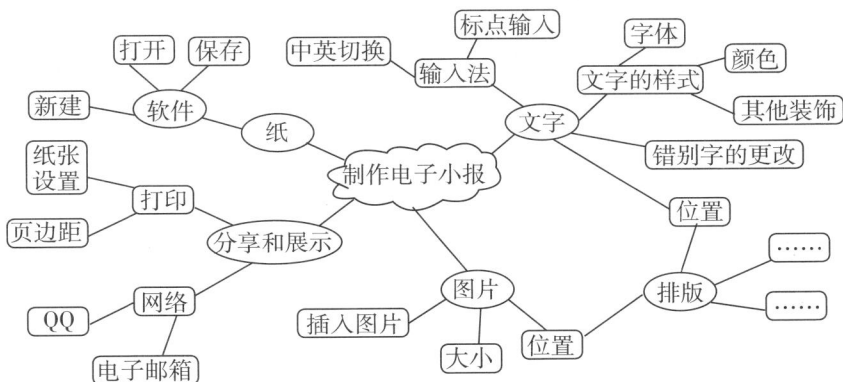

图2-4-9　制作电子小报结构图

　　每一个子问题，都对应一个或几个相应的知识点。通过思维导图，帮助学生在开始学习之前就在头脑中初步建立关于Word文字处理软件的知识框架，然后再开始Word文字处理软件的技能教学，学生很自然地就能将新的知识技能填入这个知识框架中。当思维导图中提到的所有知识技能都学习完时，学生已经能够独立制作电子小报作品了。在制作作品前把这张图呈现给学生，帮助他们复习所学的内容，再布置电子小报的任务。学生利用所学的技能制作电子小报就是一个把模块组成一个系统的过程。在学习完成后，教师和学生一起回顾这个阶段学习的过程，教师提出问题：我们是怎样完成一开始认为很难的电子小报的制作的？通过回顾，引导学生了解这种"分治"和"结构化"的思维方法在问题求解过程中的作用。

三、渗透"抽象"的方法，帮助学生体会计算思维的重要特征

"抽象"是计算思维的重要组成部分，是分析复杂问题时经常用到的一种思维方法，通常需要经历两个步骤：一是透彻地分析对象的特点；二是将这些特点与其他对象相比较，找出共性。"抽象"是建立在具体事物的基础上的，是从感性认知上升到理性认知的必经通道。

Office办公软件的教学对象是五、六年级的学生，年龄大概为10~12岁。皮亚杰认知发展四阶段理论认为，7~12岁的学生处于具体运算阶段，该阶段思维发展的特点是学生的思维开始呈现逆向性，即能反向思考并进行前后比较。这个阶段的学生的运算思维虽然还需要具体事物的支持，但已经开始向形式运算阶段转变，思维的逻辑性显著增强。根据个体认知发展的特点，在教学中，应该渗透"抽象"的方法，帮助学生进一步提高思维能力。

Excel数据处理软件的学习就涉及很多"抽象"的方法，例如，《数据的排序和筛选》一课中，不仅要帮助学生掌握排序和筛选的方法，更要引导学生了解怎样根据需求进行排序或筛选。排序和筛选的条件就是数据对象的共性，找到这个共性，才能把需要的数据排在一起或者筛选出来；又如，在《图表的建立》一课中，学生通过直观具体的图表了解了柱形图、折线图和饼图的特点，教师引导学生归纳这些特点，就是从"具体"到"抽象"的过程。在巩固练习时，学生面对新的数据表格，要依据图表的特点和实际需求，选择最合适的图表呈现数据，就是"抽象"方法的应用。在实际教学中，有些学生虽然已经掌握了创建图表的方法，也了解了图表的特点，但在应用的过程中，总是会选不合适的图表，出现这种情况其实就说明他们的抽象思维还需要训练。教师可以引导他们用比较的方法来把"抽象"的图表特点转换为"具体"的图表，即在处理新数据表时，如果不确定用哪种图表呈现数据，可以同时创建三种不同类型的图表，再通过比较，选择一个最适合的。经过反复的训练，学生的抽象思维能力一定会得到发展和提高。

（广州市海珠区昌岗中路小学　周　菁）

基于问题的学习在小学信息技术课堂教学中的尝试

——以"表格的编辑"教学为例

【教学分析】

基于问题的学习（PBL）是以问题为导向，以学生小组协作学习和自主学习相结合的方式进行的，即强调将学习置于真实、有意义的问题情境当中，让学生通过自主学习和协作学习解决真实情境中的问题来掌握隐含于问题背后的知识，在特定的问题解决过程中促进其理论知识向基本能力的转化。同时，这种方法还能使学生在问题探究、方案制订和问题解决的过程中促进他们对知识的意义建构以及创造性思维能力与问题解决能力的发展。与以教师讲授为主的传统教学模式相比，基于问题的学习更加强调学生自主性和主体性的发挥，既让学生在实际的问题探究过程中主动地获取知识，将前人的经验与自身体验结合在一起，进而在问题解决中实现自身知识、技能和情感的共同发展。

基于问题的学习主张让学习者在真实情境下的问题解决中实现知识的积累、技能的提升和情感的发展，它主要有三个方面的特点：①基于真实的问题情境。即教师提出的问题要与学生所接触到的现实世界和日常生活紧密结合在一起，使他们将所学的理论知识应用于真实问题的解决中。这不仅能促进他们对知识的有效迁移，进而实现理论知识的现实应用，还可以促进学习者创造性思维能力、问题解决能力等方面的发展；②注重学习者主动性和主体性的发挥。在基于问题的学习中，学习者是问题的解决者和知识的意义建构者，教师在教学中扮演指导者和帮助者的角色。因此，可以鼓励学习者通过自主探究与协作学习相结合的方式进行问题的分析、设计与解决；③关注结构不良型问题的解决。心理学将问题分为结构良好领域的问题（简称"良构问题"）和结构不良领域的问题（简称"劣构问题"）两种。其中，良构问题的解决过程和答案都是固定的，即存在固定的方法、规则和手段；劣构问题则往往具有不稳定性，即需要根据特定的问题情境进行深入分析。基于问题的学习强调为学习者创造真实的问题情境，使他们将知识灵活地运用到复杂问题的解决过程中，进而促使其高水平地学习。

1. 内容分析

《寒假安排表——表格的编辑》一课是广州市信息技术教科书《信息技术》小学第二册第一单元第1课内容。教材以"寒假安排表"为主线学习：①在表格中插入、删除行和列；②学会自动调整表格行高和列宽；③合并拆分单元格等表格编辑知识。

2. 现状分析

本课教学对象是小学五年级学生。他们已经掌握了表格的行列定义、表格的创建方法等。但学生在编辑过程中，会数错行、列数，导致编辑错误，对本课的知识掌握比较迫切。寒假将至，学生对制订寒假计划会有一定内需性和积极性。已有的教学设计中的教学思路均以"做中学"为指导思想，用任务驱动、范例教学等教学法开展以完善"寒假安排表"的活动教学，设置"学会了"，让学生通过自我评价巩固内化新知。

教学中存在如下三个问题：①对本课学习活动的内在需要求没有激发，对"为什么学"并不清楚，学习积极性没有真正调动起来；②对增加行列的知识点，没有经过范例和练习表的充分对比，缺少"为什么做"的指导，为学而学，不会主动思考问题；③没有内化"寒假活动表"的制订原则，甚至没完成整表的活动方案制订，脱离实际。

【教学方法】

1. 构建真实情境，挖掘内在需求

开展与学生生活相关且他们认为较重要的活动最易引起学生注意，身边的问题往往最能调动学生的学习积极性。

本课为上学期讲授，而寒假将至，"如何安排寒假活动"就成了学生面对的一个实际问题。本课正好以此为切入点，构建真实的问题环境，然后引导学生结合已有的知识经验（已掌握表格的构成和创建），提出表格是制订寒假活动计划的好工具，启发他们将所学的知识应用于真实问题的解决中，挖掘学生学习的内需性，实现学生从"要我学"到"我要学"的转变。

2. 对比分析范例，生成驱动问题

对比分析可以非常直观地看出两种事物之间的变化或差距，通过两两比较而得出的次序，使得到的评估更可靠有效。

教师引导学生对比示范表和练习表，让学生讲出两者的差别，并把这些差别生成本课的学习驱动问题清单，一一张贴在黑板上（问题见板书设计"我发现"），最后总结出示范表的主要优势：表头的分类可以让活动项目更有条理性，培养学生发现、思考问题的习惯，为基于问题的探究性学习打下基础。

3. 教材微课自学，师生讲演结合

对于学习难度不高而且教科书上有完整操作步骤的知识点（行列编辑等操作），让学生依托教材或观看微课自学后进行汇报，不仅能提高课堂学习效率，还能有效提高学生的自学和表达能力。对归纳性要求较高的知识点（"布局"选项卡讲解、表格自动调整等），教师引导学生梳理，并总结提高，既体现学生的主体地位，又不失教师的主导地位。

4. 小组探究解疑，师生互评促学

在小组完成表格制订后，教师组织同学进行纵向提问（师生或生师）、横向提问（生生）、学生互疑、师生互疑等环节，并提出改进的建议，让学生在学习新知之余，引发学生的悬念，提出新的开放性问题（怎样才算是一个合理的寒假安排计划），引导学生自己去发现并找出新问题的解决方法（学生通过三次修改内容，完成一个合理详细的寒假安排计划），在此过程中，促进了学生分析和解决实际问题能力的发展。

【教学目标】

1. 知识与技能：使学生学会在表格中插入、删除行和列；学会调整行高和列宽；学会合并、拆分单元格；了解计划表的制订原则，并以此完成"寒假安排表"的制订。

2. 过程与方法：基于编辑"寒假安排表"过程中发现的问题，通过自主尝试、教师讲演、小组互动探究等学习活动，使学生掌握用插入、删除、调整、合并与拆分等工具修改表格的方法。

3. 情感、态度与价值观：在自主探究和互动交流中，养成积极思考、大胆质疑的学习习惯；培养学生的学习主体意识，以小组合作的形式共同解决实际问题，发展其自主学习的能力；体会计算机制表的优势。

【教学流程】

本课教学基于问题的学习流程大致内容为（见图2-4-10）：

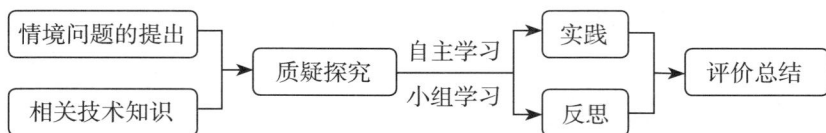

图2-4-10　基于问题的学习流程图

首先，需要教师根据教学内容和学习对象设定合适的问题情境（寒假将至，有必要制订寒假活动计划），使学生在对问题的初步分析过程中将已学的相关技术知识（表格创建）与真实的问题情境进行结合（表格工具正好适合），深度挖掘学生学习的内需性。在此基础上，学生在教师的正确引导下，对照范例和练习表，得出多个需要通过编辑表格才能解决的问题（增加行、合并单元格等），确定本课的学习驱动问题，为顺利开展学习打下基础。通过自主学习（自学教材）、教师讲演、小组协作学习相结合的方式对问题进行探究分析并解决。在完成技术学习后，需要学生将前一阶段所学应用于实践中（使用"寒假活动表"制订寒假计划），即尝试进行问题的解决。在问题解决的过程中出现困难，就需要小组成员通过汇报、分析和讨论，对方案进行适当地修改，最后进行总结反思（小组讨论，得出制订计划的原则），以促进知识迁移到应用层面。活动结束之后，教师对学生的问题解决过程进行评价总结，加深和完善学生对相关学习内容的理解认识。

【教学过程】

课程名称	《寒假安排表——表格的编辑》
课程时间	1课时（40分钟）
课程对象	小学五年级学生
教学重点	行（列）插入
教学难点	单元格合并

续 表

教学环节	教师活动	学生活动	设计意图
情境导入	1. 引言：寒假快到了，同学们会安排哪些活动呢？（适当评价追问）	多名学生回答问题	评价追问会引发更多学生举手发言
	2. 同学们的寒假生活多姿多彩。可是怎样才能合理安排好各种活动呢？引导学生：上节课我们学习了表格的创建，了解到表格可以快速、直观、清晰地了解信息。老师今天带来了一张未完成的寒假安排表，让我们一起来编辑完善它，使我们的寒假生活过得更充实、更有意义。出示课题：寒假安排表——表格的编辑	学生听讲，由于表格能清晰明了地展示数据（上节课内容），进而产生使用表格制订寒假活动计划的学习想法	创设情境，复习旧知，明确学习目的，激发学生内在需求（解决"为什么学"），导入本课
质疑探究	1. 对比两表，发现问题 让学生对比"石榴姐姐"（范例）表与编辑练习表，教师根据学生的回答，板书问题（缺一行、缺少"日期、学习、活动、家务"表头、行高列宽不合适、缺表头颜色、单元格没有合并……）。特别引导学生讲出：范例表好在哪里？如多出表头部分，可以对活动项目进行分类，看起来更加有条理。颜色会令表头更醒目，行高列宽会令表格编排更美观……）	学生对比两表并思考，发现并提出两表的差别。学生深入体会示范表的优势所在	观察思考，列出本课的技术问题清单，培养学生发现问题、提出问题的学习习惯。让学生明确范例表的优势所在，解决"为什么做"的问题，带着问题进入技术探究学习
	2. 广播出任务一：行列随心改 自学课本第51页内容，上机操作如何插入行。并按图位置补充"时间、学习、活动、家务"四个词语（提醒学生"撤销"功能）	学生自学教材、上机操作	培养学生的自学能力。注意"撤销"功能使用，减少学生由于误操作而降低课堂学习效率
	3. 教师巡堂指导	学生操作	

教学环节	教师活动	学生活动	设计意图
质疑探究	4. 请学生上台边讲边演示，教师贴板书 （1）想好增加（删除）行（列）位置 （2）光标定位 （3）"布局"——合适操作	学生听讲	培养学生的讲演能力
	5. 归纳小结，引导归纳：当选定表格后，"布局"选项卡中含有表格的多种编辑功能按钮，以后有表格编辑的需要可以在里面找		梳理重点知识，举一反三，培养学生的信息素养
	6. 小应用：表中的项目不一定合适每一名同学，请学生讲讲计划的寒假活动项目名。 根据学生的回答，教师演示编辑（增加、删除行列）表格	学生根据实际回答问题	现学现做，巩固新知
	7. 让学生根据自己的实际意愿编辑表格行列，修改项目名称	学生首次根据需要编辑行列，修改单元格项目名称编辑表格。组长检查完成情况，完成后将花贴到指定任务区	
	8. 在已解决的问题处做标记		反馈教学效果，让问题解决进度可见可控
教师讲演	1. 教师质疑：表格不够美观，行高列宽不合适，如何操作？		
	2. 自问自答：Word软件很智能，只需要使用"自动调整"功能即可使列宽、行高根据内容或窗口自动调整（边讲边做）	学生观看听讲	加入教师熟练的操作演示，能加快自动调整表格的速度，让学生体会到计算机Word软件制表便捷的好处
	3. 小竞赛：广播出任务二，宽高由我定，并让学生完成任务。教师裁决：完成的学生起立，最快完成的小组奖励2朵花，其他小组奖励1朵花	学生积极进行操作竞赛	竞赛促学。营造热烈的课堂学习气氛，提高全班学习积极性

续 表

教学环节	教师活动	学生活动	设计意图
	4. 点评完成情况，在已解决的问题处做标记		反馈教学效果，让问题解决进度可见可控
小组探究	1. 现在这张表格还存在问题吗？（将问题贴黑板）	学生回答	微课辅助教学
	2. 广播出任务三，合拆由我定，小组一起探究出解决的办法。提示：如果有困难，可以打开桌面上的"锦囊"视频观看学习	学生在组长身旁，开展小组探究活动。完成后，回到机器各自完成操作。组长检查贴花标记	小组协作探究（PBL基本要素之一），培养团队协作精神，成为自主的学习者（PBL学习目标之一）
	3. 表扬学生，点评完成情况。通过广播，小结操作要点：正确选定连续单元格		
拓展应用	1. 再次让学生根据实际，编辑修改表格内容	学生二次编辑修改表格	师生交流评价，包容欣赏他人的安排计划（PBL学习目标之一）
	2. 广播：分享学生假期活动表，生生、师生相互谈活动项目的合理性（数量、是否力所能及）	学生谈假期安排活动的合理性	
	3. 广播演示：标记每天具体的活动（范例）	学生用"0"标记每天的具体活动	计划每天具体的活动项目。让学生小组讨论，基于新学习的知识生成新的解决问题假设（PBL一般操作方法）。多种形式的评价方式，既能使学生客观地认识自己，又能培养学生尊重与欣赏他人的优点
	4. 再次分享，让小组进行讨论：计划制订的合理性应注意什么？（注意劳逸结合）	第三次修改计划表，定稿	
	5. 评价1~2张学生计划表		评价学生解决问题的过程和结果

续 表

教学环节	教师活动	学生活动	设计意图
评价总结	1. 请学生梳理本节课的知识点	学生梳理本课知识点	引导学生梳理全课知识点，再次重申本课的学习意义，遗留的问题将为下节课的讲授埋下伏笔
	2. 评价学生：希望通过这节课的学习，不仅能掌握表格编辑的方法，还能学以致用，真正把计划表执行起来，做时间的小主人，安排好你们的寒假活动，让你们的寒假过得充实而有意义。还有一个小问题（表格修饰），我们留到下节课学习		

【教学反思】

基于问题的学习（Problem-Based Learning，缩写为PBL）是指以问题探究、问题解决、提出新问题为主要内容的一种教学和学习模式，是让学生围绕一些复杂的、结构不良的，但又是真实的问题而进行的一种有针对性、有实际操作内容的学习。它通过学生询问、实验、小组合作等形式来发现问题、解决真实的问题，进一步学习隐含于问题背后的科学知识，发展学生分析问题与解决问题的能力。

本课以基于问题的学习（PBL）作为教学策略，引导学生发现并提出多个围绕学习主题的问题，生成问题清单，挖掘学生的学习内需，逐一以小组协作自学、教师演示、小组共学等教学活动予以解决，提高学生的信息素养，培养其驾驭信息工具的能力。通过多次分享师生表格，总结"寒假安排表"制订的原则标准，进一步学习问题背后的知识。最终学生能结合实际，完成自己的"寒假安排表"，真正能学以致用，达到教学目标。另外，本课强调"一课一得"，将"日历表"练习（与本课关联不大的内容）放到下节课做。在整个教学活动过程中，体现教师的主导地位，始终让学生带着问题进行自主、合作学习，建立以"学生"为中心、以"自主学习"为前提的教育模式，培养学生的学习主体意识，提高有效解决问题的能力。

跟传统单纯的任务驱动法教学法相比，运用PBL教学策略后，学生在课堂上表现出较高的学习兴趣、热情，能积极思考、提出、探讨问题，小组合作默契，任务完成度高，较好地实现了教学目标。通过多次的对比，三次让学生根据自身情况提出新的修改需求，步步递进，层次分明，实现技术到知识的迁移运用。学生的学习过程是一个分析问题、解决问题、提出新问题的过程。通过问题预设、问题探究、新问题产生以及问题解决的这个过程，培养学生运用信息技术解决实际问题的能力，从而提升学生的信息素养和驾驭信息工具的能力，是PBL教学策略运用在小学信息技术课堂上的一次颇有意义的尝试。

基于问题的学习需要教师将课堂教学内容、实际问题情境与学生的学习活动结合在一起，使学生真正在基于真实问题的实践中掌握信息技术。在使用该教学策略时，应坚持科学、适度、适当的原则，注意"问题"的情境真实性和可操作性、实效性，合理安排学习时间，以免造成学生的厌烦心理，影响学习效果。

（广州市海珠区前进路小学　　陈　宇）

基于信息技术学科核心素养培养的教学设计
——以"表格的修饰"为例

【教学分析】

1. 内容分析

本课内容取自广州市信息技术教科书小学第二册第12课内容，是Word模块课程中"表格"这一知识点的终结篇，主要内容是使用"表格样式""边框和底纹"修饰表格。

2. 现状分析

学生能熟练地使用Word软件编辑、修饰文字等基本技能，掌握了创建表格、编辑和调整表格的方法，为本节课的学习打下了一定基础。但部分学生没有选用合理的手段适度地修饰表格，片面地认为"修饰越多越好"，修饰得过于花哨，难以达到突出显示要点信息、优化整体效果和表达想法的目的。这使本节课的学习具有一定的挑战。

【教学目标】

1. 知识与技能：使学生理解修饰表格的作用，能区分编辑表格和修饰表格；掌握"表格样式""边框和底纹"修饰表格的基本方法，理解"表格样式""边框和底纹"修饰表格的特点；了解表格修饰的主要注意事项，恰当地修饰表格，表达要点信息。

2. 过程与方法：使学生通过观察或自主探究，掌握使用"表格样式""边框和底纹"修饰表格的基本方法；通过分析典型案例，总结表格修饰的主要注意事项；通过小组协作交流，综合运用所学知识，检验实际应用能力和提升创作表达能力。

3. 情感态度与价值观：鼓励学生自主探究，勇于进行个性化创作；了解"海珠名胜表"的内容，感受海珠人文精神，培养学生的公民意识。

【教学方法】

本课以培养学生信息技术学科核心素养为指导思想，在教学过程中，以思考引领操作活动，通过知识迁移、辨析、协作交流等手段帮助学生理解知识的本质特点，培养学生区分编辑表格和修饰表格、辨别"表格样式""边框和底纹"基本特点的信息意识；通过观察与实践体验，掌握修饰表格的基本方法，并在对比、分析表格修饰的典型案例中，总结表格修饰的主要注意事项，形成解决问题的计算思维；通过任务拓展，检验学生实际应用能力和创作表达能力，培养学生的数字化实践能力；通过使用"海珠名胜表"人文素材，感受地方人文精神，培养学生的社会责任，激发学生表达想法的意愿，实现数字化创作实践。

【教学流程】

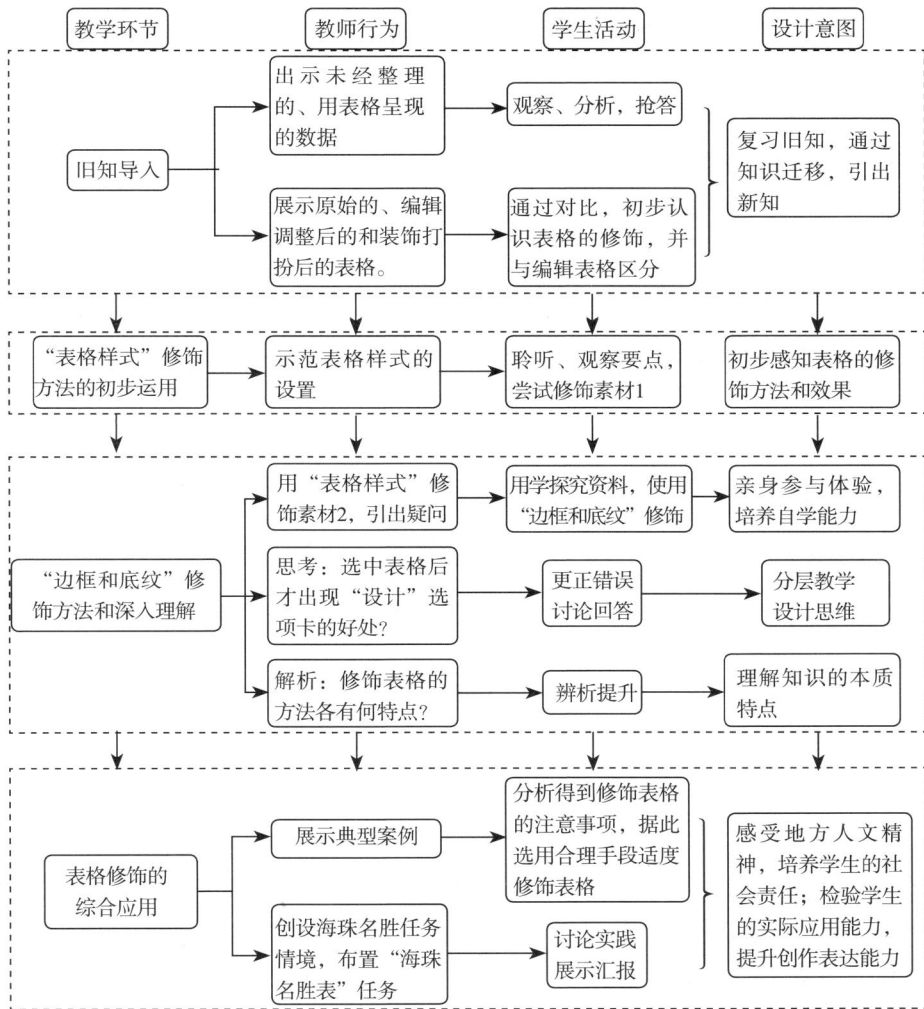

【教学过程】

环节1：旧知导入

师：同学们好，上课前我们先来玩一个热身小游戏，请两名同学来抢答，看谁回答得又准又快。谁来？

生：我！我！

师：请你来，请你来。哪个年级的总评是优秀呢？请抢答。

生：五年级。

师：答对了，你怎么做到又快又准的？

生：我看表格中总评那一列，然后找到了五年级那一行。

师：很好，其实这就是表格的作用——同学们已经知道如果数据的结构是清楚的，那么用表格呈现数据会更加清晰。

师：但是你们不知道的是表格的呈现效果也可以是多种多样的。原始表格，编辑、调整后的表格，装饰、打扮后的表格，同学们，你喜欢这里的哪个表格呢？

生：第3个（装饰、打扮后的表格）。

师：老师也喜欢这个，我们把这种对表格进行装饰、打扮的工作称为"表格的修饰"。

环节2："表格样式"修饰方法的初步运用

师：修饰表格有两种方法，先看修饰表格的第1种方法——使用"表格样式"修饰。请看老师操作，打开"素材1"，选中整个表格，进入"设计"选项卡，选择表格样式，效果出现了。请同学们开始完成任务一。

学生上机操作（约2分钟）。

师：同学们用这种修饰方法完成任务快不快啊？

生：快！

师：为什么？

生：因为直接选表格样式就出现效果了。

环节3："边框和底纹"修饰方法的深入理解

师：那我们试试修饰素材2，选中整个表格，进入"设计"选项卡，选择表格样式。大家发现了什么问题？

生：有几个标题行的单元格与其他标题行的效果不一样了。

师：是的。标题行的数据怎么没有突出显示，反而跟其他数据一样的效果了呢？接下来，请同学们选择适合自己的探究资料自学，并解决问题。

学生上机操作（约7分钟）。

师：时间到。有没有同学可以演示给大家看？

生：我……

师：请你来，边操作边讲解。

生：选中表格，然后按"设计"，选择"表格样式"。接着，选择这三个单元格，在设计选项卡中按"底纹"选择颜色。然后按"开始"，选择字体颜色，加粗。继续按"边框"，进入边框和底纹设置对话框，选择设置"全部"，确定。

师：很好，这名同学选择了喜欢的样式和方法修饰表格，有自己的特色。从中可以总结出"边框和底纹"修饰方法的操作步骤：①选定单元格；②进入"设计"选项卡；③打开"边框和底纹"对话框；④设置"边框和底纹"对话框；⑤确认操作。请同学们齐读。

生：①选定单元格；②进入"设计"选项卡；③打开"边框和底纹"对话框："边框"下拉菜单→"边框和底纹"按钮；④设置"边框和底纹"对话框："自定义""样式""颜色""宽度"；⑤确认操作。

师：刚才同学在演示中使用了"表格样式+边框底纹"的方法，你们要想形成自己个性特色的作品，还可以继续挖掘探究资料，做更多的尝试。接下来，请还没完成的小组，继续完成；已经完成的小组，做更多尝试，并思考问题：为什么Word软件要设计成选中表格后才出现"设计""布局"两个选项卡，到底有什么好处？

学生上机操作（约5分钟）。

师：谁来回答这个问题？请你说。

生：节省空间。

师：为什么？

生：怕有太多选项卡了。

师：不错，这是其中一点，还有没有补充呢？请你说。

生：这是表格的专用工具。

师：非常好！表格有表格的专用按钮，就像图片有图片的专用按钮。这种操作对象和对应功能的关联性，还提醒同学们要养成先选中对象、再操作的习惯。好习惯还要搭配好方法，谁能告诉老师修饰表格的两种方法有什么特点呢？（哪种方法快？哪种方法更有特色？）

生：使用边框和底纹更有特色。

师：为什么？

生：因为只使用表格样式，就只有固定的效果。而使用边框和底纹，可以做出自己要的效果。

师：解释得很清楚，那么第一种有没有什么优点呢？

生：操作更方便。

师：两名同学回答得很好，使用"表格样式"修饰的特点是方便快捷，使用"边框和底纹"修饰更有个性和特色。

环节4：表格修饰的综合应用

师：虽然同学们已经掌握了两种修饰表格方法的操作步骤和特点，但有同学做出的作业效果还不够。请看第一个案例。谁来说一下？

生：这个黄色用得不好，看不清。

师：提炼一下就是——易读优先，美观第二。下一个好案例，它修饰了哪里？

生：它把标题栏做了设置。

师：为什么要修饰那里？

生：因为标题行和标题列是重点，所以做了修饰。

师：没错，除此之外，还把特别的地方标识了出来。于是得到了第二个注意事项——重点处才修饰。接下来的案例也是比较好的，呈现出"色彩搭配合理，整体效果和谐"。还有一般的修饰原则"外框粗，内框细""外框双线，内框单线"。

师：同学们，海珠区是你们学习、成长的地方，它有许多风景名胜，如邓世昌纪念馆、岭南画派纪念馆、孙中山大元帅府纪念馆等。接下来，请你们为"素材3——海珠名胜表"设计一个表格，用所学方法、步骤和注意事项修饰整个表格，并突出显示你最想参观的地方。

师：在做之前，谁来回答"应该制作一个几行几列的表格，为什么？"

生：7行3列。

师：请同学想一想，有几个景点？

生：3个景点。

师：那我们分行介绍景点的话，再加上标题行，到底有几行呢？

生：4行。

师：所以是几行3列呢？

生：4行3列。

师：对了。请继续思考，怎样才能将文字内容移至新表格中呢？

生：复制后粘贴。

师：请注意问题中的关键词叫"移至"，能不能补充一下？

生：剪切后粘贴。

师：没错。请同学们打开素材3——海珠名胜表，完成任务。

学生上机操作（约10分钟）。

师：时间到。谁能分享一下？请你说。

生：我用艺术字、边框和底纹修饰海珠名胜表。我最想参观邓世昌纪念馆，因为邓世昌在甲午中日战争的时候壮烈殉国，是我们的民族英雄。

师：说得很好。还有没有同学想分享的呢？请你说。

生：我用表格样式、边框和底纹修饰海珠名胜表。我最想参观岭南画派纪念馆，那些画家在国画的基础上自创一格，给岭南文化注入勃勃生机。

师：两名同学都做得很好，不仅能修饰好表格，还能表达清楚最想参观的地方。最后，我们一起来做总结，本节课我们学习了怎样修饰表格，在制作完表格后，我们一般先进行编辑，再进行修饰。修饰表格有两种方法：使用"表格样式"修饰快捷、方便，使用"边框""底纹"修饰会更有个性和特色。修饰时要留心"易读优先，美观第二""重点处才修饰""色调搭配合理，整体效果和谐"等注意事项。此外，"设置页面颜色""以图代文"等都可以使制作出的表格清晰易读、美观大方、形象生动。所以，同学们要学会综合运用所学知识，优化创意，实现最佳的表达效果。

【教学反思】

本课的教学，为实现选用合理的手段适度地修饰表格，达到突出显示要点信息、优化整体呈现效果和表达想法的目的，在信息技术学科核心素养培养思想的指导下，通过环环相扣、逐层递进的教学环节，逐个突破教学目标，以思考引领学生操作，培养计算思维；用知识迁移、辨析、协作交流等多种手段帮助学生理解知识的本质特点，促进知识向能力的转化；使用人文素材，创设真实情境，感受地方人文精神，激发学生表达想法的意愿，实现创作实践。

在教学实践中，基本达到预期效果。但仍有一些地方需继续改进和完善：

①本设计对教师的个人素养要求比较高，教师必须更新理念，更加深入地了解信息技术学科核心素养，才能更好地驾驭该课例；②异地教学环境下，学生对素材的使用习惯和探究方法不尽相同，教师需对素材文件和探究资料做更简洁的说明和清晰的任务提示；③在课堂授课中，教师的语言还不够精练，缺乏感染力。

（广州市海珠区新港路小学　张锦东）

《使用矩形、圆角矩形和多边形工具画画》教学课例

【教学分析】

1. 内容分析

《使用矩形、圆角矩形和多边形工具画画》是本单元"几何工具的使用"的第二课时，包括使用矩形、圆角矩形和多边形工具。通过画电视机，学会使用矩形、圆角矩形工具；通过画帆船，了解多边形工具的使用方法；通过建设"海上小岛"，巩固矩形、圆角矩形和多边形工具的使用。

2. 现状分析

学习者是四年级的学生，已经学会使用铅笔、颜色填充、橡皮以及直线、曲线和椭圆工具，对几何工具的使用有一定的认识和掌握。本节课学习"使用矩形、圆角矩形和多边形工具画画"，是学习使用椭圆工具的知识迁移。学生虽已有用椭圆工具画画的经验，但能否根据实际，正确选择工具样式还需要进一步学习与巩固。而多边形工具的使用与椭圆、矩形、圆角矩形工具有所不同，需要学生重新建构知识与技能，以突破难点。

【教学目标】

1. 知识与技能：使学生学会使用矩形、圆角矩形和多边形工具画画。

2. 过程与方法：通过画电视机、画帆船，使学生学会使用矩形、圆角矩形和多边形工具；通过综合练习绘画海上小岛，使学生进一步体会如何根据实际

选择工具样式。

3.情感、态度与价值观：通过绘画几何结构的图画，使学生感受图形世界的美。

【教学重难点】

1.重点：多边形工具的操作。

2.难点：根据实际正确选择工具样式。

【教学方法】

根据"课改"要求和课程目标，本课的学习主要采用依托教材，自学探究法与教师演示法相结合，注重学生的知识迁移。一方面，鼓励学生自主探究后，大胆尝试操作，培养学生的独立学习和分析问题、解决问题的能力；另一方面，讲授教学难点时，采用教师演示法，使学生更直观、更充分地理解知识点。充分发挥"生生互动"，培养协作精神，关注每一名学生。

【教学过程】

环节1：引入主题，复习旧知

（1）引入主题。

① 观察老师的表情，猜猜老师的心情？老师用开心的面部表情吸引学生展开猜想，提出开心的原因并引出课题。问学生：作为小画家，有什么办法实现心愿？

② 学生想出聪明的办法，用电脑绘画软件画一台电视机送给老师。

③ 老师表示十分期待，从而板书题目，带领学生开始本节课的学习。

（2）复习旧知。

① 椭圆工具的使用。三种工具样式，当使用左键画椭圆的时候，看看第一种样式，能画出来怎样的圆？学生回忆旧知，回答画出空心的椭圆。

② 老师提出问题：一个带边框空心的椭圆，它的边框颜色是由什么颜色决定？

③学生继续回忆旧知，回答边框颜色由前景色决定。

④ 老师出示课件，接着提问：边框颜色由前景色决定，那既有边框也有填充颜色的椭圆，我们可以使用哪种工具样式画出来？

⑤ 学生根据线索，回答第二种工具样式可以画出带边框有填充颜色的椭圆。

⑥ 老师进而提出：边框的颜色由什么颜色决定？学生利用知识迁移进行回答。老师归纳：前景色是边框的颜色，背景色是填充的颜色。当我们需要画这样的椭圆时，可以选择这种工具样式。

⑦ 老师课件出示无边框只有填充的椭圆，问：这个椭圆的颜色还是由背景颜色决定吗？提出易错点，让学生注意区分第三种工具样式，知道第三种工具样式的颜色是由前景色决定的。

⑧ 老师出示课件"考一考：画一个黑边灰底的椭圆，你的操作步骤是什么？"学生回忆并回答：先设置前景色为黑色，背景色为灰色。按住左键向斜向移动……教师归纳操作步骤，规范操作顺序：第一步选工具，第二步选样式，第三步选颜色。

教师小结：在本环节中，教师利用肢体语言及面部表情，开始课堂的教学。提出问题，引导学生思考并想出解决的办法，让学生在轻松愉快的氛围中融入课堂学习。使用教学课件，与学生共同回顾椭圆工具的画法与绘画技巧。再次强调上节课容易混淆的知识点：三种工具样式的异同点。总结归纳，提出：根据需要有选择地使用工具样式。用实际例子"画一画"与学生理清画椭圆的步骤顺序，让学生将有限的注意力集中到核心的问题上，为新知识的学习提供有效的支撑。师生一问一答，老师层层递进，以问题引领学生回顾旧知，在复习与归纳中打下扎实的基础。

环节2：循序渐进，探求新知

（1）课件出示电视机的范例，提出两个问题：①用什么工具画出来呢？②哪一个部分使用了矩形工具？学生带着问题观察并思考答案。

（2）老师随着学生的回答思路，继续分析电视机的组成。归纳学生的回答，电视机的外壳与底座都用矩形工具进行绘画。而连接底座与外壳的中间部分，则用到了圆角矩形工具。从而提出今天学习的第一个内容：矩形、圆角矩形工具。

（3）自主探究，完成任务一：使用矩形和圆角矩形画电视机，注意工具样式和前背景色的选择。教师巡视，小组长检查，同桌互助。

（4）展示学生作品，让学生自己说出画法，老师总结并归纳板书。

教师小结："授人鱼不如授人以渔"，引导学生观察并分析范例，用思维来指导行为。利用上一个环节，让学生根据知识迁移的方法，自主探究，自主体验，用自己的话归纳画椭圆的方法与步骤。以学生为主体，关注学生的知识基础，充分考虑他们的最近发展区，为其搭建脚手架，教给他们绘画的方法。

环节3：剖析重点，模仿尝试

（1）老师说最喜欢看帆船比赛，如果电视机能打开就更开心了。学生由此想到在电视机屏幕上画帆船。

（2）老师出示课件，提出问题：帆船由什么形状组成？

（3）学生观察并分析，帆船由三角形和梯形组成。老师随即提出多边形的概念：由多个顶点，以及连接这些顶点的边组成的一个封闭的图形。引导学生观察工具箱中是否有专门的工具画多边形。学生观察后发现新工具：多边形工具。

（4）老师提出本课的学习重点：多边形工具的学习。用教学微视频，演示多边形工具的使用方法。学生观看并剖析画多边形的步骤：多边形有4个顶点，从任意一个顶点A，按住左键拖动到B点，松开左键，这时画出多边形的第一条边。然后移动鼠标到C点，单击左键，画出第二条边。还剩下最后一个顶点D，继续移动鼠标，到最后一个顶点D点处，双击左键，图形会自动闭合。

（5）学生模仿尝试，完成学习任务二：使用多边形工具画帆船。

（6）请操作较熟练的学生上台演示，边演示边说画法。区分三角形与其他多边形之间在画法上的步骤差异。

（7）学生的画法步骤与老师范例的画法步骤有所不同：学生依然使用鼠标拖动的办法，画出一条一条的直线来拼出多边形。而老师讲授的方法是使用单击顶点的方法，新方法更容易定位与闭合图形。

教师小结：多边形的画法是本节课的学习重点，如何将学习重点化繁为简，把握课堂有限的学习时间，教师利用了学习微视频，让学生用直观的方法，深入学习中心，层层递进，步步为营，从概念的构建，到具体操作的指引。在学生示范操作环节中，演示的操作过程与老师讲授的过程有所区别，教师并未加以否定或纠正，而是肯定学生，运用不同的方法，但能达到相同的效果也是可取的，让学生感受"条条大路通罗马"的多样性。

环节4：创作拓展，学以致用

（1）老师展示课件，展开探险之旅，并在乘船出海的过程中发现海上小岛。提出如何建设海中小岛的任务，学生发挥想象回答：植树、建房子……

（2）老师出示范例，布置综合任务：使用矩形、圆角矩形和多边形工具画海上小岛。

（3）学生综合运用所学工具，发挥想象力，建设海上小岛。

（4）教师展示优秀作品，请作者讲述画法，再请学生评价画面的构图及颜色等。

（5）师生共同总结本节所学内容，归纳并板书。

教师小结： 通过三种工具的学习，学生已基本掌握画多种图形的技巧，对于综合练习，很多学生都跃跃欲试。教师设计画"海中的小岛"，提供半成品与范画，降低设计难度，让学生有充足的时间绘画核心内容，发挥想象力进行画面创作，拓展学习空间，学以致用。

【教学反思】

《使用矩形、圆角矩形和多边形工具画画》是广州市信息技术教材第一册第三章第二节中的教学内容。本课主要介绍"矩形"和"圆角矩形"工具的使用方法，虽然是一节新授课，但"矩形"与"圆角矩形"工具的使用方法与"椭圆"工具的使用方法是基本相同的，所以在设计本节课时，可通过复习"椭圆"工具进行知识迁移，学以致用。此外，笔者采用任务驱动法，让学生自主探索、相互交流，共同完成教学内容，培养学生自主学习、举一反三的能力。

在课前的教学设计中，笔者力争做到：以学生为中心，以教师为引导，知识的展现通过学生自己的探究得到，而不是教师的灌输；在教学过程中，尽量激发学生求知的热情、学习的兴趣，让学生积极主动地参与到教学活动中来，能在教师的引导下进行有效的探究活动。在实际教学活动中也基本上实现了这种设计，基本体现了新课程的理念，师生之间进行了有效的互动，通过学生的探究活动，基本完成了本节课的教学目标。联系自己的课堂教学实际，笔者的体会如下：

1. 本课采用任务驱动法，激发学生的学习兴趣。注重与学生的情感沟通，

"亲其师而信其道"——以"我的生日愿望"为主题，设置画电视机、画帆船两个任务，在情境创设时，让学生完成任务以实现教师的生日愿望；而教师则奖励性地带学生出海探险，从而遇到海上小岛，共同努力建设。课堂上，师生互动良好，以"愿望"与"礼物"作为主线，不断拉近师生间的距离，让学生在轻松的氛围下展开学习。

2.通过组长检查、小组评比的方式，及时反馈学生掌握知识的情况。

3.常态课的设计，朴素而扎实。教学环节从易到难，利用复习巩固旧知识，同时为知识迁移——新工具的使用方法的知识建构做铺垫。

4.在本课教学中尚有不足之处：①教学设计流畅性有待提高；②教师语言准确度有所欠缺。

总之，在这堂课的教学中，笔者注重让学生懂得从做中学、从学中做的道理，充分给学生探索、协同学习的机会，通过体验、探究、感悟，得出新的知识，发挥了学生的主动性，同时也让学生掌握了新的学习方法和新的学习形式，让学生真正成为学习的主人！

（广州市海珠区红棉小学　许　晶）

3

第三章

数字化学习与创新

时代在变化，人类社会的学习、工作和生活方式也在不断地发生变化。21世纪，人类已径进入信息时代，信息技术的发展日新月异，互联网和以智能手机为代表的智能终端设备的普及，使得数字化信息触手可及。信息时代，信息技术学科教学的定位和教育理念也应该有所改变。信息技术学科的教学正在从之前注重工具层面的操作技能训练逐步转向关注人的全面发展，提升人的信息素养，提升人们适应终身发展和社会发展的关键能力。《普通高中信息技术课程标准》（2017年版）阐述了数字化学习与创新是关注人与技术的关系，注重数字化环境、资源的运用，体现信息技术对学生学习发展的促进作用，满足数字化环境下学生的发展需求。

第一节　数字化学习与创新素养的内涵

《普通高中信息技术课程标准》（2017年版）提到，数字化学习与创新是指个体通过评估并选用常见的数字化资源与工具，有效地管理学习过程和学习资源，创造性地解决问题，从而完成学习任务，形成创新作品的能力。具备数字化学习与创新素养的学生，能够认识数字化学习环境的优势和局限性，适应数字化学习环境，养成数字化学习与创新习惯；掌握数字化学习系统、学习资源和学习工具的操作技能，用于开展自主学习、协同工作、知识分享与创新创造，助力终身学习能力的提高。

《普通高中信息技术课程标准》（2017年版）对信息技术学科核心素养的内涵进行了解读。其中提到，学习与创新是社会实践的重要内容，是人与生存环境的关系活动。如今，以计算机和网络为基础的数字技术打破了传统的时空界限，创造出一个全新的数字化生存环境，生活于其中的人们就有必要掌握信息时代的技术工具，发展一种全新的数字学习与创新能力。数字化学习与创新主要表现在以下三个方面：其一，数字化学习，即能够识别数字化学习环境的优势和局限，适应数字化学习环境；其二，数字化环境下的问题解决，即有效利用数字化技术工具和信息系统解决生活中的问题；其三，数字化创新，即利用数字化工具创造性地完成任务，形成创新作品，养成数字化创造的习惯。

第二节　培养数字化学习与创新素养的
四种基本方式

数字化学习与创新打破了原有的时间与空间的限制，极大地改变了学习的模式。教育部教师工作司司长任友群教授和华东师范大学杨晓哲博士通过总结数字化学习与创新的案例，分析得出"数字化学习与创新"素养在具体落实过程中具有四种主要的基本方式：基于搜索的探究、基于社交的协作、基于作品的创造、基于项目的挑战。他们认为，将这四种方式分布在两个维度上，一个维度是数字化学习与创新，另一个维度是个体与群体，见图3-2-1。

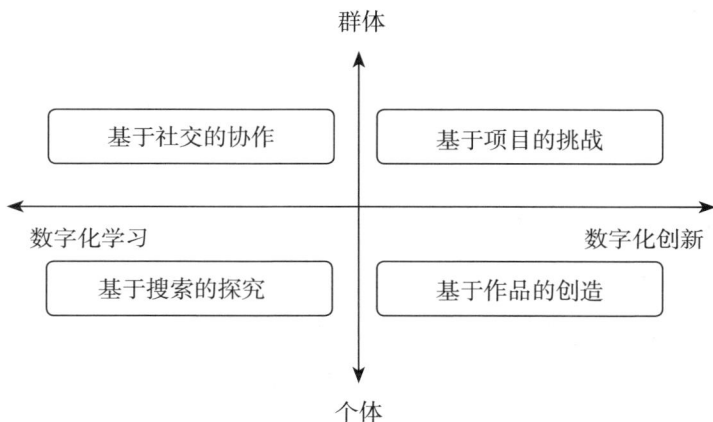

图3-2-1　数字化学习与创新的四种方式

一、基于搜索的探究

数字化环境下，网络资源非常丰富，学习者想要通过自学获得知识、技能已经不是难事。但是，网络上的学习资源良莠不齐，学习资源也不会根据学习者的需求自动出现在学习者面前。学习者要根据自己的需求主动上网搜索和获取资源，还要对获取到的资源进行甄别、筛选，并根据任务或问题进行有效的梳理，再进行学习，从而形成自己的观点和结论，然后才能使之内化为自己的知识，完成学习的过程。

二、基于社交（网络交流平台）的协作

互联网时代，学生对QQ、微信等即时通信软件或者电子邮箱、论坛、贴吧等非即时通信软件、平台的应用已经很娴熟了。学习者在学习中遇到问题，可以通过网络，借助各种通信软件、平台向同伴寻求帮助。学习者也能根据学习需要，组建群组，共同探讨相关的问题。数字化学习方式与传统的学习方式有

很大的不同。学习者的学习可以打破时间、地域的限制，甚至可以实现跨文化的交流。在基于网络平台的交流过程中，也伴随着社交。不仅给学习者带来新的视角与观点，而且促进学习者在某个领域内形成专业的学习共同体。

三、基于作品的创造

学习者根据不同的问题情境或者主题进行需求分析，创造性地提出作品方案，并通过比较、优化、测试等方式不断地改进作品，从而创造数字化作品。在这个过程中，学习者的创新意识和数字化技术运用能力等方面都将得到提高。这个过程，也是学习者不断建构知识的过程。

四、基于项目的挑战

项目学习可以让学习者经历问题解决的全过程。从真实的问题情境出发，开展基于项目的实践过程。突破时空限制的项目组成员通过项目选定、前期调研、方案设计、项目制作、成果交流和评价等环节，相互协作，利用各种数字化学习、交流和创作平台合作完成项目，在团队合作过程中不断地完善解决问题的方案，从而更加深入地在实践中真正实现团队创新。

第三节 基于学生数字化学习与创新素养
培养的教学案例

数字化学习与创新作为信息技术学科核心素养的重要组成部分，不容忽视。国家从课程标准的高度对"数字化学习与创新"素养的概念与内涵进行了界定。作为一线的信息技术老师，要重视培养学生的学科核心素养。通过学科教学，不断提升学生的数字化学习与创新素养，使学生能适应信息时代的要求及终身发展的需要。以下是老师们分享的教学案例，供大家参考与交流。

基于核心素养的信息技术教学设计

——以"组建小型无线网络"为例

【教学分析】

1. 内容分析

本课内容选自广东教育出版社出版的广州市信息技术教科书《信息技术》（初中第一册）第二章第五节《组建SOHO网络》中的第二项内容"组建小型无线网络"，包括组建无线网络的硬件及连接、无线路由器的设置、无线网络的测试等内容。

互联网+时代，一个家庭拥有多台计算机、多部智能手机已是平常事，组建小型无线网络也日趋成为一种需要。本课内容适应了时代发展的需要，教学内容正可以帮助学生解决生活中遇到的问题——如何将多台计算机连接成一个小型的无线网络，如何实现通过一个网线接口将多台计算机都能连接上Internet。

2. 现状分析

本课教学对象为广州市老城区初一年级的学生，学生家里普遍有电脑、智能手机。在此之前，学生通过前几节课的学习，已经具备一些网络的基础知识，掌握计算机网络、局域网、IP地址等概念，了解局域网中的常见拓扑结构，为本节课的学习奠定了基础。

虽然学生家里普遍有电脑、智能手机，但是，如何将这些设备连接成一个小型的无线网络，如何实现通过一个网线接口将多台计算机都接入Internet，初一年级的学生基本还是不懂的。因此，学生对本节课教学内容比较感兴趣。

本课内容操作性较强，要求学生具有较强的动手能力，对于初一年级的学生来说，难度较大。同时，需要为学生准备无线路由器、无线网卡、智能手机等组网设备，还涉及设备的管理问题。有些学校没法提供这些组网设备，有些老师认为这些设备的管理比较麻烦。因此，有些学校直接把这节课当成理论课来讲，不给学生动手操作的机会，甚至有些老师直接把这节课忽略掉。

【教学目标】

1. 知识与技能：让学生认识无线路由器、无线网卡，了解无线网络的特点；初步学会通过"设置向导"对无线路由器进行配置。

2. 过程与方法：让学生掌握组建小型无线网络和设置无线路由器的步骤；体验小组协作学习，共同完成任务的过程。

3. 情感态度与价值观：鼓励学生将所学知识应用到生活中。

【教学方法】

《普通高中信息技术课程标准》（2017年版）对信息技术学科核心素养进行了界定，明确提出信息技术学科的核心素养包括以下四个方面：信息意识、计算思维、数字化学习与创新和信息社会责任。信息技术学科教学正从工具层面的操作技能训练逐渐转向面向人的全面发展，向提升人们学会学习的品质和适应信息化时代的能力迈进。

本课以培养学生信息技术学科核心素养为指导思想，主要有以下四个创新点：

1. 在教学任务的设计中，把"组建小型无线网络"这个大的任务分解成三个小的任务（任务一：连接硬件；任务二：设置无线路由器；任务三：测试无线网络）。渗透了计算思维中"分解"的思想，为学生的学习搭建了一个脚手架，从而减少学生的畏难情绪。

2. 通过教学网站为学生提供学习支持，并且把"通过'设置向导'设置无线路由器"等微课、小组自评等内容集成到教学网站中。学生可根据自己的需要选择相应的微课进行观看，教师也可根据网站上小组的自评了解小组的学习情况。这种方式使学生对数字化学习环境的优势和局限性有了初步的感知，逐渐培养学生适应数字化学习环境，养成数字化学习的习惯。

3. 学生以小组合作的形式完成学习任务，有利于增强学生的合作交流意识。

4. 创设真实的问题情境，引导学生用技术解决生活中遇到的问题。

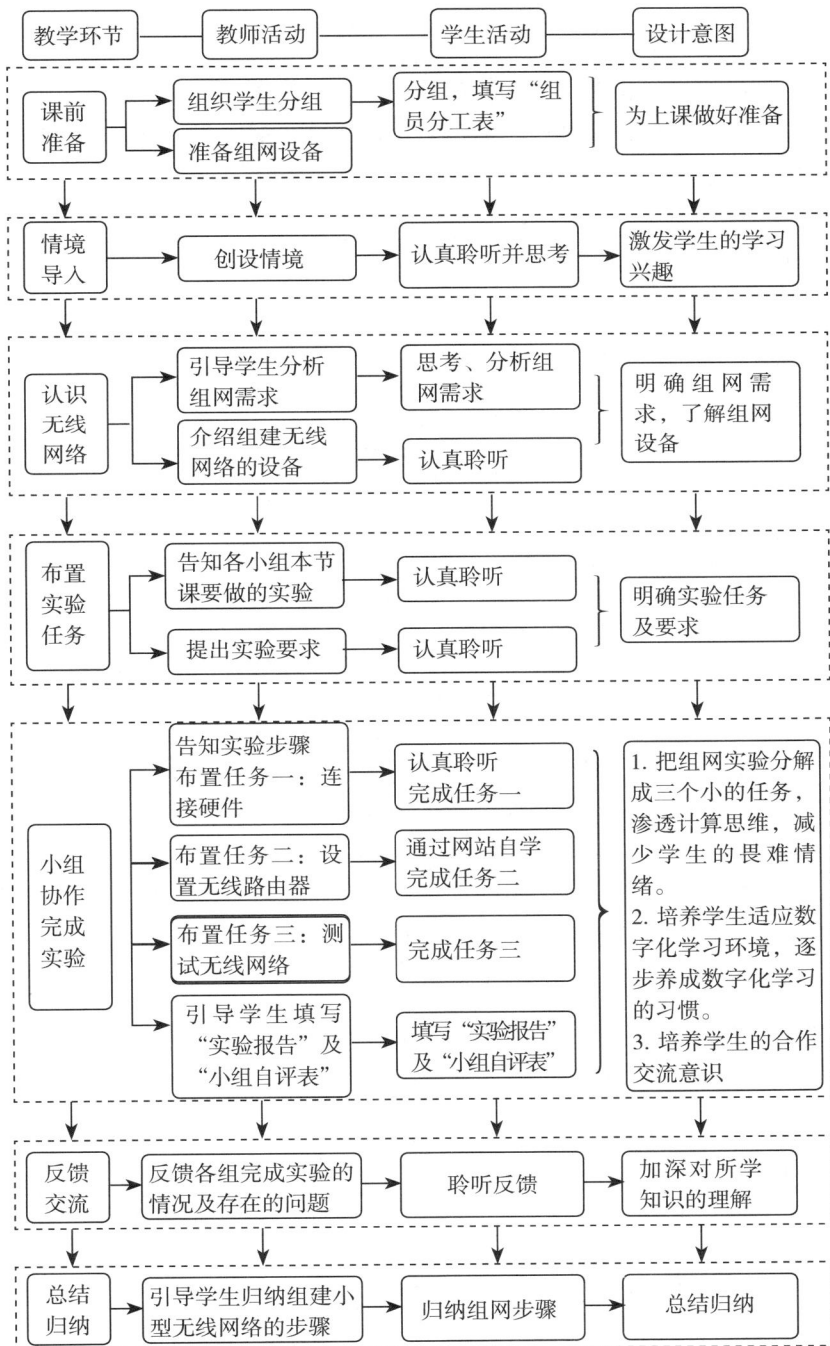

【教学流程】

教学环节	教师活动	学生活动	设计意图

课前准备
- 组织学生分组 → 分组，填写"组员分工表" ┐
- 准备组网设备 ┘ → 为上课做好准备

情境导入
- 创设情境 → 认真聆听并思考 → 激发学生的学习兴趣

认识无线网络
- 引导学生分析组网需求 → 思考、分析组网需求 ┐
- 介绍组建无线网络的设备 → 认真聆听 ┘ → 明确组网需求，了解组网设备

布置实验任务
- 告知各小组本节课要做的实验 → 认真聆听 ┐
- 提出实验要求 → 认真聆听 ┘ → 明确实验任务及要求

小组协作完成实验
- 告知实验步骤 布置任务一：连接硬件 → 认真聆听 完成任务一
- 布置任务二：设置无线路由器 → 通过网站自学完成任务二
- 布置任务三：测试无线网络 → 完成任务三
- 引导学生填写"实验报告"及"小组自评表" → 填写"实验报告"及"小组自评表"

1. 把组网实验分解成三个小的任务，渗透计算思维，减少学生的畏难情绪。
2. 培养学生适应数字化学习环境，逐步养成数字化学习的习惯。
3. 培养学生的合作交流意识

反馈交流
- 反馈各组完成实验的情况及存在的问题 → 聆听反馈 → 加深对所学知识的理解

总结归纳
- 引导学生归纳组建小型无线网络的步骤 → 归纳组网步骤 → 总结归纳

【教学过程】

环节1：课前准备

（1）教师告知学生本课的大概内容。组织学生按6人一组进行分组。

（2）学生分组后进行分工，明确自己的主要任务。项目经理负责填写"组员分工表"（见表3-3-1）。

表3-3-1　组员分工表

组别：第_____组

角色	姓名	主要任务
项目经理		分工、协助组员完成任务，填写"小组自评表"（要求组织协调能力较强）
硬件工程师		连接硬件（路由器）（任务一负责人）
软件工程师		设置无线路由器（任务二负责人）
测试工程师 A		安装无线网卡，测试台式机能否通过Wi-Fi访问因特网（如学校网站）（任务三完成者）
测试工程师 B		测试笔记本电脑能否通过Wi-Fi访问因特网，如学校网站（任务三完成者）
测试工程师 C		测试智能手机能否通过Wi-Fi上网（任务三完成者）

（3）教师准备组建无线网络的设备：10个无线路由器，20张无线网卡，10部智能手机。上课时一个小组配1个无线路由器和2张无线网卡（配合计算机课室电脑，组建无线网络）及1部智能手机。

环节2：情境导入

教师：小明家里原来有1台台式电脑（位置固定）和1个网络接口，能够上网。现在，家里新买了1台笔记本电脑（位置不固定）和1部智能手机（位置不固定），这3个设备需要共享资源，并能够同时接入Internet。怎么办？

学生认真听，并思考如何帮小明解决这个问题。

环节3：认识无线网络

教师引导学生分析组网需求，确定接入因特网的方式是无线网。介绍无线网络的设备——无线路由器、无线网卡。

学生思考、分析组网需求，确定接入因特网的方式，了解组建无线网络的设备。

环节4：布置实验任务

教师告知各小组本节课要做的实验，提出实验要求。展示"组员分工表"。

学生认真聆听，明确实验任务及要求。

环节5：小组协作，完成实验

教师告知学生实验的步骤：连接硬件→设置无线路由器→测试无线网络。

学生认真聆听，明确步骤。

任务1：连接硬件

教师布置任务一（连接硬件）。以小组为单位发放组建无线网络的设备。

学生（硬件工程师）把无线路由器的电源线和网线连接好。项目经理领取无线网卡和智能手机，并发给测试工程师A、B、C，由他们把无线网卡接入两台台式电脑，安装好无线网卡驱程。

任务2：设置无线路由器

教师布置任务二（通过"设置向导"设置无线路由器）。发放"各小组设置无线路由器的相关信息表"（见表3-3-2）。

学生通过学习网站自主学习。根据"各小组设置无线路由器的相关信息表"设置无线路由器，完成任务二。

教师巡视、登记各组完成任务情况。最后请学生演示操作。

学生（教师指定）上台演示操作。

表3-3-2 各小组设置无线路由器的相关信息表

组别	无线网络初始名称	无线路由器管理地址	IP地址	子网掩码	网关	首选DNS服务器	备用DNS服务器	SSID	PSK密码
第一组	TP-LINK_1F040A	192.168.101.1	192.168.3.221	255.255.255.0	192.168.3.254	202.96.128.86	202.96.128.166	g1	12345123
第二组	TP-LINK_73AC90	192.168.102.1	192.168.3.222	255.255.255.0	192.168.3.254	202.96.128.86	202.96.128.166	g2	12345234
第三组	TP-LINK_1F04A6	192.168.103.1	192.168.3.223	255.255.255.0	192.168.3.254	202.96.128.86	202.96.128.166	g3	12345345
第四组	TP-LINK_677BE6	192.168.104.1	192.168.3.224	255.255.255.0	192.168.3.254	202.96.128.86	202.96.128.166	g4	12345456
第五组	TP-LINK_7243A6	192.168.105.1	192.168.3.225	255.255.255.0	192.168.3.254	202.96.128.86	202.96.128.166	g5	12345567
第六组	TP-LINK_73AC34	192.168.106.1	192.168.3.226	255.255.255.0	192.168.3.254	202.96.128.86	202.96.128.166	g6	12345678
第七组	TP-LINK_726BC0	192.168.107.1	192.168.3.227	255.255.255.0	192.168.3.254	202.96.128.86	202.96.128.166	g7	12345789
第八组	TP-LINK_73ACAE	192.168.108.1	192.168.3.228	255.255.255.0	192.168.3.254	202.96.128.86	202.96.128.166	g8	12345888
第九组	TP-LINK_73AC2A	192.168.109.1	192.168.3.229	255.255.255.0	192.168.3.254	202.96.128.86	202.96.128.166	g9	12345999
第十组	TP-LINK_663D4	192.168.110.1	192.168.3.230	255.255.255.0	192.168.3.254	202.96.128.86	202.96.128.166	g10	12345110

任务3：测试无线网络

教师布置任务三（测试无线网络）。

学生测试工程师A测试台式机能否通过Wi-Fi访问因特网（学校网站http：//www.gz5zx.com或者百度www.baidu.com），测试工程师B测试笔记本电脑能否通过Wi-Fi访问因特网，测试工程师C测试智能手机能否通过Wi-Fi上网。

任务4：填写"实验报告"及"小组自评表"

教师指引学生在学习网站上填写"实验报告"（见图3-3-1）及"小组自评表"。

实验报告

一、写出本实验组建小型无线网络的主要步骤。

$$
\text{组建小型无线网络}
\begin{cases}
1.\ \underline{\hspace{3cm}} \\
2.\ \text{设置无线路由器}
\begin{cases}
（1）选择\underline{\hspace{2cm}} \\
（2）打开浏览器，输入\underline{\hspace{1.5cm}}管理地址 \\
（3）选择\underline{\hspace{1.5cm}}方式 \\
（4）输入\underline{\hspace{1.5cm}}地址 \\
（5）输入\underline{\hspace{1.5cm}}号及设置\underline{\hspace{1.5cm}}
\end{cases} \\
3.\ \underline{\hspace{3cm}}
\end{cases}
$$

图3-3-1　实验报告截图

二、本组_____台电脑能访问因特网。

学生填写《实验报告》，项目经理填写《小组自评表》。

设计意图： 把"组建小型无线网络"这个实验分解成三个小的任务，渗透了计算思维，去除学生的畏难心理。同时，任务三的设置又使得学生是否完成任务变得可测量。任务二通过学习网站进行自学使学生对数字化学习环境的优势和局限性有了初步的感知，逐渐培养学生适应数字化学习环境，养成数字化学习的习惯。此外，对小组成员进行明确的分工，使得每位小组成员都必须参与到实验当中。

环节6：反馈交流

教师反馈各小组完成实验的情况及实验过程中存在的问题。

学生认真听反馈，反思实践过程，加深对所学知识的理解。

环节7：总结归纳

教师引导学生归纳组建小型无线网络的步骤（见图3-3-2）。同时，进行德育渗透——不要沉迷于网络。

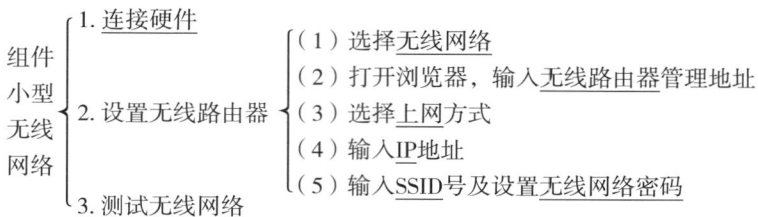

组件
小型
无线
网络
{
1. 连接硬件

2. 设置无线路由器
{
（1）选择无线网络
（2）打开浏览器，输入无线路由器管理地址
（3）选择上网方式
（4）输入IP地址
（5）输入SSID号及设置无线网络密码
}

3. 测试无线网络
}

图3-3-2　组建小型无线网络的步骤

学生总结归纳组建小型无线网络的步骤，对知识形成系统的认知。

【教学反思】

通过小组填写的"自我评价表"及教师巡堂检查，发现课堂教学目标达成度比较高，能够达到预期的教学效果。学生在整个学习过程中都表现得很积极、很活跃。

课堂中，采用小组合作学习的方式，有助于培养学生的合作交流意识。

教师通过创设真实的问题情境，鼓励学生将所学知识应用到生活中，引导学生用技术解决问题，符合《新课标》的理念。

通过教学网站和微课为学生提供学习支持，使学生对数字化学习环境的优势和局限性有了初步的感知，逐渐培养学生适应数字化学习环境，养成数字化学习的习惯。

（广州市第五中学　刘丹蓉）

基于学生数字化学习与创新素养培养的教学设计（一）

——以"'曲线'工具的学习"为例

【教学分析】

1. 内容分析

《动物园探秘——"曲线"工具》是广州市信息技术教科书第一册第一章

《信息王国的小画家》第7课内容，本课的主要知识点是用"曲线"工具画一个弯的曲线和两个弯的曲线。曲线的绘制步骤比较多，需要三步才能完成且退出"曲线"工具的使用，两种曲线绘制步骤相同，但是绘制时拉动线条的方向相反。教材主要是以"动物园探秘"为主线来开展新内容的学习，本节课是学生能否画出灵活生动的数字化作品的关键。

2. 现状分析

学生方面：由于生活条件和家长的教育方式各异，小学生的信息技术水平参差不齐，特别是刚刚接触信息技术课的四年级学生。有一部分学生在家经常接触计算机，有些则是根本没接触过，导致其学习信息技术的能力比较弱、信心也不足。

课本方面：课本提供的有关"曲线"工具的内容比较完整，但是仅仅停留在文字描述上，以静态文字、图片的方式来呈现操作步骤，不如语音解说加动态演示的方式更容易被理解和接受，交互性也不够。

教师方面：教师讲解具体且详细，但对于接受能力比较弱的孩子，则需要教师反复讲解和细致演示。

学生之前所学习的操作都比较简单，一步就能搞定，跟着课本或看一次教师演示，都能较快较好地掌握。但本节课，曲线的绘制步骤比较多，需要三步才能完成且退出曲线工具，因此，对于小学生来说，既有理解上的困惑，又有动手操作的困难。

【教学目标】

1. 知识与技能：学生通过"画轨道"，能进行知识迁移，能设置"曲线"工具的粗细和颜色。

2. 过程与方法：通过微课学习，使学生掌握一个弯和两个弯曲线的绘制步骤。

3. 情感、态度与价值观：通过曲线的绘制，使学生养成认真观察、大胆尝试、举一反三的学习习惯。

【教学重难点】

1. 重点：一个弯和两个弯曲线的绘制方法。

2.难点：曲线绘制的三步骤。

【教学方法】

本课以信息技术学科核心素养的培养为指导思想，主要采取任务驱动教学法，以完善"动物园探秘"作品为任务主线，设计了三个层层递进的任务来开展教学：任务一为"画轨道"，回顾旧知，任务简单，以此增强学生学习的成就感，同时为新知做铺垫；任务二为"画山洞"，学习新知，提供了微课1供学生们自主学习，通过新旧知识的对比学习，提高学生掌握新知的速度，解决学生对"曲线"工具认识和动手上的困难。任务三为"画小河"和完善作品，提供了微课2带领学生学习，通过两种曲线的对比，巩固所学的知识。

【教学流程】

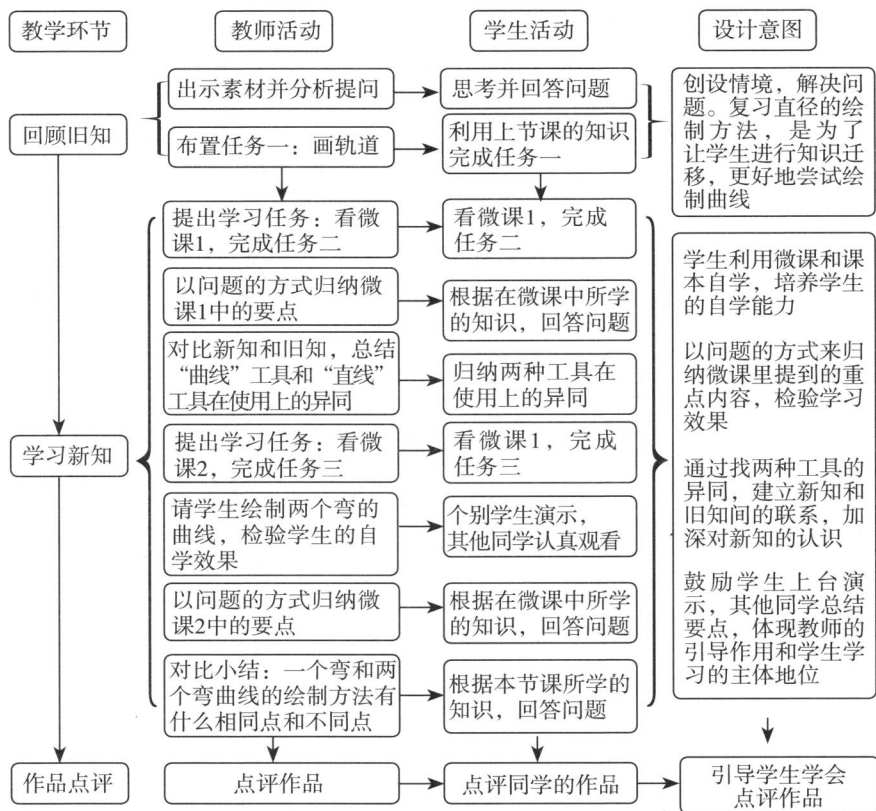

【教学过程】

教学环节	教师活动	学生活动
回顾旧知	**一、提问** 1.上学期春游我们去哪里了？ 2. 木棉仔去了动物园后，画一幅"动物园探秘"的图，如下图，他还有哪些地方没画好啊？ 3. 利用我们之前学过的工具，可以把哪里画好？ 学生作品	1.学生齐答：长隆野生动物园 2.绝大部分学生举手，能快而准确地说出图中还没画好的部分，并且跃跃欲试，兴趣浓厚 3. 学生G4回答可以用学过的"直线"工具画好火车轨道。
学习新知	**二、一个弯曲线的绘制** 1. 布置任务一：请画小火车的轨道，画好的小组到黑板上打钩 2. 新知学习：打完钩，请看微课1，完成任务二：画山洞 3. 播放好听的音乐渲染气氛，并进行学法指导 （1）提醒学生可以借助微课1或课本辅助学习 （2）有疑问可以小组内相互讨论，交流解决问题的方法 4. 根据微课1，解决问题 （1）画直线轨道前你做了哪些选择，画画时几步就能画出一条直线？ （2）画山洞用了什么工具？（师板书）	动手完成任务一：画小火车的轨道。 B组最先完成 完成任务一的小组开始利用微课1自主学习，完成任务二 C组最先完成任务二 A2同学看书学习，但没有注意起点、终点，所以山洞没画成功，最后在小组长的提醒下，看微课学习，终于画出完美的山洞 回答问题 A5同学回到画轨道前选择了工具、粗细和颜色。 全班齐答，画直线用了1步 全班齐答：画山洞用"曲线"工具

教学环节	教师活动	学生活动
学习新知	（3）画前做了哪些选择？需要几个步骤？	C4回答画前三选：选工具、选粗细、选颜色 A2概括步骤，说了第1步画直线。C2补充第2步是拉动直线、第3步也是拉动直线
	（4）两次拉动操作是为了什么？	D2回答第一次拉动决定曲线弯曲的方向，第二次拉动决定曲线弯曲的大小
	5. 出示表1，对比小结："曲线"工具和"直线"工具在使用上的异同。（同：画前三选；异：步数不同）	观看图表，加深认识

"曲线"工具和"直线"工具在使用上的异同

工具	"直线"工具	"曲线"工具
效果图	画轨道	起点 ⟶ 终点　在直线的同一侧向外拉
画画前	三选：选工具、粗细、颜色	
画画时（步数）	一步搞定（按住鼠标左键拖动）	三步缺一不可（画→拉→拉）

三、两个弯的曲线的绘制

教学环节	教师活动	学生活动
	1. 新知学习：请看微课2，完成任务三画两个弯的小河，且给你的动物园再画上一两样东西吧。 学法指导：可以先看微课2学习；有疑问可以小组内相互讨论，交流解决问题的方法	完成任务的小组开始利用微课2进行自主学习，完成任务三。 B组最先完成任务
	2. 请学生演示画小河	观看C4同学的演示
	3. 根据微课2，解决问题	回答问题
	（1）如果在不同侧拉两次直线，会画出什么样的曲线呢？	E1同学说可以画两个弯的曲线
	（2）反方向拉动直线时，第一个弯会怎样？	G2同学说第一个弯会回缩

续 表

教学环节	教师活动	学生活动
学习新知	4. 对比小结：利用动画演示两种曲线绘制的过程，提问：谁来说说一个弯和两个弯曲线的绘制方法有什么相同点和不同点？	D3回答相同的地方都需要三个步骤。A1回答不同的地方在于拉动的方向不同，一个弯的曲线是在直线的同一侧拉动，两个弯的曲线是在直线的不同侧拉动
作品点评	与学生一起点评作品，老师先来做示范，随机抽取12号同学的作品，点评其好的地方在于用了下节课要学的工具画了机器人，自主学习能力强。但是没有用上这节课的知识，提醒大家要多多巩固和使用本节课的工具来创作	G4同学点评31号的作品，桥很有特色，中间宽，两边窄。还画了鱼，虽然不像，但已经很努力地尝试了
		D5同学点评了7号的作品，画了五彩的桥，很漂亮，还用"曲线"工具给屋子画了表情：弯弯的眉毛和嘴巴
		A1点评了40号同学的作品，蘑菇形的屋顶画得很逼真！还用"曲线"工具画了很多小草

【教学反思】

本次课是在不断推敲、修改、尝试的基础上完成的，教学效果比较理想，在以下方面处理得比较好：

1. 在教学环节上认真构思，设计三个层层递进的任务，环环相扣，引导学生学习新知。

2. 为了突破曲线操作上的难点，笔者预先准备了微课，并把微课分成两部分，让学生进行自主学习，再通过问题引导、对比总结的方法带领学生突破重难点。

3. 最后通过学生互评、教师点评的方式找出学生的亮点，让学生学会点评，同时起到鼓励学生的作用。

当然，本课也有一些不足的地方，如笔者的教学语言还要多加锻炼，力求做到深入浅出、抑扬顿挫，多鼓励学生。

在今后的教学中，笔者会发扬优点，注意和改正缺点。

（广州市海珠区逸景第一小学　陈玉妹）

基于学生数字化学习与创新素养培养的教学设计（二）

——以《如何调用电子表格中的图表与数据》为例

【教学分析】

1. 内容分析

本课内容是广东教育出版社出版的广州市信息技术教科书《信息技术》初中第二册第一章《数据的分析与处理》第五节《如何调用电子表格中的图表与数据》。

本课的主要内容包括：①学会在Word文档中插入Excel图表；②理解邮件合并的操作要求、原理及步骤；③学会使用邮件合并完成奖状、成绩通知单等文档的制作。

2. 现状分析

已有的教学设计中，Excel电子表格的操作教学主要是采用案例教学法，结合教师讲授和演示，通过任务驱动展开教学，逐步让学生了解和掌握处理信息和应用信息的能力。

存在两个问题值得关注：①Excel每周1课时，上课间隔时间长，学生容易遗忘操作细节及函数公式，这容易导致学生学习的挫败感，不利于激发学生学习的积极性和兴趣；②课堂中碎片化的知识点需要形成系统知识架构，需要不断复习以巩固知识。

【教学目标】

1. 学生通过观看微课自主探索完成复制、插入图表到Word文档中，掌握调用图表的两种方法，了解两种方法的特点与区别，在解决实际问题时能够做到灵活选择。

2. 通过观看微课学习，使学生自主探索运用邮件合并的方法调用数据完成班级奖状制作，掌握邮件合并的操作步骤，提高信息处理效率，提高文档综合运用处理能力，加深对Word与Excel文档处理的认识，感悟文档处理的强大功能。

3. 使学生通过交流讨论与分析，理解并能说出邮件合并的操作要求与原理，提升学习分析总结能力。

【教学方法】

1. 通过微课培养学生的数字化学习素养

微课教学可以突显学生的主体地位，利于学生构建知识。微课着重于"微"，微于时间，微于知识点，形成的是小知识点的模块教学，是传统课堂授课方式的重要补充形式。微课教学，可以放在课前让学生自主学习，这能够极大地提高学生自主学习的能力，理解新知，为课堂学习打下基础。微课视频时间短，内容精细浓缩，便于学生随时随地借助手机、平板等智能移动终端，利用碎片化时间进行学习。我校全面铺开智慧课堂，学生均有平板电脑，教师可以通过平板电脑推送微课，学生课前观看微课进行学习，扩展时间、空间的互动教学。

Excel是一个效率较高的数据处理工具，调用Excel图表与数据是对Excel和Word的综合运用，对提高学生文档处理能力有重要作用。在信息技术课程中，Excel课堂教学相对枯燥并有一定难度。本文以《如何调用电子表格中的图表与数据》为例，探索通过微课培养学生的数字化学习素养。

（1）课前：通过平板向学生推送微课视频，帮助学习养成自主学习的习惯，为课堂深层次学习打下基础。教师可以通过平板，随时查看了解学生预习的情况。

（2）课中：通过两个简单的教学例子进行技能学习。对比文本与图表的表现方式引出课题，用任务驱动的方式，结合微课学习，学生自主探索完成调用图表和调用数据制作班级奖状，掌握调用图表和数据的操作方法。制作班级奖状的例子能够调动学生学习的积极性，引导学生根据教学任务和教学思路完成Excel制作，通过简单、快速的操作，使大量复杂的工作得以简化完成，当全班获奖证书快速整齐地出现在学生们面前的时候，学生就会惊叹Excel数据处理的强大，进而对Excel产生强烈的学习兴趣，学生在学习的过程中比较有主动性。

（3）课后：将课后拓展内容推送到平板上，学生可在课后共同研究、探索拓展、延伸题目，也可使用平板随时查看、复习微课知识内容，巩固所学知识。

2. 以学生为中心

课堂教学是师生交互、生生交互、共同发展地可促进教与学有机统一的过程。"教师是课堂的引导者""学生是学习的主体""学生教学生""教是为了不教"等思想都是关注学生综合素养、终身发展的具体体现。本文注重以学生为中心，突出学生的主体地位，邀请学生代替教师进行操作演示和讲解，创设自主学习的环境氛围，促进学生愉悦学习信息技术课程，提高课堂的教学效率。

【教学流程】

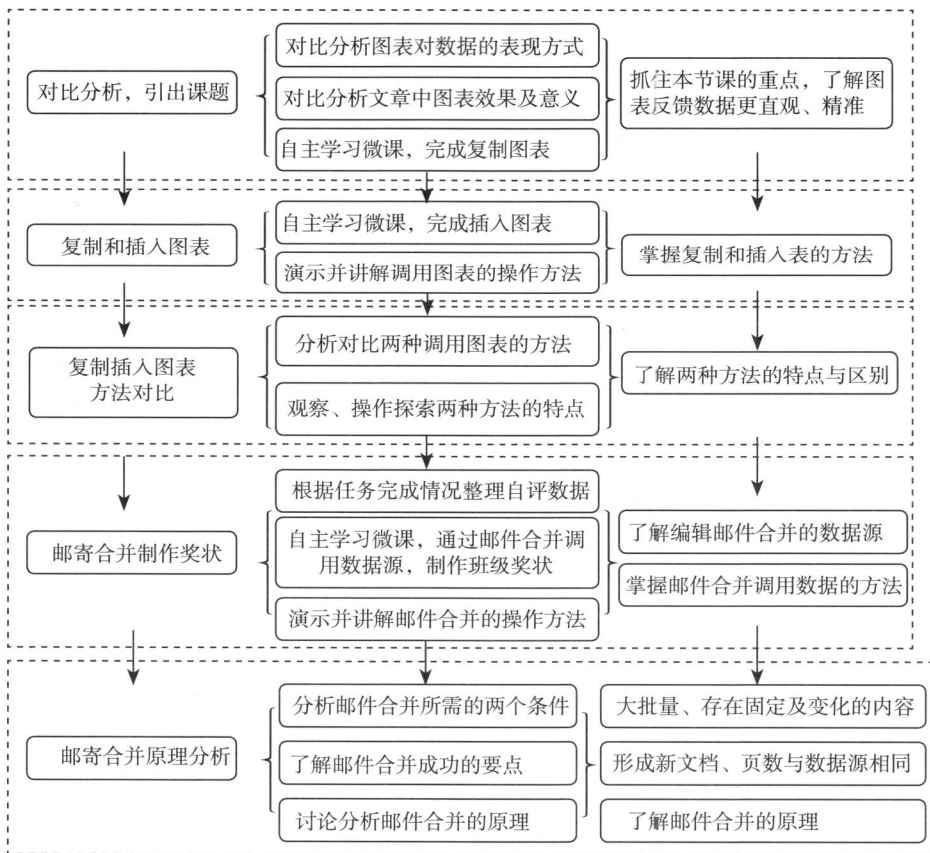

【教学过程】

环节1：对比分析，引出课题

学生明确学习内容和目标，有意识地开展学习，这会极大地提高学习效率。

通过对比分析，学生了解文档中添加图表后，文档内容更丰富、更有说服力。

教师展示课题标题，请同学们说出题目的三个关键词。

学生调用图表、数据。

教师展示文字、表格、图表并提问：以下是校运会人员参与统计数据，在以下文字、表格、图表三种数据表现方式中，哪一种表现方式能最快看出人数以及占比率？

学生回答：通过图表（饼图）能最快看出。

教师：通过对比可以看出，图表对数据的反馈更直观。

教师展示文章，左边文章中红色文字描述了"校运会参与竞技与服务人数创新高"，右边文章中对红色文字内容添加了数据图表，你更喜欢哪一篇文章，更相信哪一篇文章内容？

学生回答：第二篇文章，添加了图表，内容丰富、直观。学生抓住本节课的重点，通过对比分析，在文档中调用图表，可以让文档内容更丰富、更精确、更直观、更有说服力。

环节2：学会复制和插入图表

学生通过自主学习完成复制插入图表操作，学会插入图表的方法。学生代替教师讲解并演示操作，有助于培养学生的自信心，体现以学生为主体的课堂教学结构，实现学生教学生的自主学习模式，把课堂更多的时间用于学生活动。

教师介绍调用图表的两种方法：复制图表和插入图表。

教师介绍右边文档中红色字体描述了2011届学生长跑圈数超过了近3年的学生，已经有了长跑圈数数据统计，如何添加数据图表对比更能突显2011届的数据超越其他年级呢？上节课已经学习过可以添加用于数据对比的条形图，请同学们参考微课和任务卡，完成插入图表操作。

学生观看微课视频，参考课本，将Excel中原有图表复制到Word文档中，并调整图表的大小、位置和文字环绕方式，使文档看起来更美观。完成复制图表后，打开Word文档，完成插入图表操作。

学生按步骤演示并清晰讲解，复制、插入图表的操作过程，"复制图表"→"粘贴图表"，调整图表属性，"插入图表"→"设置数据源"→"设置坐标数据"→"添加标题"。其他学生观看复制插入表3-3-3的操作过程。

表3-3-3　复制、插入图表情况分析

内容	复制图表	插入图表
大小	√	√
位置	√	√
文字环绕方式	√	√
数据	×数据不同步	√
图表类型	√	√
图表标题	√	√

环节3：复制插入图表对比

教师带领学生试过两种调用图表的方式，同学们根据操作思考：对比复制图表与插入图表的特点，以下哪些项目还可以继续进行编辑的？

学生回顾思考对比两种调用图表的方法，回答如下：复制图表只能修改大小、位置、文字环绕方式；插入图表，则能修改大小、位置、文字环绕方式、数据、图表类型、因表标题六项。

学生演示操作，尝试修改复制图表的数据、标题、类型。学生亲身观察、操作得出：可以修改标题和类型，修改数据后，数据与图表不同步。

教师引导：从该学生的实践操作发现，可以对复制图表修改类型、标题、数据，修改数据后与图表不同步，不建议修改。通过对比两种调用图表的方法，学生可以根据个人需求，灵活选择调用图表的方法进行文本处理。

环节4：邮件合并制作奖状

本环节要求学生对本节课完成任务的情况进行自评，将自评分作为荣誉证书的数据源，学生参考微课，自主探索完成班级奖状制作，初步学会邮件合并的方法。达到教学目标2，为突破难点做铺垫。

教师引导：如果要求你现在帮忙制作全班48名同学的荣誉证书，已经有荣誉证书的文字模板，你通过什么途径完成证书？预计要多长时间？

学生：手写每一名学生的名字或者录入电脑打印，预计需要30分钟。

教师：我有一个更快捷的方法，同学们可参考微课视频以及任务卡，尝试使用邮件合并的方法，5分钟之内完成班级奖状的制作，制作成功后，保存文档，上传作业到教师端。

学生观看教师制作的微课视频，参照并自主操作，初步探索邮件合并的操作方法。

教师展示学生作品，颁发学生制作的奖状，邀请学生讲解演示邮件合并的操作步骤。

学生演示并讲解邮件合并的步骤和方法，首先录入个人自评成绩，做好数据源，在Word证书中选择"邮件""选择班级列表""插入合并域""合并文档"等操作完成邮件合并。

环节5：分析总结邮寄合并原理

抛出问题串，引导学生分析邮件合并的条件，为突破难点做铺垫。并且引导学生进行小组讨论，总结出邮件合并原理和两个成功要点，对学生进行学习总结有提升作用。达到教学目标3，突破本节教学难点。

教师提出问题串：邮件合并最初缘于邮件处理而命名，邮件数量上多还是少？对比信封与荣誉证书，文档中哪些文字可填写可变化？哪些是不填写且固定不变的？

学生回答：数量大，批量化。如"收件人姓名""地址""日期""证书文字内容"等不可变化。姓名、详细地址、班级学号、总分等内容是可变化的。

教师提问：分别从数量和文字上思考邮件合并需要哪两个条件？

学生回答：数量上是大批量的，文档内容有固定与可变的部分。

教师回顾制作邮件合并的操作过程，提问：你能说出合并的两个成功要点吗？

学生回答邮件合并成功的要点：生成一个新文档，并且右下角显示班级人数的证书页面，可将新文档另存为个人文件。

教师：邮件合并能够帮助我们提高处理文档的效率，你能说出邮件合并的原理吗？

学生根据教师提出的问题，小组之间讨论分析总结邮件合并的原理。

> 1. 制作荣誉证书前，需要提前准备哪两份文件？
> 2. 哪一份负责准备数据？哪一份负责准备主文档（信封）？
> 3. 哪一份文件的内容是可变化的？哪一份文件内容是固定不变的？
> 邮件合并的原理：在（　　）文件中制作（　　）的内容作为主文档，在（　　）文件中录入（　　）的内容作为数据源，通过邮件合并，在主文档中调用电子表格中的（　　），自动化、（　　）、（　　）生成完整的正式文档。

图3-3-3　邮寄合并的原理

学生小组代表说出邮件合并的原理：在（Word）文件中制作（固定不变）的内容作为主文档，在（Excel）文件中录入（可变化）的内容作为数据源，通过邮件合并，在主文档中调用电子表格中的数据，自动化、批量化、快速生成完整的正式文档。

环节6：总结归纳及作业布置

通过总结归纳回顾本节所学要点，加深所学知识与技能，再次重温本节课所学知识点。

教师展示PPT总结归纳，本节课学会了调用电子表格中图表的两种方法，学生在日后学习生活中，可以根据个人需要，选择不同的调用图表方法。通过邮件合并调用Excel数据快速高效完成制作班级奖状，学会调用数据的方法，提高处理类似文档的操作效率。

请学生说一说操作中的感悟。

学生说出调用图表与数据的感悟：①插入图表时，注意选择所需数据，根据需要切换行、列数据；②邮件合并在插入合作域后，注意需要点击"完成合并"生成一个新的文档。

作业布置：作业拓展要求学生课后合作探索研究制作班级成绩单。学生课后讨论拓展任务，再次巩固提高本节课所学的知识与技能。通过作业拓展，学生运用本节课所学技能解决实际问题。

【教学反思】

基于微课与学生讲授相结合的课堂教学，从信息技术核心素养出发，关注学生学习中的问题，设计主题和学习活动，提高学生信息技术综合技能，教学效果良好。

从课堂表现情况来看，巧用微课引导辅助，邮件合并过程中，个别学生漏掉一些操作步骤导致不成功的现象，课堂中安排学生进行讲解演示，结合同学之间的互助协作，帮助学生解决问题，更好地掌握调用数据和图表的方法。

本课题是对Excel与Word的学以致用，课本中调用图表的教学例子较枯燥，可以多尝试使用学生身边的案例进行教学，有助于提高学生的学习兴趣。

学生在分组讨论分析邮件合并原理的过程中，讨论不够积极，未能通过讨论准确说出邮件合并的原理，经过课后学生访谈发现讨论时间过短，未能分析到位，改善措施是教师可提炼关键词进行点拨。

（广州市海珠外国语实验中学　颜凤珠）

VBA 和微课应用于初中 Excel 课堂教学的研究

一、研究背景

《广东省义务教育信息技术课程纲要》（2016年修订版）中提出，评价的方法多种多样，各地应根据自身具体情况，选择适当的评价方法，鼓励、倡导教师发挥主观能动性创新评价方法。此外，还提到课程的基本理念之一是，面向全体学生，为学生的发展奠定良好的基础；面向全体学生，还应关注学生在学习信息技术课程方面的个体差异。

目前，初中信息技术教学中普遍存在同一个班的学生信息素养参差不齐，教师较难照顾到每名学生的现象。从每学年对刚入学的初一新生进行问卷调查可知，有的小学有专职的信息技术老师，有的小学没有专职的信息技术老师；有的学生从小就接触电脑，对电脑的基本操作较熟练，而有的学生平时很少使用电脑，甚至家里没有电脑，动手能力不强，对新知识的接受有一定的困难等。这些都是导致学生信息素养参差不齐的原因。

初中Excel课堂教学中，学生水平参差不齐，教师因此无法照顾到每名学生的现象更为严重。Excel属于应用软件，操作性比较强，对教学效果的评价主要看学生是否掌握了操作技能。传统Excel课堂教学中，知识、技能传授一般采用讲解、演示、练习的模式。即先由教师根据教学重难点，将知识点进行分解，通过讲解、演示的方式传授教学内容，再由学生进行操作练习。这种教学模式有以下不足：其一，学生的信息素养存在较大差别，导致信息技术课堂两极分化现象较为严重；其二，教师讲解、演示时学生能够听明白，但自己实际操作时仍会出现不会做的现象。但是，因课堂时间有限，教师较难顾及全体学生，也不可能反复多次进行演示操作。因此，如何能够在有限的课堂时间内了解全体学生的操作情况，并且使得全体学生都能得到指导和提高，成为摆在初中信息技术教师面前的一个难题。

笔者通过实践，探索出利用VBA测评程序和微课可以有效地解决以上难题。VBA测评程序实现了即时评价，解决了在课堂上实时、全面了解学生操作情况的问题。微课的使用，改变了传统课堂的教学模式，通过信息技术辅助手段来完成知识传授，解决了在有限的时间内难以照顾到学生个体差异的问题，同时，教师不用反复演示操作过程，大大减轻了教师的负担。

二、VBA、微课以及它们的优势

1. VBA及其优势

（1）VBA。

VBA是在Visual Basic的基础上发展起来的，专门用于Microsoft office系列软件（如Word、Excel等）的内置编程语言。用户可以利用VBA语言编写出具有特定功能的宏，并在Word、Excel等这些常用的Office系列软件中加载运行，完成某项特定的任务，使一些文档处理工序变得自动化。

（2）VBA的优势。

利用VBA编写带宏的Excel文件，来实现对Excel课堂教学的即时评价，主要有以下几个方面的优势：

① 简化程序设计的过程。VBA测评程序是"寄生于"Excel应用程序上的，因此，Excel的一些基本功能和函数等都可以在VBA中直接使用。

② 可以利用网络与数据库的功能。Excel能够使用几乎所有类型的数据库，能够对数据库中的数据进行访问，这样，可以将每名学生的评价结果写入数据库进行汇总。同时，教师和学生可以随时方便地查看汇总结果。

③ 使用方便。宏的执行可以指定给按钮、图形或快捷键。因此，当需要进行评价时，只要单击Excel中的相应按钮、图片或按指定的快捷键即可。

2. 微课及其优势

（1）微课。

微课的创始人胡铁生老师认为，微课又名"微课程"，是"微型视频网络课程"的简称，它是以微型教学视频为主要载体，针对某个学科的知识点（如重点、难点、疑点、考点等）或教学环节（如学习活动、主题、实验、任务等）而设计开发的一种情境化、支持多种学习方式的在线视频课程资源。

（2）微课的优势。

① 微课内容短小精悍、使用方便、能够满足碎片化学习的需要；②微课可重复使用，应用面广。微课尤其适用于Excel这种操作性比较强的应用软件课中，教师可以把演示操作过程录制成一个微视频，供学生需要时观看，避免了占用课堂时间来反复演示操作；③微课表现形式丰富多样，能够充分发挥多媒体视觉和听觉的吸引力。

三、理论基础

1. 建构主义理论

建构主义认为学习是一个社会性的活动，在活动中儿童需要对他们所看到的与他们所认为的加以比较和对比，从而不断地修正和完善自己的认识。那么如何给予反馈，让学生来修正自己的认识、修正自己学习的不足呢？需要提供即时评价，可以利用试题来检测教学目标（尤其是当堂课）达成情况，教师可以即时调节授课方式、方法、重难点，让教学更有效。

2. 细化理论

细化理论的最早提出者是瑞格卢斯，其根源在于奥苏贝尔的顺应以及先行组织者、诺曼的网状学习理论以及布鲁纳的螺旋形课程；该理论认为最初呈现的一般概念或简化结构就相当于ET中的概要，而周期性地使概念逐步达到更复杂的形式则相当于ET的不同的细化等级；在细化理论的指导下，微课将复杂的知识内容和教学过程分解成若干单一主题、知识颗粒和知识点，使知识难点得到分解，教学过程变得便捷深入，即知识呈现出碎片化，教学过程变得解析化。

四、研究目的及对象

本次研究的目的在于编写VBA测评程序和开发一系列微课，探讨Excel课堂教学中VBA测评程序和微课的运用，观察VBA测评程序和微课在初中Excel课堂教学中的应用效果，最终实现以评促学，提高课堂教学效率。

研究对象选取了本校2014学年初二级6个班的学生，见表3-3-4。

表3-3-4　研究对象信息

组别	班别	人数	层次	是否应用VBA	是否应用微课
控制组	（1）	36	重点	否	否
	（3）	51	普通	否	否
实验组（一）	（7）	36	重点	是	否
	（4）	51	普通	是	否
实验组（二）	（8）	51	重点	是	是
	（5）	37	普通	是	是

五、研究过程

1. 第一轮行动研究

（1）计划。

① 研究时间：2010年6月至2014年8月。

② 研究内容：广东教育出版社出版的《信息技术》初中第二册第1章《数据的分析与处理》（教材选用的是Excel软件）。

③ 目标：A. 开发一套具有"自动批阅""统计分析"等功能的Excel VBA测评程序。笔者从2010年6月开始进行VBA测评程序的开发，并于2011年2月开始应用于Excel课堂教学至今。2013学年，广州市初中信息技术教材改版，笔者也对VBA测评程序进行二次开发，以适合新教材的使用。B. 开发与广东教育出版社出版的《信息技术》初中第二册中的第1章《数据的分析与处理》内容相配套的系列微课。

（2）行动。

①笔者针对《数据的分析与处理》（Excel）这一章的教学内容开发了具有"自动批阅""统计分析"等功能的"VAB测评程序"，并对程序进行测试、修改、完善。该测评程序在2014年10月举办的广州市中小学信息技术学科教学资源评比活动中荣获"小学、初中、高中教育教学工具类软件系统"二等奖。

② 开发与《数据的分析与处理》（Excel）内容相配套的系列微课。

（3）反思与总结。

① 在这一阶段的研究过程中，笔者发现，研究之初（2010学年之前），

在Excel 课堂教学中，使用VBA测评程序非常罕见，但随着笔者参与的课题研究的深入和推广，越来越多的学校使用VBA测评程序。目前，在笔者所在的区已经普及了，课题组开发了很多VBA测评程序并共享，越来越多的老师懂得利用已有测评程序进行二次开发。2013学年，广州市使用新教材后，几乎找不到针对新教材的VBA测评程序。因此，笔者针对新教材开发新的Excel VBA测评程序，具有较重大意义。

② 开发出来的微课视频，画面清晰，声画同步，运行流畅。

2.第二轮行动研究

（1）计划。

① 研究时间：2014年9月7日至2014年12月6日。

② 研究内容：将第一轮研究开发出来的"VAB测评程序"和微课在初中Excel课堂教学中实施应用，具体计划见表3-3-5。

表3-3-5 教学实施计划

章节	课题名称	教学周（时间）
第1章第1节	认识电子表格	第2周 （2014年9月7日至2014年9月13日）
第1章第2节	用电子表格计算	第3～4周 （2014年9月14日至2014年9月27日）
第1章第3节	修饰与打印电子表格	第6周 （2014年10月5日至2014年10月11日）
第1章第4节	用电子表格分析数据	第7～8周 （2014年10月12日至2014年10月25日）
第1章第5节	用电子表格制作图表	第9周 （2014年10月26日至2014年11月1日）
第1章第6节	电子表格图表与数据的应用	第10～11周 （2014年11月2日至2014年11月15日）
第1章	Excel专题复习——格式编辑	第12周 （2014年11月16日至2014年11月22日）
第1章	Excel专题复习——数据运算	第13周 （2014年11月23日至2014年11月29日）
第1章	Excel专题复习——数据管理	第14周 （2014年11月30日至2014年12月6日）

③ 目标：验证上一阶段开发出来的"VAB测评程序"和微课应用于初中Excel课堂教学的实际效果。

（2）行动。

把上一轮研究开发出来的"VBA实时测评程序"和微课在实验班，即初二（7）班、初二（4）班和初二（8）班、初二（5）班进行课堂教学实际应用，验证它们在初中Excel课堂教学中的实际作用。

（3）观察。

下面以其中的一节课——《用电子表格制作图表》（该课在2014年××区中学第四届"××杯"课堂教学评比活动中荣获初中组信息技术学科一等奖）为例，来说明听课人员的课堂观察结果。

评委及听课老师认为本节课的亮点之一是VBA测评程序和微课的应用。这两者的配合使用，可谓完美。解决了传统Excel课堂中对操作技能无法即时评价和教师反复演示操作，课堂教学效率较低，无法照顾到全体学生的问题。课堂上，学生不仅能通过VBA测评程序得到即时反馈，还能在知道操作错误或者忘记操作要点后，根据自己的需要选择相应的微课视频观看学习。教师也不必重复演示操作，大大提高了课堂效率。

① "VAB测评程序"实现课堂即时评价，较好地实现"以评促学"。

"VAB测评程序"运行稳定、快速，师生在课堂上通过单击文件中的按钮这样一个简单的操作，便能即时得到反馈，实现了Excel操作技能的自动批改，并能自动进行统计分析，为教师即时调整教学做出重要参考，达到了预期的效果。

② 微课解决了传统Excel课堂中，教师要反复多次演示操作过程，无法照顾到所有学生，课堂效率不高的问题。

授课教师在课前针对本节课的各个知识点开发了微课。课堂上，学生在"VAB测评程序"反馈操作结果之后，能够根据自己的情况选择相应的微课视频进行观看学习，然后再进行改错。

微课中使用鼠标单击、画红色圈圈、字幕及适当的声音进行提示，学生不仅可以直观地进行学习，还能随时根据自己的需要进行快进或者暂停，也能还原教师操作的细节，有利于学生快速地掌握操作技能。微课的使用，使得学生在课堂上遇到操作问题时，不再只依赖教师的演示操作，还能通过观看微课视频来解决问题，这样不仅能大大提高课堂的效率，还能很好地照顾到各个层次的学生。

（4）反思。

通过课堂观察结果不难发现，应用"VBA实时测评程序"和微课于初中Excel课堂教学中得到了老师们的肯定，能够解决传统Excel课堂中不能对学生操作进行即时评价和课堂效率不高的问题，有较高的应用价值。

六、研究结论

1. 运用VBA测评程序

运用VBA测评程序，可即时反馈评价结果，实现课堂上面向全体学生的评价，充分发挥评价对教学的激励、诊断和促进作用。

（1）能提高学生学习的效果。VBA测评程序不但能快速实现学生课堂练习全员评改，还可以结合数据分析手段，判断哪些学生、哪些知识点需要教师特别关注，及时干预，在局部实现了教学的"精确化"，使学习效果得以提高。

（2）能加快学生的学习进程。VBA测评程序对于学生的作答给出了明确的正、误提示，一方面避免了学生因"错而不知"产生误解，影响之后的学习；另一方面它又使有错的学生专心改错，学习逐步迈进"零错误"时代，课堂上与学习无关的违纪现象会因此减少。

（3）能减轻教师的工作负担。VBA测评程序的成功运用使以前一直以"人工"方式批阅练习的教师从工作重负中解脱，且对学生的技能掌握情况了解得更全面，可以将更多的时间、精力用于工作的其他方面。

综上所述，VBA测评程序的成功运用能精确到每一个学生、每一个知识点的掌握，教与学的调整都有据可依，在这一调整过程中得到提高的不仅局限于学习成绩，更包括信息素养。

2. 微课尤其适合应用于Excel这种操作性比较强的应用软件课中

微课能更好地满足学生对不同知识点的个性化学习，不仅能查漏补缺，还能强化和巩固知识。

微课加强了学生学习的兴趣，微课视频将课本的抽象知识变得形象，并把学生难以理解的知识点变得通俗化，使学生在反复观看视频的学习中更容易理解知识点、学好知识。

微课大大提高了课堂教学的效率。第二轮研究中，在控制组的教学中，没有应用微课，当教师统一演示操作完毕，还是会有不少学生在完成学习任务的过程中遇到问题，于是，老师就得对这些学生进行一一地演示辅导，有时还出现老师忙不过来的现象，课堂教学的效率不高。在实验组（二）的教学中，应用了微课，学生操作过程中遇到问题，可以通过微课去学习，自己解决问题，大大提高了课堂教学的效率。

3. 同时应用VBA测评程序和微课

同时应用VBA测评程序和微课。学生能够得到及时反馈和帮助，教学效率较高。

研究发现，不论是重点班，还是普通班，实验的结果都是一样的。控制组没有应用VBA测评程序和微课，不能对全部学生进行即时反馈，老师也无法顾及全部学生，课堂效率较低；实验组（一）虽然应用了VBA测评程序，但学生在获得反馈后，有的不知如何改错，得不到及时的帮助，教学效率一般；实验组（二）同时应用VBA测评程序和微课，学生能够得到及时反馈和帮助，教学效率高。

表3-3-6　控制组和实验组Excel课堂教学情况比较

班别	是否使用VBA测评程序	是否使用微课	学生能否及时获得反馈	学生遇到问题后能否马上得到帮助	效率
控制组 初二（1）班 初二（3）班	否	否	否	否	低
实验组（一） 初二（7）班 初二（4）班	是	否	能	部分能，部分否	一般
实验组（二） 初二（8）班 初二（5）班	是	是	能	全部能	高

七、研究展望

通过近七年的研究与应用，笔者在VBA测评程序的开发和应用上取得了一定成果，曾在市初中信息技术教研活动中就如何使用VBA测评程序提升Excel模块的复习效率进行专题发言，并受兄弟区之邀，承担了"VBA测评程序开发"

专题培训的任务。目前，将VBA测评程序应用于Excel课堂教学中在笔者所在的区已经较为普及。然而，Excel课堂教学中同时应用VBA测评程序和微课暂时不多，但相信在不久的将来，势必成为一种趋势。

（广州市第五中学　刘丹蓉）

初中《多媒体作品》模块微课的开发研究
——以"PowerPoint 2007集成多媒体作品"为例

一、教学困境

在广州市信息技术初中第一册教科书的第三章第五节中，掌握运用PowerPoint 2007集成多媒体作品的方法，是本节的重点内容。教材内容的设置是学习者已经具备了操作PowerPoint软件的技能。

根据我区教育局的安排，笔者所在学校除了招收电脑派位的学生，同时招收30%左右的外来务工子弟学生。由于学生来源不一，学生的学习水平参差不齐。据本校对新入学的初一学生的统计，已有90%以上的学生学习过文字处理软件Word或PowerPoint，但只有20%左右的学生能够熟练使用PowerPoint，还有个别学生是零基础。这为本章的教学带来了不少困难。

二、微课

为了解决教学中的困难，笔者尝试在信息技术课程中利用微课进行教学。微课的核心是围绕某个教学内容（知识点或技能点）制作的课堂教学视频。微课是在传统教学课件、课程案例、课程设计等教学资源基础上继承和发展起来的一种新型教学资源。通过微课，学生可以跨越时间和空间的阻碍随时随地学习。

微课短小精悍，一般为5~8分钟，易集中学习者的注意力，有利于教学资源的分享与交流。同时，由于数据量小，网络分享速度快，微课能有效促进学习者的自主学习。微课的表现形式一般为视频（摄像机拍摄或屏幕录像）、

PowerPoint（幻灯片演示文稿加旁白转成流媒体播放格式）或Flash动画等。

三、微课在信息技术教学中的优势

通过微课进行课堂教学体现了"学生是学习的主体"的教学模式，提高初中信息技术课的教学效率。初中信息技术教学是一门实践性较强的学科，把微课引入教学中能够有效地转变师生的角色，充分体现学生在信息技术教学中的主体地位，满足各个层次学生的学习需求，不断提升学生的自主学习和创新能力。

1. 微课能满足信息技术学科因材施教的问题

初中信息技术教学中最突出的问题就是学生基础不扎实，课堂教学无法满足所有学生的学习需求。实践教学证明，只要教师把"知识点"和"技能点"以微课的形式，提供充足的学习资源给学生，便能很好地解决这个问题。微课是为个性化学习而生的，特别适合分层教学。在课堂上同样的授课时间，部分学困生并不能完全掌握，教师也没有时间专门去照顾这些学生。有了微课，学生可以反复观看，加深理解。

2. 微课有利于培养学生自主学习的能力

课堂教学中，使用微课能有效转变以教师为主的教学方式，可充分调动学生的主观能动性，让学生进行自主学习。使用微课教学，学生可根据自己的学习情况，自主安排和管理自己学习的进度和时间，这可以培养学生自主学习的能力。

3. 微课可以培养学生的创新能力

在课堂中，教师鼓励学生通过微课进行自主学习。初中生普遍有积极向上、不甘落后的心理特点，所以在学习过程中，可提升学生创新及探究的能力。

四、初中多媒体作品模块微课的设计与开发

多媒体作品是一种常见的信息表达和加工的方式，能多方位地展示学生的信息素养。本模块内容"多媒体作品的规划与设计"将使学生全面地了解多媒体作品的制作过程，认识一个完整作品开发必须经历的几个阶段。同时还详细介绍多媒体软件设计的主要过程和方法，从而重新认识多媒体作品设计的作用和方法，克服学生在制作作品时的随意性和盲目性。

制作多媒体作品的基本过程是：先确定作品风格，然后添加各类素材，最后添加动画效果和建立导航，从而完成整个作品。根据实际的教学情况，笔者设计和开发了以下三个微课：

1. 设计多媒体作品风格

多媒体作品最先展现在我们面前的是它的界面，界面是使用者对作品产生印象最深刻的地方，优秀的界面设计能给人耳目一新的感觉，可以起到先声夺人的作用，它是作品的"脸面"。一个好的界面常常能为作品带来好的效果，使人容易理解和使用。

通过本微课，学生掌握PowerPoint的基本操作，了解多媒体作品界面设计从哪些方面进行；了解布局设计要完成哪些工作；领会界面设计原则在作品开发中所起的规范作用。

（1）教学内容。

本节内容是学生设计制作多媒体作品的基石，主要涉及的知识有三点：文件的基本操作——打开、新建幻灯片、设置字体、段落、样式等；演示文稿主题风格设计；文本框的填充、颜色等设置。

（2）微课的设计与实现。

"设计多媒体作品风格"属于自主学习类微课，准备的教学资源有：教学课件PowerPoint、优秀作品。

本课的基本过程见图3-3-4，所用时间约6分钟。

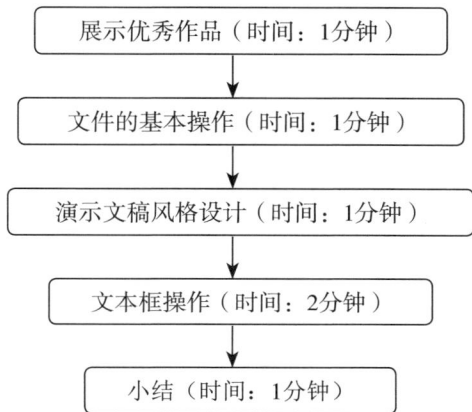

```
┌─────────────────────────────┐
│  展示优秀作品（时间：1分钟）  │
└─────────────────────────────┘
              │
              ▼
┌─────────────────────────────┐
│  文件的基本操作（时间：1分钟）│
└─────────────────────────────┘
              │
              ▼
┌─────────────────────────────┐
│ 演示文稿风格设计（时间：1分钟）│
└─────────────────────────────┘
              │
              ▼
┌─────────────────────────────┐
│  文本框操作（时间：2分钟）   │
└─────────────────────────────┘
              │
              ▼
┌─────────────────────────────┐
│   小结（时间：1分钟）        │
└─────────────────────────────┘
```

图3-3-4　"设计多媒体作品风格"课程的基本过程

制作过程：

第一步，演示优秀作品，介绍作品的整体设计，主要从构图布局、色彩等方面进行评价。构图造型元素主要有点、线、面、空白。界面设计要在整体布局上下功夫，使整个界面具有一致性，简明清晰，主题突出，空白使用恰当，文字使用恰当。

第二步，在PowerPoint中，直接演示文稿的基本操作：打开或新建幻灯片，设置字体、段落、样式等。除了声音讲解外，还在视频中配上简要的文字说明。

第三步，直接演示文稿主题风格设计，对学生强调可以通过文本框、图形等自主设计不同的风格。

第四步，文本框的填充、颜色等设计，是本微课的重点。先展示两个设计好的文本框样式，再讲解操作的过程，重点演示"格式"选项卡中的"形状样式""形状填充""形状效果"。

第五步，对前面的知识进行小结。

本微课制作方法，使用Camtasia Studio录屏软件和PowerPoint课件直接在电脑上进行录屏制作。

2. 利用多媒体素材设计作品

一个优秀的多媒体作品，不仅体现在结构设计和艺术审美方面，还体现在对于素材选择的合理性上。多媒体作品所采用的素材一般包括文本、图形图像、视频、动画、声音。素材如何合理地被集成在作品中，并能真正表达作品意图，是创作者在作品制作过程中不可忽视的。

（1）教学内容：

本节课主要介绍插入艺术字以及使用艺术字的"格式选项卡"来进行艺术字编辑的方法，并延伸到了有关图形、图片、音频、视频等素材的插入和格式设计的方法。

（2）微课的设计与实现。

"利用多媒体素材设计作品"属于自主学习类微课，准备的教学资源有：教学课件PowerPoint、优秀作品、图片、音频和视频素材。

本课的基本过程见图3-3-5，所用时间约8分钟。

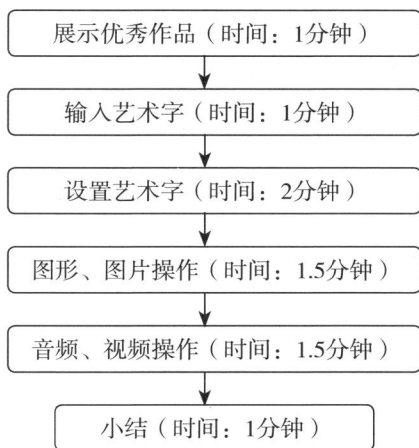

```
┌─────────────────────────────┐
│ 展示优秀作品（时间：1分钟）  │
└─────────────────────────────┘
              ↓
┌─────────────────────────────┐
│ 输入艺术字（时间：1分钟）    │
└─────────────────────────────┘
              ↓
┌─────────────────────────────┐
│ 设置艺术字（时间：2分钟）    │
└─────────────────────────────┘
              ↓
┌─────────────────────────────┐
│ 图形、图片操作（时间：1.5分钟）│
└─────────────────────────────┘
              ↓
┌─────────────────────────────┐
│ 音频、视频操作（时间：1.5分钟）│
└─────────────────────────────┘
              ↓
┌─────────────────────────────┐
│ 小结（时间：1分钟）          │
└─────────────────────────────┘
```

图3-3-5 　"利用多媒体素材设计作品"课程的基本过程

制作过程：

第一步，展示优秀作品，起到欣赏和示范的作用，介绍多媒体素材对作品的重要性。接着通过欣赏新的艺术字作品引出任务目标：制作艺术字，并说明艺术字的学习对后面进行图片、图形、音频和视频的学习有很大借鉴作用。学习艺术字，分两步来完成：第一，如何插入艺术字；第二，如何对艺术字的位置、大小、颜色、形状等进行合理设置。

第二步，对比艺术字的插入与设计，演示图形和图片的插入与设置方法。

第三步，对比艺术字的插入与设计，演示音频和视频的插入与设置方法。

第四步，对前面的知识进行小结。

本微课制作方法，使用Camtasia Studio录屏软件和PowerPoint课件直接在电脑上进行录屏制作。

3. 作品的动态效果与链接

动态效果是PowerPoint制作多媒体演示文稿的精彩部分，能很好地将静态演示作品变为动态演示作品。由于动画本身的特殊性，作品的动态效果是学生感兴趣的内容。作品动态效果包括幻灯片之间切换效果和不同元素之间自定义动画效果。

交互性是多媒体作品的重要特点，主要体现在作品中页面间的导航链接，以及作品与外部作品或网页的链接。

（1）教学内容。

本课的主要内容是介绍设置幻灯片之间的切换效果、使用"自定义动画"命令设置动画效果，合理地对幻灯片中的对象素材设置出现方向、跑动速度和出场顺序等，动画效果进行优化。最后介绍作品中页面间的链接、作品与其他文件的链接与网页的链接等。

（2）微课的设计与实现。

作品的动态效果与链接作品属于自主学习类微课，准备的教学资源有：教学课件PowerPoint、优秀作品、网页素材。

本课的基本过程见图3-3-6，所用时间约8分钟。

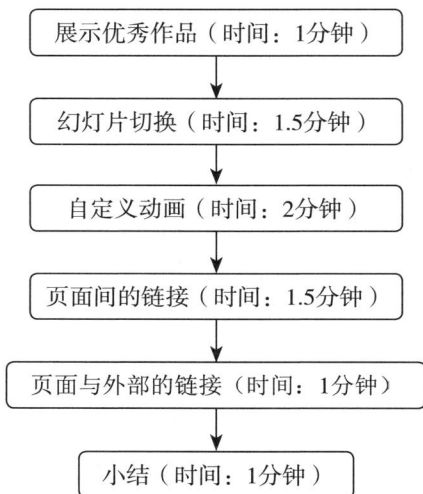

图3-3-6　"作品的动态效果与链接作品"课程的基本过程

制作过程：

第一步，展示优秀作品，起到欣赏和示例的作用，介绍设置幻灯片之间切换效果。演示切换效果、切换声音和切换速度，对比演示"单击"和"自动"两种换片方式。

第二步，演示自定义动画插入方法，介绍"进入""强调""退出""动作路径"四种不同的动画效果，演示单击时、之前、之后三个选项的区别。

第三步，演示页面间的链接方法，并展示链接后的页面间跳转。

第四步，演示页面与其他作品及网页的链接方法，并展示链接后的效果。

第五步，对前面的知识进行小结。

本微课制作方法，使用Camtasia Studio录屏软件和PowerPoint课件直接在电脑上进行录屏制作。

五、结束语

通过两年的教学实践，基于微课的课堂给学生提供了全新的个性化学习方式，改变了传统教学模式，很好地完成了教学目标。学生能根据自己的实际情况自由确定观看微课的时间和进度，并总结学习过程中遇到的各种问题，增强了我校学生学习的主动性和积极性。微课为分层教学提供了基础，有利于教师在课堂上进行针对性的讲解和指导并做到因材施教，有利于让各个层次的学生都学有所获。笔者认为，未来可尝试在其他教学内容中进行微课开发。

（广州市五中滨江学校　何秀花）

微课在小学信息技术课堂中的应用研究

一、现状描述

1. 结合实际，分析问题

传统的信息技术课堂呈现的基本就是"学生看书—老师示范—学生操作练习"三步式教学状况教学内容及方式单一、单调，课堂主要以教师讲授、示范为主，有的重难点、操作解释不到位，使学生难以获得准确的学习体验和认知，学生的学习积极性主动性不容易被调动起来，不利于学生思维能力、动手能力的培养与发展。

班级授课形式的课堂，往往有小部分学生难以跟上教师的思路和教学进度，尤其在一些概念、重难点的把握上更是存在很大的困难，而一部分学习能力较强的学生的学习需求又得不到满足，个性化要求被严重忽略。现代化的网络环境虽然提供了多样化的学习方式，为学生提供了很大的便利，但是由于学生不能很好地甄别网络信息，很容易受到其他信息的干扰，而且在浩瀚的网络中找到优质的学习资源耗时耗力，使学生的自主学习有很大的困难。而对教师来说，做课件除了技术要求比较高外，有时还费时费力。

2. 与时俱进，时代要求

国家《基础教育课程改革纲要（试行）》（以下简称《课程纲要》）中明确提出，要大力推进信息技术在教学过程中的普遍应用，促进信息技术与学科课程的整合，逐步实现教学内容的呈现方式、学生的学习方式、教师的教学方式和师生互动方式的变革，充分发挥信息技术的优势，为学生的学习和发展提供丰富多彩的教育环境和有力的学习工具。《课程纲要》同时也提高了对学生和老师的能力要求。

网络技术开启了一次重大的时代转型，信息技术的逐步普及与飞速发展为中小学课程改革注入新的活力。随着信息数字化手段的普及，传统的课堂组成结构已经发生变化，教师可以使用媒体技术、电子白板、教学课件、微课等现代数字化手段，将关键内容呈现给学生，让学生自主学习，解决问题，甚至进行个性化的学习。信息技术课堂，是最直接使用信息技术的课堂，理应率先合理地使用数字化手段实现课堂教学模式的转变。

二、微课在小学信息技术课堂中的应用实践

微课是一种非常生动、形象的多媒体资源，它的迅速崛起与飞速发展，引起了教育界的广泛关注。微课的概念兴起于国外。随着国外学者不断深入研究微课，并进行相关实践，其概念也逐渐丰富和发展，人们对微课的看法更加全面、深刻。胡铁生老师对微课的认识进行了多次修订，他最新的定义是：微课又名微课程，它是以微型教学视频为主要载体，针对某一个学科知识点（如重点、难点、疑点、考点等）或教学环节（如学习活动、主题、实验任务等）而设计开发的一种情境化、支持多种学习方式的新型在线网络视频课程。焦健利教授认为，微课是以阐释某一知识点为目标，短小精悍的在线视频为表现形式，以学习或教学应用为目的的在线教学视频。黎家厚教授的观点是：微课程是时间控制在10分钟以内，有明确的教学目标，内容短小，集中说明一个问题的小课程。

结合微课的特点，可以实现以下目标：

1. 容量小，易传送储存，有利于培养学生自主学习的兴趣

微课的首要特征是时间短。小学每节课时间都在40分钟，对于小学生而

言，他们很难做到整节课的时间都注意力集中，难免会开小差，进而影响学习效果。但微课时间较短，一般少于10分钟，更适合小学生视觉驻留规律和认知特点。而且微课资源容量小，一般都在几十兆左右，其视频格式可支持网络点播等功能，如mp4、avi、flv等。老师在开发设计微课时，技术难度相对较小，便于在教学中使用。

例如，在《初识新朋友——信息技术与计算机》中，课本和多媒体光盘中展示的内容相对单调和落伍，为了向学生展示计算机在现实生活中、学习中更多的应用和新科技产品，笔者结合教学光盘，从网上和现实生活中收集了一些素材，制作了一个几分钟的小视频，把计算机的详细组成、各种先进的设施设备、前沿科技在课堂中适时、生动地展现在学生面前。通过短小精悍的视频，学生会很主动和乐于去点击视频观看，既增强了对课本知识点的认知，又不会觉得课本内容的枯燥，大大提高了学生学习的主观能动性和趣味性。在"魅力广州塔""争当小评委——电子小报的评价""童年回忆——多媒体作品的制作"等综合活动中，笔者对资源进行了重组和整合，引入了很多当前比较热门新鲜、情景真实、有趣的信息、图片、视频内容，让学生以各个不同的身份参与到这些综合活动中去。

2. 主题强，凸显重难点，有利于明确教学目标

由于微课是针对某个知识点，如难点、重点或易错点，所以，微课的教学目标相对明确，教学主题更加突出，可以吸引学生的注意力，直击重难知识点，开门见山，直奔主题。当学生对某一知识点产生疑问时，可以自行找到相应的微课进行学习，可请方便、精确又高效。

例如，针对键盘和打字指法，课本上的说教和图片解说，让小部分家里没有电脑或者接触电脑较少的学生较难理解，网上有很多现成的指法视频，自己录制一个配合键盘键位讲解也非常简便，可以立体地向学生展现击键方法、领会"录入其他键位后迅速返回基本键位"、各个手指的操作分工以及"shift""alt""ctrl"等一些组合键的使用；又如，在教学《使用多边形工具画画》中，笔者通过微课，把重难点"多边形工具"的使用以及怎么灵活使用"多边形工具"绘制多边形图形凸显在视频中，让学生产生直观感性的认知，从而可以更好地把握使用"多边形工具"绘制多边形图形的操作技巧；在教学"曲线工具"时，很多学生对画两个弯的曲线的步骤不能很好地理解，画出来的两个弯的曲线观感很不理想，通过微课视频，可以很直观地把操作步骤一步步展现出来，让学生更好地把握对曲线高度和弧度的控制，把曲线画得更圆润、更自然（见图3-3-7）。

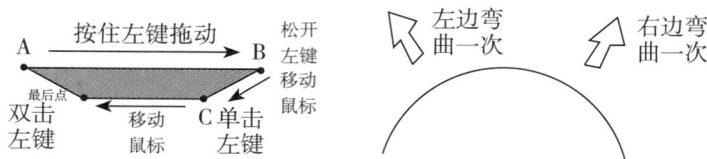

图3-3-7　用"多边形工具"绘图

3. 易共享，可重复使用，有利于兼顾个体差异

微课还有一个特点就是它的共享性和可重复使用性。制作者可以通过网络平台实现教学资源的共享，而学生可以在此进行学习交流，结合评价系统反馈学习信息，效果非常明显。学生对自己难以理解或容易遗忘的知识点，随时可在线学习或下载学习资源包进行学习，以达到学习的目的。同时，微课的可共享及重复使用性，使教师无须重复回答学生课后提出的共同性问题，既能达到一劳永逸的效果，也可让教师获得一些空余时间对有需要的学生进行个性化辅导和更好地备课。

三、不足和展望

从技术上看，教师受技术、认知和软件使用的限制，在拍摄、编辑与合成等方面也可能存在镜头变化单一、画面声音不够清晰流畅、所选内容主题不够鲜明等问题，这些都需要我们不断去摸索和熟悉，在强大的信息时代背景下，减少重复劳动，实现资源共享，多交流，共同进步。

通过表3-3-7我们可以看出，国内有关"微课"的研究在逐年递增，在各个学科中的应用越来越受欢迎，国内教育界对微课在教学中的应用也越来越重视，学生自主学习、协作学习以及解决问题的能力有了新动力，给传统课堂注入新的活力。

表3-3-7　国内有关"微课"的研究数据

关键词搜索	微课			微课、小学			微课、小学、信息技术		
	期刊	硕博	小计	期刊	硕博	小计	期刊	硕博	小计
2011年	1	0	1	0	0	0	0	0	0
2012年	4	0	4	0	0	0	0	0	0
2013年	71	1	72	0	0	0	0	0	0
2014年	504	21	525	4	4	8	1	1	2
2015年	1782	89	1871	47	17	64	6	1	7
2016年	2872	168	3040	86	21	107	4	2	6
2017年至今	266	1	267	8	0	8	4	0	4
合计	5500	280	5780	145	42	187	15	4	19

　　微课是信息化、数字化的产物，具有独特的优势，虽然还有很多需要完善和解决的问题，但在教育教学中的应用前景是非常广阔的。

（广州市海珠区工业大道中小学　黄伟斌）

基于数字化学习与创新素养培养的教学设计
——以"Scratch编程重复执行控制指令综合练习"为例

【教学分析】

1. 内容分析

　　本课内容根据粤教版广州市信息技术教科书第三册第二单元Scratch编程的教学要求，通过整合整个单元的教学内容，在学生已有知识的基础上，以校园社团开放日为活动主线，设计"酷猫跳蹦床"和"酷猫学街舞"两个学习任务，进行重复执行控制指令的综合性练习。

2. 现状分析

在智能技术逐步常态化的背景下，小学信息技术课堂更要注重学生数字化学习和创新素养的培养。在实施教学时，值得关注一点：学生在学习任务中的创新能力体现在想法和设计两个方面，避免只关注可视化的作品成果，而忽视学生创新性思维的生成。因此，教师需要了解学生分析问题的过程以及解决问题的后续想法，对学生信息处理的能力及时给予肯定和正面引导。

【教学目标】

1. 知识与技能：使学生掌握并深化 [重复执行 10 次]、[重复执行] 指令的使用方法；灵活运用"切换造型""等待""重复执行"等指令。

2. 过程与方法：通过分析范例，进行数字化资源学习，根据任务要求制作"酷猫跳蹦床"或"酷猫学街舞"动画；通过情景化教学，进行严谨的程序设计，在调试中大胆创新。

3. 情感、态度与价值观：使学生感受利用Scratch软件设计创意动画的乐趣，体会编程的思想和方法；培养其数字化学习与创新素养。

【教学方法】

"数字化学习与创新"素养培养旨在利用数字化学习环境的优势，学生通过学习微课、自主获取网络资源等学习方式，依托协作学习和实践反馈，逐步实现并优化程序设计，继而创造性地提出新的设计想法和方案。本课作为新旧知识融合的综合练习课，在"社团开放日"的活动情境中呈现"酷猫跳蹦床"和"酷猫学街舞"的任务需求，让学生在范例中进行设计建构，在制作过程中发现问题，根据学习层次自主选择利用数字化学习资源，观看微课突破难点，对比范例思考解决问题的方法，在思考中形成创新思维。

【教学流程】

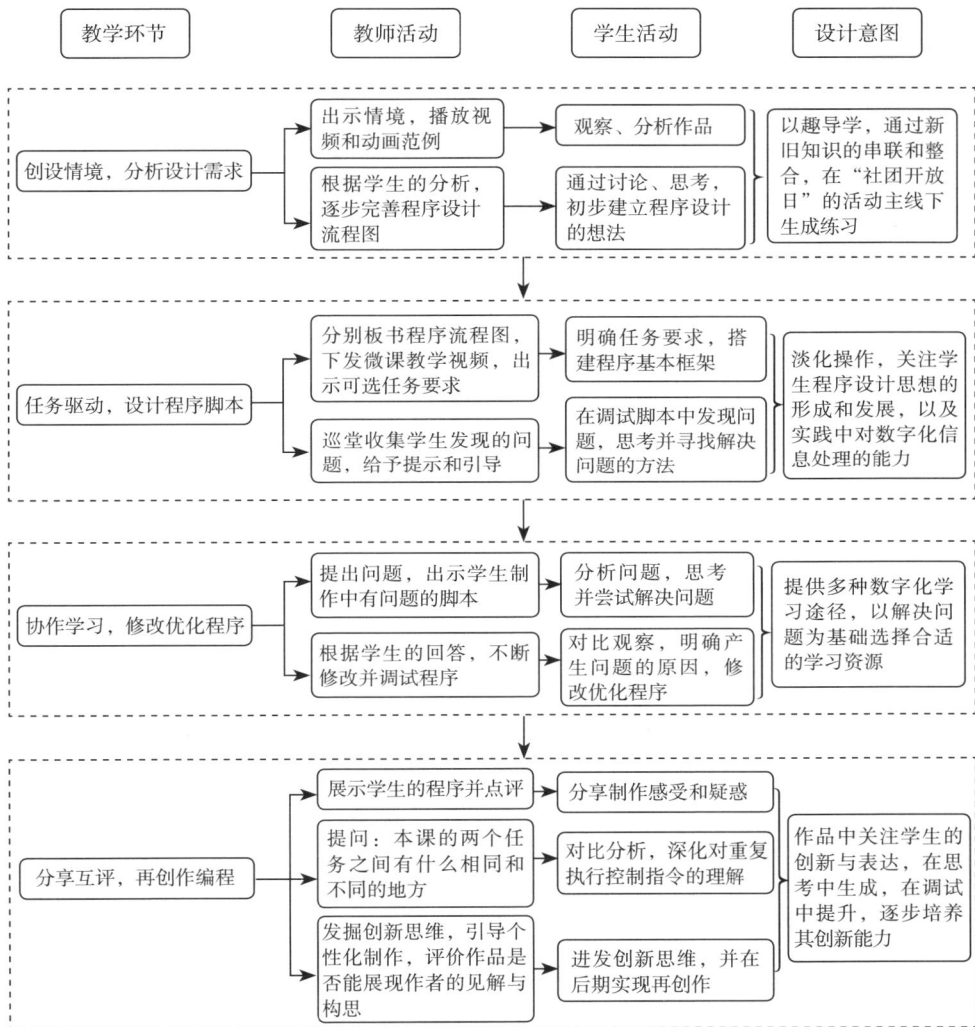

【教学过程】

环节1：创设情境，分析设计需求

教师创设校园"社团开放日"情境，播放"蹦床"社团的表演视频和动画范例。

学生根据视频和范例分析程序需求，明确"酷猫跳蹦床"的作品里分别有"酷猫"和"蹦床"两个角色，酷猫会不停地上下蹦跳。

教师提出问题：酷猫的蹦跳对蹦床有什么影响呢？

学生思考并初步分析，当酷猫落在蹦床上的时候蹦床会凹陷，离开之后蹦床就会恢复原样。同时提出疑问：酷猫在蹦床上不停地弹跳，用"移动"还是"平滑移动"指令呢？如何实现酷猫不停蹦跳的效果呢？

教师接着播放"街舞"社团的表演视频和动画范例。

学生根据视频和范例分析程序需求，明确"酷猫学街舞"的作品里的街舞小子会切换造型，舞台有灯光效果，还有背景音乐。

教师引导学生观察范例，逐步完善程序流程图。

环节2：任务驱动，设计程序脚本

教师布置任务要求，下发微课教学视频，开放网络环境，让学生自主选择"酷猫跳蹦床"还是"酷猫学街舞"进行制作。

学生利用多种数字化学习工具和资源完成任务，遇到问题可以通过观察脚本、观看微课教学视频、上网搜索资源等数字化学习资源明确问题的原因，进而尝试寻找解决问题的方法。

教师展示甲学生任务一作品并展示程序脚本。发现酷猫的蹦跳和蹦床的凹陷效果不同步。

学生通过微课教学视频，知道酷猫和蹦床脚本运行的时间需要保持一致并相互配合，酷猫蹦跳一次总用时为2秒，而蹦床脚本运行一次总用时为1.5秒，两个角色有0.5秒的时间差，导致酷猫第二次跳在半空中的时候蹦床就提前凹陷下去，所以要在蹦床的脚本里把缺失的0.5秒补上。上台修改甲学生的程序并调试，达到预期效果。

教师展示乙学生任务二作品并展示程序脚本，发现声音播放完毕街舞小子才开始跳舞。

学生通过范例了解到音乐和舞蹈动作是同时开始的，但是程序的脚本是按顺序执行的，所以播放声音指令不能与街舞动作的指令接在一起。上台修改甲学生的程序并调试，达到预期效果。

教师：展示丙学生任务二作品并展示程序脚本，发现街舞动作完成之前灯光效果就没有了。

学生参照任务一发现"角色"和"舞台"的脚本运行时间也应该保持一致，可以在舞台的脚本中增加"等待0.2秒"指令，上台修改丙学生的程序并调试，达到预期效果。

学生根据微课教学视频的提示，也可以调整舞台脚本重复执行的次数来实现灯光效果和动作的同时停止。上台修改丙学生的程序并调试，同样达到预期效果。

学生提出想法，让街舞小子最后站立在舞台，使舞蹈结束时灯光效果恢复，把酷猫也邀请到舞台上一起跳舞……

教师引导学生明确两个任务的难点：

任务一：酷猫的重复蹦跳和蹦床的凹陷如何达到同步？

任务二：街舞小子的动作和灯光、音乐效果怎样才能得到完美结合？

环节3：协作学习，修改优化程序

学生开展协作学习，完善并优化程序，实现个性化设计。

教师让学生说一说搭建程序过程中遇到的问题。

任务一：

（1）调整蹦床凹陷效果的时间刚好是酷猫落在蹦床上的时间，酷猫一离开蹦床就恢复原样。

（2）从"一次蹦跳"程序出发，使酷猫蹦床一次的总时间与蹦床从第一次凹陷到第二次凹陷的时间完全一样，再嵌套进重复执行控制指令中，实现循环结构程序。

任务二：

（1）将街舞小子的结束动作切换至"站立"的造型。

（2）调整切换造型的次数和灯光重复的次数，或者调整等待的时间来实现街舞小子的动作和灯光效果的同时停止。

（3）声音脚本选择"播放，直到播放完毕"指令。

教师观察学生能否正确修改程序，进行个别指导。

学生小组内互相调试程序，讨论修改，优化设计。

环节4：分享互评，再创作编程

教师展示有创新思维的学生作品，发现改进的空间并给予正面评价。

学生发现酷猫在半空中旋转之后再落到蹦床上，基本实现设想效果，但是酷猫空中旋转的动作不够流畅。

学生创作酷猫落到蹦床上蹦床会变色，但是第二次酷猫跳到空中蹦床就变色了。

街舞小子每结束一个动作，舞台的背景就会切换，基本实现设想效果，但需要思考选择的背景是否合适。

教师引导对比观察本课的两个任务，找出两个任务之间的相同点和不同点。

学生发现两个任务都是使用重复执行控制指令嵌套实现的，而且都需要通过调整和反复调试，才能解决多个角色动画之间的配合和同步问题。认识到将重复执行的程序分解成单次程序更便于观察和分析。重复执行控制指令分为无限重复和限定次数重复两种情况。

教师了解学生的创新想法，给予鼓励和正面引导。

【教学反思】

基于情景化的教学设计，开放可选择性的学习任务，使学生有更高的学习热情，以其中40人的教学班为例，在课后进行教学效果的统计和反馈（见表3-3-8），任务一的趣味性和难度均高于任务二，发现小学生学习Scratch编程时更注重趣味性，超过80%的学生愿意使用数字化学习资源，特别是面对难度大的任务时，能感受到数字化资源的便利性和高效性。因此，在进行基于数字化学习与创新素养培养的教学设计时要注意以下几点：

1. 从趣味性和实用性出发，设计贴近学生生活的学习情境，关注学生的学习需求，将学科知识与技能融入实际生活中，培养学生的感知信息素养；

2. 提供多样的数字化学习资源，让学生通过评估自身学情和任务难度，合理选择学习工具，培养其对数字化信息的感知素养和处理运用能力。

3. 正确认识创新素养是一个循序渐进的过程，重视学生创新素养的不同形式的体现，包括创新思维的产生、个性化解决问题思路的形成到创造性作品的诞生，及时肯定学生，以对其进行正面强化。

表3-3-8　教学效果的统计和反馈

任务一：酷猫跳蹦床		
项目	人数	比例
选择任务一	27人	67.5%
愿意使用数字化学习资源	23人	85.2%
完成学习任务	19人	70.4%
有创新创作	5人	18.5%

续 表

任务二：酷猫学街舞		
项目	人数	比例
选择任务二	13人	32.5%
愿意使用数字化学习资源	9人	69.2%
完成学习任务	12人	92.3%
有创新创作	4人	30.8%

（广州市海珠区大元帅府小学　李思韵）

基于数字化学习与创新素养培养的信息技术教学（一）

——巧借绘本培养电脑绘画创作思维的教学实践

当今全球信息化高速发展，随着课程改革的逐步实施，信息技术课程迈入了一个充满挑战的时代。在现在的信息技术课堂，大部分学生仅仅根据教材的例子，进行绘画的创作，甚至有的学生依葫芦画瓢，应付教师布置的学习任务，在整个"绘画软件"模块学完后，学生不但不能创作出富有个性的绘画作品，而且学生的电脑绘画创作兴趣也有所淡化，更谈不上创作出有创意的作品。

美国杰出的教育家杰罗姆·布鲁纳曾经说过："学习的最好刺激，乃是对所学材料的兴趣。"兴趣能激发学生的学习动机、信心和创新。绘本都有浅显的文字，感人的故事情节，风格各异的图画，鲜明的视觉形象和典型的形态，融合在画中的想象，这些都是学生喜爱的，都符合学生的心理。绘本中优美的图画表现了文字无法表达的意蕴与感觉，能把学生引到故事的意境之中，并且可以培养学生善良关爱的心，陶冶学生的心性，培养学生的艺术审美能力，激发学生的兴趣。

一、诱发创作思维

绘本里有感人的故事情节，有儿童自己的语言，这能激发学生的好奇心和创作欲望。在教学中设计绘本故事创设学生绘画的情境教学法，让故事情境贯穿整个课堂，激发学生的学习兴趣，培养学生主动参与的积极性，有效地调动起学生的多种感官功能，让学生身临其境，加深学习印象，提高学习效果。

案例1：

在教授广州市信息技术教科书小学第一册第12课《图形的复制》时，老师播放课前自己制作的绘本幻灯片。人类砍伐森林，小鸟没有了家，环境变得恶劣，动物们无法生活，让学生在这惨痛的情境中重视环保，从而激发学生的保护欲望，利用画图软件为小鸟和所有动物在大森林里重新绘制一个美丽的家，引出本课的任务：任务一，一棵大树变成好几棵大小不同的树，形成一片森林，引导学生在同一个图画文件里学会复制与粘贴的技术，利用缩小、放大来调整图像大小（见图3-3-8）；任务二，请小鸟来到这片森林里安居乐业，引导学生在不同图画文件里进行复制与粘贴（见图3-3-9）；任务三，运用刚刚学的知识，在这片森树林中，发挥你的想象力和创造力再加一些新的动物，完成自己的作品（见图3-3-10）。然后学生们将自己的想象通过画图工具展现在屏幕上，描绘出自己对环境的美好期望（见图3-3-11、图3-3-12）。

图3-3-8　任务一

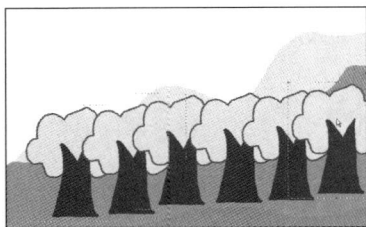

图3-3-9　任务二

图3-3-10　任务三

图3-3-11　学生作品1

图3-3-12　学生作品2

通过教学实践，因绘本故事情节，使平淡的信息技术课堂变得生动，学生不仅能轻松地完成任务，还能掌握绘画的技巧，也能享受美的故事，同时也因绘本升华了情感教育。这是真正的变"要我学"为"我要学"和"我乐学"，形成了学生课堂主动学习信息技术的内驱力，让学生在生动活泼的课堂活动中得以主动发展。

二、点燃创作灵感

绘本有一种神奇的力量，通过各种文化背景，透过文字和图画，使学生进入不同的世界，让其创作灵感得到无限扩展。绘本就是激发学生想象力的金钥匙，它可以开启一段段奇幻的旅程，有目的地引导学生展开丰富的想象，点燃学生绘画的创造性思维。爱因斯坦说："想象力比知识更重要。"想象力是知识的源泉，也是我们探索万事万物的起点。

案例2：

在广州市信息技术教科书小学第一册第15课《假日多乐事——绘画作品的创作》教学中，给学生观看《海滩假日》绘本，见图3-3-13。

图3-3-13　《海滩假日》绘本封面和内文

这一绘本不失幽默的风格，学生往往可以在画面中发现有趣的事情，从而体味到丰富而快乐的生活。绘本通过浅显的文字，和谐的色彩，一个个贴近生活的有趣的故事，让学生们感受到生活是如此精彩纷呈，从而可以陶冶学生的心性，培养其艺术审美能力，激发其学习兴趣。跟着细腻的图画，创设合适的氛围，积极引导和鼓励学生大胆创作，并给予肯定和赞美，使学生勇于打破常规模式，勇于创作，不但可以绘画出自己的假日生活，还可以绘画出自己想象中的假日生活。比如，《森林假日》（见图3-3-14）、《国庆节日》（见图3-3-15）、《城市假日》（见图3-3-16）、《太空假日》（见图3-3-17）等，绘本激发了同学们的创作灵感，创作源源不断。

图3-3-14　学生作品《森林假日》

图3-3-15　学生作品《国庆节日》

图3-3-16　学生作品《城市假日》

图3-3-17　学生作品《太空假日》

创作后，学生之间可以互相欣赏和互相评价，讲述自己的假日生活，也讲讲自己用了哪些绘画工具、描绘了什么。学生之间互相促进，提高了学生的学习兴趣，激发了学生的创造力还使之从乏味无趣的单调创作绘画中解脱出来，重燃绘画创作激情！

三、丰富创作风格

为了开阔学生的眼界，丰富学生的绘画经验，学生绘画的艺术表现风格不能再单一，而要更加多元化。为学生打开一扇通往艺术的大门，绘本恰好就是一把通往这大门的钥匙。绘本的艺术风格是丰富多样的，有民间艺术、表现主义艺术、具象派艺术、印象派艺术、超现实主义艺术、卡通艺术等；绘图的表达风格也是各异的，有细致、稚气、夸张、形象、幽默等；除此之外，绘本的绘画手法风格也具多样性，有彩铅画、涂鸦画、蜡笔画、钢笔画、简笔画、国画、油画、水粉画、版画、剪贴画等。

案例3：

学生借鉴蜡笔画《幸福的大桌子》绘本（见图3-3-18）的风格，用电脑绘画工具蜡笔画出《五羊滋润神州大地》（见图3-3-19），画面富有内涵，能给予美的熏陶，再加上绘图中出彩的细节、均衡和完美的构图，让欣赏者真切地感受到绘画作品的美感。

图3-3-18 《幸福的大桌子》绘本 图3-3-19 学生作品《五羊滋润神州大地》

案例4：

电脑绘画作品的创作课，老师用幻灯片展示了富有童心和想象力的《100层的巴士》（见图3-3-20）。这一本卡通艺术风格的绘本，激发学生们的无尽想象，也引导学生绘画时要由静到动、由简入繁、循序渐进。故事讲述了早上6点钟，大巴士司机准时出发，像往常一样重复做同一件事，接同样的人。这一天，大巴士司机驶向一条从来没走过的小路，令人惊喜不断的旅行开始了！大巴士从一个城市开到另一个城市，从一个国家来到另一个国家……漂洋过海，不断有新乘客加入，无论是司机，还是乘客，无论是大人，还是孩子，都欣喜

崔跃，总说那句"哪儿都能去！"点燃了大家对未知旅程的期待！半年后，他
们把大巴士搭建得越来越高，高耸入云，已有100层了，直到大巴士走不动了，
旅行就这样结束了吗？怎么会？！百层巴士开始了新的冒险。故事看完了，老
师并没有让学生讲感受，老师早已看到学生绘画的激情，就直接把创作的时间
留给学生，根据自己的想象为这辆百层巴士的未知旅程编写一个结尾，再次搭
建自己的快乐巴士。经过一番思考，有些学生会按原来的绘本图来画，有些学
生按之前故事情节仿照地画，有些学生画出与之前故事情节完全不同的想象
画，像作者一样天马行空地想象，创作出自己的个性作品。学生的作品《多功
能消防车》《快乐城市》等（见图3-3-21）不仅绘画精美，其构图、色彩给人
带来视觉上的愉悦，而且图画都有丰富的内涵，巧妙合理地运用色彩的联想，
从而突出绘画的个性和自然。

图3-3-20　《100层的巴士》绘本

图3-3-21　学生作品《多功能消防车》和《快乐城市》

绘本是小学生电脑绘画教学极佳的载体，巧借绘本的趣味性、新颖性、形

象性、丰富性、多样性等特点，让学生的创作思维得以自由驰骋，进而产生学习迁移的效果，使平淡的信息技术课堂重燃激情和富有创造力。还拓宽了学生的创作视野，培养了学生的观察能力、想象能力、创作能力，增强了学生学习的自主意识，激发了学生的学习兴趣、学习动机、学习潜能，使其主动参与、乐于探究、勤于动手，因而表现出极大的学习热情，从而为打造高效课堂奠定了基础，也让文学之美、色彩之美生动地融合在信息技术教学中，促进学生信息素养的提高。

（广州市海珠区后乐园街小学　冯　妍）

基于数字化学习与创新素养培养的信息技术教学（二）
——在"画图"软件中培养学生的空间想象力

一、引言

爱因斯坦曾说：想象力比知识更重要。因为知识是有限的，而想象力概括了世界上的一切，推动社会进步，并且是知识进化的源泉。空间想象力是人们对某一客观存在的事物所具备的空间形式进行推理、分析的思维能力。具体来讲，空间想象力主要包括四个方面：第一，识图，即能正确地在脑海中将该图形直观地呈现出来；第二，画图，即以直观图为基础在脑海里呈现出该直观图的几何图形及其构成关系，能够将图在脑海里画出；第三，图形处理，即在脑海中将图形进行分解、组合，使之成为新的几何图形；第四，发挥想象力，认识图形的本质。小学生正处于空间观念形成的阶段。在小学阶段重视学生空间想象能力的培养和提高，有计划、有目的地就空间想象力进行培养，能够全面提高小学生的空间想象力，让小学生从小就具有正确认识客观事物空间形态的能力，以满足新课标的教学要求。

绘画，一直是培养学生空间想象力的重要方式和手段。随着计算机、信息技术的发展，绘画从传统的手工开始朝着信息技术方向发展，电脑绘画成为当前画图的一大趋势。电脑绘画中，将绘画和计算机技术结合在一起，学生通过电脑绘画，既能培养学生应用计算机的能力，也能通过绘画提高空间想象力，故电脑绘画可以提高学生多方面的能力。很多学校都开设了信息技术课程，让小学生从小接触信息技术，学会利用信息技术提高想象力、创造力。"画图"软件是Windows系统中的预装软件，用户通过该软件可实现图画编辑、绘制，其支持多种格式的存储，操作简单、方便，得到很多用户喜爱。"画图"软件简单、方便，非常适合小学生使用，很多学校在教授电脑绘图时，经常采用"画图"软件，对小学生电脑绘图进行启蒙教育。本文主要对如何利用"画图"软件培养学生空间想象力进行了论述，为小学生信息技术教师教学提供一定的参考和建议。

二、让学生认识并学会应用"画图"软件，开启空间想象力培养的大门

"画图"软件作为Windows系统中的自带软件，为电脑绘画初学者提供了方便。"画图"软件中设置了菜单栏、调色盘、工具箱、查看界面等。画图界面大小能够随意调节，方便用户操作；调色盘中颜色齐全，能帮助小学生绘制出五颜六色的图画；查看界面中还可以对自己所画的图像进行查看，预览绘画结果。教师在利用"画图"软件培养小学生空间想象力时，首先应让小学生了解"画图"软件，学会操作"画图"软件。"画图"软件中，每个功能界面的设置都有一定意义，虽然操作相对简单，但对小学生来讲，在理解每一个功能时依然有一定难度。为了让小学生更好地理解"画图"软件中的每个功能，教师可从小学生角度讲解功能界面的作用和意义，让小学生更容易理解。如编辑颜色功能可称为"颜料桶"、矩形选择可以称为"刀子"等，通过形象、生动的名词对功能界面进行重命名，让小学生更易理解和学习；又如针对剪贴板这一功能，主要是通过复制操作实现的。但小学生往往理解不了这一抽象的操作，也就无法学会剪贴板功能。教师在讲解剪贴板功能时，可将之看作成一个中转站，即对复制、剪贴操作进行中转。复制、剪贴来的东西，暂时在这一界面中进行中转，有需要时再从中转站取出即可。通过中转站的解释，小学生便能很好地理解剪贴板的功能和作用。教师将"画图"软件中的功能生动、有趣地阐述出来，除了让小学生理解每个功能的作用外，还会根据功能对其重命名，引导学生进行想象，使学生真正理解功能界面的作用，并能在使用时根据

自己的理解发挥想象，从而开启空间想象的大门。

除了让学生了解功能界面外，还应让学生掌握和了解各工具的应用，如矩形、曲线、多边形、椭圆等。广州市小学信息技术课本第一册教材第7、8、9、10课中主要对曲线、椭圆、矩形与圆角矩形、多边形与文字等工具进行了介绍，这些工具是电脑绘画的基础。学生熟练掌握这些工具后，在后期学习中将十分轻松。因此，教师在讲解这些课程时，应耐心地让学生对每个形状工具充分了解和掌握，并引导学生多实践、讨论，完善学生对各工具应用的认识和了解，以便熟练掌握这些工具。如在学习第7课《动物园探秘——曲线工具》时，教师应通过动物园探秘调动起学生的兴趣，引导学生观察图片中的动物园，了解动物园中缺少的物品。学生一旦回答小火车没有山洞、兔子没有耳朵时，老师可引导学生回忆山洞、兔子耳朵是什么形状，以此引入曲线学习课题，并带领学生就曲线绘制进行学习。当学生学会基础曲线绘制后，教师还应通过范例作品引导学生观察其中存在的各种曲线，引导学生就如何画出更好的曲线进行思考，加强学生对曲线的认识。教师在讲解基础工具应用时，应从多方面引导，让学生全面了解每个工具的应用，为学好"画图"软件奠定良好的基础。

三、适当进行临摹，在灵活运用各类工具的过程中激发出空间想象力

学生对"画图"软件中的各个功能界面、应用工具有了全面、系统地了解和学习后，能够自己判断出每个界面、工具的作用，此时教师应多为学生提供实践活动，让学生在实践过程中学会熟练使用各个工具、界面。在实践时，教师可采用适当的临摹方式，让学生应用各工具以参照图片为基础进行临摹画图，在临摹过程中加强对各工具的认识和应用。这里所说的临摹，并非限制学生的想象力，而是主要以提高学生软件操作熟练程度为目的。如《艺术馆名画——图像的拉伸与扭曲》课程中，主要让学生学会图像的拉伸与扭曲，并在此过程中学会图像拉伸或扭曲的参数设置，学习难度较大。但通过该课程的学习，学生除了学会图像拉伸与扭曲外，还能学会图像选定、移动、复制、旋转等操作，而这些操作是未来电脑绘画中的基础操作。教师可让学生按照教材就如何进行图像拉伸和扭曲进行多次临摹操作，让学生在此过程中熟练掌握拉伸与扭曲时使用到的参数设置、图像复制、旋转等操作。学生学会拉伸与扭曲教

材上的图像后，教师可引导学生走出教材，多找些示范图像让学生进行拉伸与扭曲临摹，熟练掌握拉伸与扭曲操作中的各个功能。学生临摹时教师可在旁进行指导，让学生更好更快地掌握其技巧。适当临摹是经验积累的过程，学生在这一过程中，通过拉伸与扭曲，能更好地熟悉图像空间形状，对类似的图像能够做到了然于胸。当经验积累到一定程度，教师即便给出没有见过的图像让学生进行操作，学生也能借助经验在脑海中构建出图像的空间形状，设置出合理的操作参数对图像进行处理。

临摹并不是对学生空间想象力的磨灭，也不是限制学生空间想象力。教师要把握一定的度，即恰当地让学生进行临摹，通过临摹熟练掌握各类工具的操作，并在临摹中鼓励学生发挥空间想象力，更好地利用各项功能进行图像操作，以实现操作技能和空间想象力同时提高的目的。

四、注重内容的整合，激发学生空间想象力

电脑绘图是一项艺术创作，和传统的绘画方式不同，它借助电脑这一平台，虽然绘图平台、绘图方式发生变化，但其本质不变，依然是艺术创作。作为艺术创作，电脑绘图离不开各方面内容的整合，如美术、语文、几何等。小学生正处于爱幻想的年龄阶段，教师在利用"画图"软件教授电脑绘图时，应注重电脑绘图和各方面内容的整合，通过整合引导学生进行想象，激发学生的空间想象力。

教师应将电脑绘图和美术结合在一起。美术有多种绘画方式，如临摹、观察、主题画等，不同的绘画方式能激发绘画者的不同想象力。两者结合，教师可运用美术中的绘画方式引导学生、启发学生进行电脑绘画创作，从而激发学生的想象力。如让学生根据教材或示范图进行临摹，临摹出示范图像后发挥自己的空间想象，根据图像添加与之相应的图像，使之构成完整的情景画。如在第9课《家居设计师——矩形与圆角矩形工具》中，教师可采用美术中主题画的形式引导学生对日常家居进行观察，并以此为基础开展主题画活动，让学生在课堂上根据其观察到的家居形象进行创作。由于已经有了观察，门、电视机、鞋柜、音箱等家居的空间形象已经在学生脑海中生成，学生在创作时便有了参照物，并结合自己的空间想象将各家居在"画图"软件上表现出来，创作出有关家居的主题画。

教师还应将电脑绘图和语文整合在一起。很多学生在进行绘图创作时，自由发挥的空间较小，往往不知道画什么。面对这一情况，教师应将电脑绘图和语文整合在一起，通过语言文字、故事等引导学生发挥空间想象力并进行创作。如《快乐的秋游——椭圆工具》中，教师可通过一段跟秋游相关的文字，引导学生进行想象：今天天气晴朗，阳光明媚，同学们都很兴奋，因为今天是我们期待已久的去×××秋游的日子……通过类似这样的小故事，让学生自己随意发挥想象，想象和秋游相关的事情或物品，进而引导学生通过绘画将所想的秋游表现出来。在这一过程中，学生的空间想象力也得到提高。

五、结语

利用"画图"软件，不仅让小学生学会电脑绘图，还能通过对软件的利用培养小学生的空间想象力。教师在教学过程中，应认识到"画图"软件的作用，采用多种方法和手段全面培养小学生的空间想象力，以实现信息技术教育开展教学的目的。

（广州市海珠区赤沙小学　简惠莲）

基于项目学习在小学电脑绘画教学中的实践
——以"'多边形'与'文字'工具"为例

基于项目的学习活动（Project-Based Learning，缩写为PBL），是把项目及其管理的理念应用于教学，从真实的任务出发，通过小组合作学习，并借助多种资源开展探究活动，在一定时间内解决一系列相关的问题，并将研究结果以一定的项目作品的形式发布。PBL是发挥建构主义理念的一种学习方式，即通过设计一个可行的、具有挑战性的、有趣的、多学科交叉的项目，让学生在完成项目过程中运用多种认知工具和信息资源，通过小组协作、探究学习，完成一个具有意义或具有一定社会效益的作品。

本次活动是笔者正在研究的海珠区"十二五"规划教师专项教育科研课题《基于项目学习（PBL）在小学电脑绘画教学中的应用研究》中的一节课

例。笔者以岭南文化开展项目学习，引导学生认识、了解岭南文化，开拓学生的视野，激发学生爱岭南、爱家乡的情怀。培养学生的信息意识，传承岭南文化，引导学生运用信息技术进行创新。

【教学分析】

1. 内容分析

广州市信息技术教科书第一册《古朴西关屋——"多边形"与"文字"工具》是"画图"模块中的教学内容，本课的内容是学习"多边形"工具与"文字"工具的操作，主要内容包括：①学会使用"多边形"工具画出多边形图案；②学会使用"文字"工具输入字符；③学会改变"多边形"边框的粗细、颜色以及样式进行绘画。

2. 现状分析

已有的教学设计中的教学思路均着重突出操作技能的学习，引导学生通过绘画活动学习新知，并进行重复的强化练习，让学生熟悉工具的操作，在学生熟悉基本操作后，让学生进行自主创作。

在教学活动中存在两个问题值得关注：①重复的、纯粹的、技能性的操作练习，难以实现学以致用，用信息技术解决实际问题的价值和意义，也打击了学生学习电脑绘画的积极性；②空泛的自主创作难以调动学生的学习积极性，形成两极分化，变成用鼠标代替笔画画，无法体现电脑绘画的优势。

【教学目标】

1. 知识与技能：使学生学会使用"多边形"工具画出多边形图案；学会使用"文字"工具输入字符；学会改变"多边形"边框的粗细、颜色以及样式进行绘画。

2. 过程与方法：本课结合课题研究《基于项目学习（PBL）在小学电脑绘画教学中的应用研究》，以"西关印象"之广式满洲窗为活动主线，认识岭南工艺——广式满洲窗；依托课本范例，通过修缮广式满洲窗活动，借助教材、微课件进行自主学习，学会使用"多边形"工具和"文字"工具；通过小组合作设计广式满洲窗，感受创作的乐趣，巩固本课新知，提高学生的动手能力。

3. 情感、态度与价值观：通过绘画和装饰广式满洲窗，让学生体验"多边形"工具和"文字"工具的应用优势，养成认真细致的电脑绘画操作习惯；通过设计广式满洲窗活动，增强学生对图像创作的兴趣，发展学生的空间思维；了解"广式满洲窗"文化，感受岭南文化的一大特色，感受生活中的艺术美，引导学生珍惜、热爱生活。

【教学方法】

电脑绘画的教学是使学生认识和了解工具，学会使用工具进行电脑绘画的创作。学生能根据需要正确地选择工具，使用工具进行绘画创作是电脑绘画教学的重要目标。基于项目学习，创设一个真实的情境，调动学生的学习积极性，使其发现问题、寻求解决问题的办法，并主动积极地参与到学习活动中。通过探索、实践、灵活运用知识解决问题。本课的教学活动，是基于教材教学内容和笔者正在进行的课题"基于项目学习（PBL）在小学电脑绘画中的应用研究"对教学中的主题进行了微调，定为《广式满洲窗——"多边形"与"文字"工具》。借助对广式满洲窗的分析、评价、欣赏，了解满洲窗的历史、文化、工艺特点，学习画图软件中的"多边形"与"文字"工具，再创作自己的具有岭南文化特点的广式满洲窗。

【教学流程】

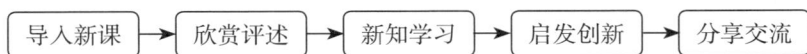

导入新课 → 欣赏评述 → 新知学习 → 启发创新 → 分享交流

【教学过程】

1. 导入新课

引导学生分享课前收集到的资料，调动学生学习的积极性。

师：孩子们，通过课前作业中收集满洲窗资料，你们知道了广式满洲窗的哪些方面的知识？

生：我知道满洲窗是从东北传到广州的。

生：我知道满洲窗一开始是用纸糊的。

生：不对，满洲窗一开始是用纸糊的，传到广州后，因为对外贸易传入了很多花玻璃，所以，广州的满洲窗是用花玻璃拼出来的。

师：孩子们知道得可真不少啊。老师制作了一段小视频，让我们一起再深入地了解、欣赏一下我们的广式满洲窗。注意观察广式满洲窗的美体现在哪些方面？

2. 欣赏评述

（1）欣赏满洲窗的色彩美与造型美。

（欣赏视频：满洲窗的历史、工艺特点、结构特征以及工艺文化。）

生：我觉得满洲窗的颜色很美，五颜六色，阳光透过玻璃就会投射出不同的颜色，形成不同的图案。美极了！

师：你总结得真好！广式满洲窗的色彩真美！

（板书：色彩美。）

生：我觉得广式满洲窗不仅色彩美，它的形状也很多——有长方形、正方形，还有圆形，而且里面的窗棂还组合拼出不同的图案，也很特别。

师：有这么多的形状和图案，能总结为哪一方面的美呢？

生：造型美。

（板书：造型美。）

（2）分析广式满洲窗的组合结构特征。

（出示一扇广式满洲窗。）

师：请观察，这扇窗是由哪些图形组成的？

师：这些由三条或三条以上的线段首尾顺次连接所组成的平面图形就叫作"多边形"。

（板书：多边形。）

3. 新知学习

（1）学习"多边形"工具。

① 连线游戏，自主学习。

师：在这扇广式满洲窗旁有三组小点，请试着连一连，看看是哪三个多边形。

出示范画：

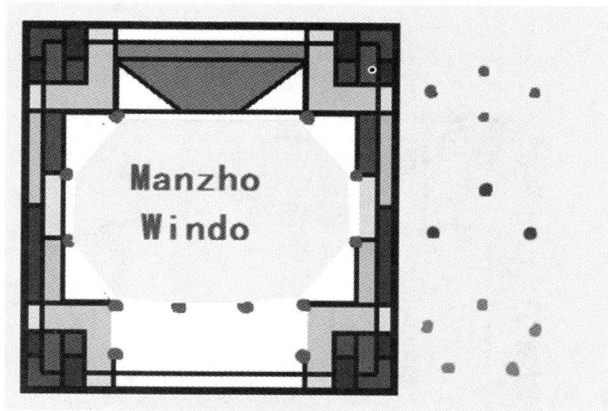

图3-3-22　连线游戏——《多边形连线》

学生借助教材自主学习，尝试连出窗旁三组小圆点所组成的多边形。

师：要选择什么工具？为什么？

生：可以选择用直线工具。因为点与点之间用直线连起来就是一个多边形。

生：不对，直线工具虽然可以连出多边形，但是如果连接的时候，线与线之间没连接好，就不是封闭图形，就不能算是多边形。所以，我觉得应该用多边形工具更好。

师：这名同学总结得真准确。同学们明白了为什么用多边形工具而不用直线工具画了吗？

生：我们现在要画的是多边形，是一个封闭的图形，所以应该使用"多边形"工具更快、更准确。

师：那使用多边形工具绘画的步骤是什么？

生：选定多边形工具，选定喜欢的样式，设置颜色，单击鼠标在第一个点上，拖动到第二个点，接着在第三个点单击，后面的每一个点都单击，直到最后一个点，就双击"封闭图形"。

（板书：选定工具→选定样式→设置颜色→拖动→单击→单击……→双击"封闭图形"。）

师：善于总结操作步骤，能规范地操作，画画肯定更漂亮。

（2）任务一：尝试画"窗"。

出示练习内容：

图3-3-23　尝试画窗

使用多边形工具，根据需要选择合适的填充样式，将广式满洲窗上的每个小点依次进行连接，画满洲窗。

温馨提示：

①先观察，后绘画。

②操作步骤要规范。

③可借助课本和"学习任务单"。

师：老师这里有一扇广式满洲窗，请大家尝试使用"多边形"工具，根据广式满洲窗的对称美，选择合适的样式，修缮好这一扇广式满洲窗。

学生上机操作。

师：注意观察使用不同的样式，会画得更快、更好。

生：老师，我要快而好地修缮这扇窗户，得先观察，选择不同的样式，有的要选择只有边框的样式，有的要选择有边框有填充的，还有的要选择只有填充无边框的。

师：善于观察的孩子，一定能画得更漂亮。

师：哪名同学愿意让我们欣赏一下他的作品，并谈谈自己的体会吗？

（学生展示作品。）

生：我根据满洲窗对称的原则，将满洲窗修缮了，我觉得使用多边形工具绘画，一定要注意定好下一个点的位置，只有这样才能画得准确。

生：定位重要，选择样式也重要，画画得先思考再动手，不然容易画错，还得重新再画。

师：你们都是善于观察、善于思考的好孩子。这扇广式满洲窗被你们修缮好了。

（3）学习文字工具的使用。

（出示作品。）

师：广式满洲窗的玻璃上，常会被工匠们雕刻梅兰竹菊、珍品瓷器，还有文人墨客题的诗词。老师想让更多的外国友人认识广式满洲窗。因此，老师想在玻璃上刻出满洲窗的英文名字。你们可以帮帮老师吗？

生：可以。我们可以用"铅笔"工具写，还可以用"直线"工具写。

生：这样写的字不漂亮，我们可以用"文字"工具，可以又快又漂亮地输入文字。

师：你是怎么知道的呢？

生：爸爸之前教过我。我会。

师：那你能来做小老师教教其他同学吗？一边操作，一边总结操作步骤可以吗？

生：可以。（到教师机上进行操作示范）选定"文字"工具，在要写字的位置上单击鼠标，然后设置字体、颜色、字号等，接着就输入英文。如果你会中文输入还可输入中文，也可以输入一些符号组合成图形。调整输入框的大小和位置，在文字外面单击鼠标，就确定了。

［板书：选定"文字"工具→单击定位→设置→输入→调整（文本框的大小、位置）→确定。］

师：这位小老师真是太棒了！你们都学会了吗？

生：太简单了，我学会了。

（4）任务二：给"窗"添字。

（出示要求：请在中间的玻璃的括号里添上"Manzhou"。）

温馨提示：遇到问题，可看书或微视频，或请教老师、同学。

师：时间悄然过去了，在完成给窗添字的任务后，能给大家看看你的创意吗？

（展示学生作品。）

生：老师，我不仅输入了文字，我还用"@、（）"等几个符号组成了一组笑脸。可爱吗？

师：你真是个会思考的孩子。

生：老师，我输入了中文和英文，希望外国友人也认识我们的中国汉字。

师：传承中国传统文化就靠你们啦！

4. 启发创新

（1）激发创作，实践创新。

师：一扇广式满洲窗画好了。相信大家也想自己设计一扇吧。

生：想，我想设计一些有中国传统文化特色的。

生：想，我想设计一扇融合中西方文化的。

师：同学们的想法都很好。设计师在设计前也都会进行认真观察、研究、分析名家的作品，取长补短。在设计前，请打开桌面广式满洲窗的文件夹，欣赏一些作品，寻找创作的灵感。

学生自主欣赏，为创作做准备。

师：请根据老师的要求，设计一扇广式满洲窗或一件有广式满洲窗风格的艺术作品。

（出示要求：①设计一扇美丽的广式满洲窗；②用广式满洲窗的风格，设计一件物品可加分。）

温馨提示：可自己设计，可参考名师的作品或"学习任务单"。

5. 分享交流

（1）作品欣赏，互动交流。

师：老师看到大家不仅设计了一扇美丽的广式满洲窗，还有不少的同学设计了不同的广式满洲窗的艺术作品。让我们来看一看、欣赏欣赏。作者也来说一说你的设计意图和想法，可以吗？

（展示一件作品。）

生：我设计的广式满洲窗外框形状是六边形，里面用多个不同的六边形组合而成，就像蜜蜂的家一样，而每一块玻璃上，我又运用了"圆形"工具画出小花，填充上不同的颜色。草地上，我使用了满洲窗的效果，绘制了不同造型的小花，每一朵的色彩都很丰富，造型也很特别。

生：我喜欢她的作品，有创意，色彩也丰富。

生：我也喜欢她的作品，但我提一个小建议，如果那些六边形能有大有小会更生动、有趣。

师：我们的同学都是小小画评家啊。

（展示多件作品。）

师：老师这里还有几名同学的作品，请大家在小组内进行分享交流，然后，把你们认为最漂亮的作品打印出来，张贴在宣传栏上。

（2）回顾新知，拓展知识。

师：你知道了哪一种岭南工艺？

生：广式满洲窗。

师：下面的这两个满洲窗（见图3-3-24）可以用什么工具设计呢？

图3-3-24　满洲窗

生：多边形工具、圆形工具、直线工具、矩形工具等。

师：要在画图上输入中英文字符、标点符号，可以用什么工具？

生："文字"工具。

师：广州残奥会的会徽是用广式满洲窗作为设计理念设计，广州歌剧院由多块不规则的多边形进行外墙的设计。希望大家都有一双善于发现的眼睛，寻找我们身边的美，用我们的小手创造美。

【教学反思】

本次教学活动的主题是岭南文化中最具有广府特色的满洲窗。满洲窗是由满洲贵族南迁广州而引入的，经过广州的工匠根据广州潮湿、风大的特点，以及采用了当时大量从南洋流入的花玻璃制作而成。现在，满洲窗由于工艺烦琐、花玻璃的制作失传等原因渐渐地消失在平常百姓家。本次的教学活动，笔者引导学生欣赏西关大屋，发现屋内别具特色的窗户，确定本次项目学习的主题，鼓励学生开展调查、研究，再通过课堂上的分享交流，更全面地了解广式满洲窗的历史、文化、结构特征，以及造型结构的美，最后通过画"窗"学习"多边形"工具，通过给"窗"添字学习"文字"工具，鼓励学生运用已学知识设计一扇广式满洲窗和运用满洲窗艺术特色设计物品。

1. 项目学习活动的组织

本次项目学习活动由分组→课前研究→课中交流→学习新知→上机操作→作品展示→小组互评→创作优化→拓展延伸几个活动环节组成，历时一周，是一次实实在在的、有指引、有实践、有操作的项目学习。这个活动既凝聚了学生的集体智慧，也体现了笔者的教学理念。

2. 基于项目学习的收获

（1）基于项目学习改变了教与学。

通过本次基于项目的学习，以"广式满洲窗"为内容展开，本课的教学目标是掌握"多边形"与"文字"工具的使用。通过本次基于项目学习的教学活动，学生不仅掌握了"多边形"和"文字"工具的操作要领，还深入地认识了岭南建筑工艺中的"满洲窗"文化，加深了对本土文化的认识。整个活动过程有序且有目的地开展，达到预期的教学效果。本次基于项目的学习，学生是项目学习的策划者与参与者，主观能动性提高，参与度高，学习兴趣浓厚，从过去的被动学习，变为主动学，带着问题去学习、去思考、去研究，使得枯燥的技术技能学习变得充满生机、充满新意。教师从"教"教材变为"用"教材，依托教材，根据学情合理地补充教学内容和优化教学范例，提高了教师的教育教学能力。

（2）基于项目学习优化了作品。

本次基于项目学习的教学活动，教师提供的操作练习范画中所有的图像均采用"多边形"和"文字"工具进行绘画，并巧妙地预留了一定的空间，让学生通过练习掌握基本技能后，综合地运用自己所学的知识和对"满洲窗"文化的理解进行创作设计。由于画中有不少采用"多边形"工具绘画的造型，起到一定的脚手架作用。本次基于项目学习的学生作品明显优于以往的作品，它充分地体现了学生的美术素养和信息素养，表达了学生心中对美的追求和对美的需要，使学生感受到运用计算机进行画图创造的成功的喜悦。

（3）基于项目学习提升了信息素养。

本次基于项目学习的教学活动，学习的不仅仅是画图工具的应用，更是一种美的享受和信息的交流。学生从收集资料到汇报交流，从欣赏评述到上机操作，从分享交流到拓展优化，经历了信息的获取、信息的整理、信息的交流，学生的信息素养得到切实提高。从欣赏满洲窗到介绍满洲窗的文化，从解剖满洲窗的结构到设计满洲窗，感受满洲窗的造型美、色彩美、工艺美，感知劳动人民的智慧，体会创作之美，从而提高了学生的美术素养。

3. 基于项目学习的不足之处

由于项目学习需要丰富的人文文化资源，需要更深入的研究与调查，但现在小学信息技术课堂教学一周只有一次，教师只能利用课余时间指导学生进行项目学习，项目的开展让教师不免会产生力不从心的感觉。在课堂教学活动中，学生的口头表达和前期的收集也会影响课堂教学活动的开展，如果知识文化内容过多则会削弱技术技能的训练实践，变得主次不分；如果单重视技能技术的训练又会失去了项目学习的意义。在今后的教学中，仍要不断实践，找到两者之间平衡。

（广州市海珠区第二实验小学　陈淑华）

4

第四章

信息社会责任

　　《普通高中信息技术课程标准》（2017年版）（以下简称《标准》）首次提出立德树人的价值观。《标准》指出，由信息意识、计算思维、数字化学习与创新、信息社会责任组成的学科核心素养是学科育人价值的集中体现，是学生通过学科学习而逐步形成的正确价值观念、必备品格和关键能力。

　　随着信息时代大数据社会的高速发展，信息安全问题、信息道德和法律问题日益凸显，具备安全意识和安全防范能力，自觉遵守信息法律法规和信息伦理道德规范，理性客观对待技术高速发展及其产物……显得尤为重要。

第一节　信息社会责任的内涵和具体表现

高中信息技术学科素养之"信息社会责任"的定义是——信息社会中的个体在文化修养、道德规范和行为自律等方面应尽的责任。其内涵是：具备信息社会责任的学生，具有一定的信息安全意识与能力，能够遵守信息法律法规，信守信息社会的道德与伦理准则，在现实空间和虚拟空间中遵守公共规范，既能有效维护信息活动中个人的合法权益，又能积极维护他人的合法权益和公共信息安全；关注信息技术革命所带来的环境问题与人文问题；对于信息技术创新所产生的新观念和新物，具有积极学习的态度、理性判断和负责行动的能力。具体表现为：①具有一定的信息安全意识与能力；②能遵守信息法律法规；③具有良好的信息道德与伦理。

第二节　与国际接轨的信息社会责任素养

英国2013年发布的《国家计算课程标准》中提出的四个阶段中，涉及信息社会责任的内容包括：具备一定的信息安全意识；安全、尊重和负责任地使用技术；理解安全、尊重、负责任地使用技术的各种形式；理解技术影响安全是如何变化的，以及如何确立和报告一系列问题。美国2012年《K-12计算机科学课程标准》提出：社区全球化与伦理的内容和要求。欧盟数字素养提出：安全意识域，即个人防护、数据维护、数字身份保护、安全措施、可持续利用的能力。

信息安全责任意识和能力已然成为发达国家关注计算机科学技术的重要范畴。负责、有效地参与到社会共同体中，成为数字化时代的合格中国公民是信息技术教育的重要内容，全面提升高中学生的信息社会责任等信息素养是信息技术课程的主旨和归宿。

第三节　信息社会责任的水平划分与描述

信息社会责任水平划分表

水平	信息社会责任素养
预备级	（1）认识信息技术发展对社会进步和人们生活带来的影响。 （2）在信息技术应用过程中，认识信息技术可能引发的一些潜在问题。 （3）在信息活动过程中，能采用简单的策略和方法保护个人信息，安全使用信息设备。 （4）遵守基本的信息法律法规，按照社会公认的信息伦理道德规范开展信息活动
水平1	（1）在信息活动中，具有信息安全意识，尊重和保护个人及他人的隐私。 （2）采用简单的技术手段，保护数据、信息以及信息设备的安全。 （3）认识人类信息活动需要信息法律法规的管理与调节，能自觉遵守信息法律法规、信息伦理道德规范。 （4）正确认识现实社会身份、虚拟社会身份之间的关系，合理使用虚拟社会身份开展信息活动。 （5）在信息交流或合作中，尊重不同的信息文化，积极、主动地融入信息社会中
水平2	（1）在信息技术应用过程中，能运用一定的技术性策略保障信息安全。 （2）在信息活动中，认识到信息技术具有两面性，即在带来积极作用的同时，也会带来一些负面影响。 （3）自觉抵制违反信息法律法规和道德准则的行为。对不良信息行为问题，学会用法律的方式进行解决
水平3	（1）能从发展的角度，理解信息法律法规、信息伦理道德规范的合理性。 （2）在信息活动中，掌握保护个人权益和自觉维护健康信息环境的手段和方法

由上可以看出，我们信息技术课程的教育目标，更注重人的教育——立德树人。人们利用信息技术创造美好生活的同时，也会产生各种安全、道德和法

律问题，它在产生巨大价值的同时，也可能存在巨大的隐患和伤害。因此，增强学生的信息社会责任感，树立其正确的价值观念，使其掌握必要的应对能力和技术，信息技术教师责无旁贷。

第四节　基于信息社会责任素养培养的教学案例

本节的主题是"信息社会责任"，通过教学设计案例和论文来展现信息技术教师们在信息技术课上贯穿学科核心素养的方法和技巧。

基于核心素养的小学信息技术教学中德育渗透的实践探究

古人云："欲立其业，先树其德。"2014年，中国教育部提出，学生发展核心素养是落实立德树人根本任务的一项重要举措。可见，德育教育在学生的一生中起着非常重要的作用。在信息时代，信息技术教师除了传授计算机基本操作技能，同时还应注意学生的道德教育。在小学信息技术课堂中渗透德育，可以培养良好的计算机操作道德，提高学生辨别信息的能力。只有在健康信息道德的指导下，学生才能抵御外界不良信息的诱惑。因此，在信息技术课中进行德育教育是必要的。结合学科特点，在教学活动中对学生的德育教育进行多方面的渗透。

一、明确德育主题

根据核心素养的目标，针对学生年龄、身心发展的特点和学生思想、学习、生活方面的需求，结合学校、家庭、社会生活实际，结合信息技术使用的教材，设计出信息技术课堂中的德育教育主题：礼仪教育、爱国主义教育、感恩教育、安全教育、环保教育、诚信教育等。例如，在信息技术上机实践教学

第一节课中，创设一个以学生不良行为为原型的小故事情境，引出德育主题"爱护机房"，明确了德育主题，对学生进行"爱机"德育教育。教育学生上课时要对号入座，爱护计算机，不随便拆卸计算机，遵守《开、关机操作流程》，爱护微机设备，保持机房环境卫生等，教育学生遵守机房的各项规章制度，共同努力爱护机房。通过这些潜移默化的德育教育，不仅可以促使学生养成良好的操作习惯，形成规范的操作，而且有助于提高信息素养。

再比如，国庆节将近，结合学校爱国主义教育，六年级初步学会了用Scratch编程技术制作动画，老师播放雄壮的中华人民共和国国歌《义勇军进行曲》创设情境，要求学生运用学过的Scratch编程技术，制作一个国旗在晨光中冉冉升起的动画并配上国歌。通过以情动人、身入其境的实践操作，学生真正得到了内心的体验，感受到作为一名中国人的自豪。

二、创设德育情境

教育家杜威曾说，有意识的教育就是特别选择的环境。这种选择所根据的材料和方法都特别能朝着令人满意的方向促进生长。德育情境是教师创造的一种包含德育功能的教学情境。通过引导学生积极参与情境的体验，获得道德的理解。其核心在于激发学生的道德情感，引发学生的思想道德情感共鸣。例如，在教四年级画图《图形的复制》（广州市信息技术教科书小学第一册第12课）这一课时，通过老师课前创设环保教育故事情节，学生看到人类砍伐森林后小鸟没了家，环境变得恶劣，引出德育主题"共建绿色家园"，明确了德育主题，以此对学生进行环保教育。利用电脑绘画软件，为小鸟和所有动物重新绘画一个美丽的家园。在教学设计中，老师精心设计了三个任务：任务一为画树林。引导学生在同一个图画文件里进行复制与粘贴，利用缩小、放大，调整图像大小的功能；任务二为增添动物。引导学生在不同图画文件里进行复制与粘贴；任务三为创建家园。在这片森林中，发挥你的想象和创造力，再增加一些新的元素，完成自己满意的作品。学生们通过自己的想象，描绘出自己对环境的美好期望，进而增强了自己的环保意识（见图4-4-1）。

1. 教学设计中的三个任务

任务一　　　　任务二　　　　任务三

2. 学生作品

学生作品1　　　　学生作品2

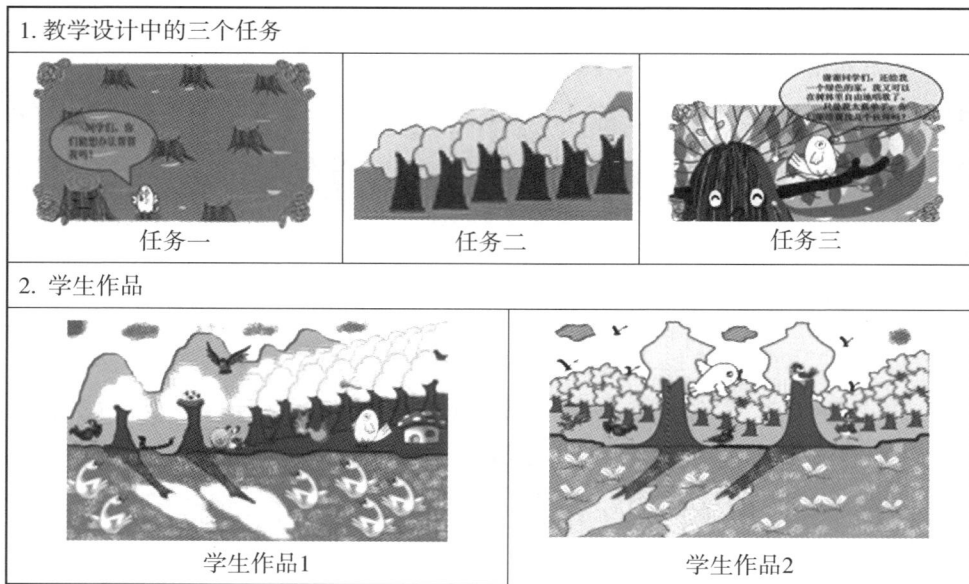

图4-4-1　画图《图形的复制》

在教学中设计了利用绘本故事创设德育情境教学法，让故事情境贯穿整个课堂，激发学生的学习兴趣，培养学生主动参与的积极性，提高了学习效果。这不但达到了寓乐于教、寓教于乐的教学目的，而且也提高了学生的环保意识。因此，以德育为主题的教学设计可以使德育目标更加明确，更好地实现德育目标。

三、开展德育活动

基于小学生活泼好动的心理特点，德育主题活动设计必须不断创新活动形式，只有德育活动的主题新颖不同，才能提高学生的兴趣，调动学生的学习兴趣，进而在实践中理解主题设计的目的并从中受益。《基础教育课程改革纲要》指出，合作学习指学生之间互相帮助，在小组学习中发挥各自的长处，分工合作，共同完成学习任务的学习方法。因此，在信息技术教学中，开展德育活动不但要创新活动形式，而且更需要合作学习，在合作学习中培养学生的团结协作精神，是信息技术学科教学中必要的德育内容。

例如，幻灯片集声音、图片、文字和视频于一体，而且操作简单，界面友好，易于学习和使用，如让学生围绕"多彩童年"这一主题制作幻灯片，学生十分喜欢。老师先给学生布置一定难度的任务，要求他们在一定期限内完成；再将一些安静的学生和一些好动的学生结成小组，充分发挥学生之间的合作意识，使学生之间能够相互带动、感染，共同完成教学任务。首先，学生分小组上网搜索相关资料，再通过QQ群、微信群、学习论坛等互相学习交流，还可以小组间开展讨论，发表自己的看法，提出自己的观点，让学生在这些活动中学会合作，体验乐趣，还让他们一起克服困难，增强与人沟通的能力，促进人际交往，在合作中找到自己的价值。同时，老师也不应忽视网络的负面作用，通过教育和指导，加强学生辨别信息和抵制不良信息的能力，培养学生良好的信息意识和诚信道德意识。然后，学生以小组讨论后的结果再用幻灯片集合在一起进行整体制作。同时，老师重视培养学生的团队协作精神，小组中的学生共同讨论问题，发散思考，用心学习，大胆发挥各自的聪明才智，表达不同的意见，实现相互促进。最后，对完成的作品进行全班展示和互相评价交流。通过合作学习，学生逐渐意识到，不能只考虑个人的进步和成功，学习需要团结与协作，而不仅仅是竞争，进而感到整个集体是共同进步的，并再次感受到同学与同学之间相互帮助的友谊和真情，增强参与感，提高其自信心，这有利于同学们建立良好的人际关系，形成健康的价值观。

四、展示德育成果

在信息技术教学中，创设环境优美、形象鲜明的德育情境，能强烈地感染学生；并且在电脑绘画、电子板报、Scratch等学生创作的作品中，都充分展示了渗透德育教育在小学信息课中的实践成果。每年，广东省、广州市和海珠区举办的各级电脑制作活动比赛中，我校学生创作出以爱家乡、爱祖国为主题的电脑绘画作品《心中广州，我的家》《醒师贺国庆》《阿福送桃贺国庆》等，带有环保教育主题的绘画、电子板报作品《海洋卫士》《五羊滋润神州大地》《省电秘诀》《倩倩海报》等，具有诚信教育主题的绘画作品《今天晚上到底吃什么？》《打拐》等，以及具有感恩教育主题的绘画作品《甜美的回忆》《沐浴父子》等都分别获得一、二等奖的好成绩。在作品创作过程中，学生们充分发挥自己的想象，用丰富多彩的画笔描绘出以德育为主题的丰富作品，一幅幅电脑作品生动地展示了学生对祖国、母亲的感恩之情和对地球的深深爱护之意，以及对美好生活的向往和美丽人生的追求。

图4-4-2　学生作品

　　总之，立足核心素养，渗透德育教育，在信息技术课中渗透德育教育是必要的。信息技术教师不仅要传授学生信息技术知识与技能，还要关注提高学生的思想道德素养。要根据课程特点和学生的年龄特点，整合教育资源，将爱国主义教育、安全教育、社会法律教育和健康心理教育等道德教育有效渗透到信息技术教学中，适时创设德育情境，开展德育活动，营造出浓郁的教育氛围，使学生受到感染与鼓舞，促使学生健康成长，培养学生成为有理想、有道德、有文化、有纪律的社会主义事业的建设者和接班人。

（广州市海珠区后乐园街小学　冯　妍）

体验文化风情，育人于无形

——"快乐打字"主题游戏互动教学法介绍

键盘指法是信息技术课程最基本的技能，掌握一手规范熟练的指法，对学生后续课程的学习有事半功倍的作用。因此，信息技术的键盘教学，更多的是如何规范他们的指法，需要大量枯燥无味的上机训练，这就要求教师要精心设计教学活动，借助课件等各种趣味载体，给学生枯燥的学习加点"料"，于是，"快乐打字"主题游戏互动教学课件应运而生。

此课件由郑贤工作室《快乐打字行动研究》课题组开发，笔者参与了课题研究的全过程，并把课题的成果运用于教学实践中，下面结合笔者的教学实际，谈谈利用郑贤工作室 "快乐打字"主题互动教学课件进行打字教学的"趣"和"乐"，以及用它构筑打字教学高效课堂的操作方法。此方法可称为"'快乐打字'主题游戏互动教学法"，它根据学生的年龄及认知特点，以各个城市为主题，以地方风土人文为载体，把技能教学融入其中，运用激趣、引导、提问、练习等策略，借助互动课件，以游戏关卡的形式展示，学生通过闯关完成技能学习，在获得打字技能的同时又能增长人文知识。

【课程命名】

"快乐打字"主题游戏互动教学法。

【教学理念】

著名心理学家皮亚杰认为："一切有成效的工作必须以某种兴趣为先决条件。"信息技术是一门技能课，如果整节课都是沉闷的专业术语，缺乏趣味，就无法培养学生对课堂的亲近之感，更难以实现有效教学。"快乐打字"课堂以培养正确使用计算机的基本操作为目标，以设计适合小学生年龄和心理特征的键盘指法学习课件为突破口，以特定的风土人文为载体，以构建适合小学生学习的打字教学策略为手段，以课程的有效整合为特色，改变过去单调、枯燥的打字课堂，营造快乐、轻松、成功的学习氛围，通过手击、眼看、脑想的训练，引导学生运用正确的指法击键，精讲多练，多形式开展教学，有效提高学生的打字技能和信息素养，同时，在学习的过程中让学生游历广东各地的风土人情，寓教于乐。

【教学方法】

"快乐打字"主题游戏互动教学法让学生有了持续不断的动力，使学生走出"厌打"的局面，享受"乐打"的成果，构筑了打字教学的高效课堂。

1. 把教学融入学生感兴趣的新鲜载体中，培养学生的信息社会责任

任何学科的教学要取得好效果，都要给学生插上"趣"膀。"快乐打字"根据学生的年龄及认知特征，把亚运火炬传递路线与打字教学相结合，以广东的风土人情为载体，运用激趣、引导、提问、练习等教学策略，让学生在信息技术课堂中插上了"趣"膀，在关卡练习中掌握新知并巩固旧知，不但实现了高效的打字教学，同时学生对广东的风土人情也有所了解和认识，信息技术和人文素养结合，兼有德育美育，让打字教学不再枯燥无味，这是信息技术教学的一大突破。从一个社会人的角度来说，学生也得以更全面的发展。

2. 借助课件进行游戏教学，调动学生的积极性，提高课堂实效

游戏对学生有超强的魔力，很多老师怕影响教学目标和进度，在课堂中拒绝游戏。没错，游戏会让学生痴迷，影响学习，但如果把握好了，也会对学生有极大地促进作用。

"快乐打字"互动教学课件立足键盘技能教学，以城市为主线创设故事情境，通过游戏关卡练习让学生对教学内容进行热身、巩固提高、拓展升华。课件的使用，提高了课堂中师生的互动，不但让学生体验到信息技术课堂的成功与快乐，学习积极性大大提高，也减轻了教师的负担，教师有了更多的时间去辅导学生，规范击键指法，实现"精讲多练"。整节课充分调动了学生的视觉、听觉、手、脑等信息器官，使学生在教师的引导下进行有意义的、自主的知识建构，提高课堂教学的实效。

3. 面向全体，分层教学，给予学生更大地发展空间

信息技术课中，学生的水平差异很大，实施分层教学很有必要。"快乐打字"每节课的闯关练习都有三个层次：第一层次为新知练习，是对本课中新学习的几个键的击键练习；第二层次为巩固练习，是对所有学习过的键的混合练习，要求所有的学生都要掌握；第三层次为拓展练习，是从机械式训练过渡到"边想边打"的高层次训练，并且还有时间限制，大大提高了练习的难度。对于基础薄弱的学生，要求先进行偏重于新知练习、巩固练习的机械式训练，再进行 "边想边打"的高层次训练过渡。对于基础较好的同学，则要求完成基础和巩固任务后进入"边打边想"的高层次训练，并发挥小老师的作用。分层教学让学生有了更大的选择空间，各层次的学生都可以得到相应的提高。

4. 争当"五星打字王"，获得"流动金杯"——快乐课堂的原动力

小学生好胜心强，渴望得到教师、同学的认可，只要把他们这种学习心理潜能激发出来，提高成绩也是顺理成章的事。"快乐打字"精心设计教学环节，借助教学课件对课堂进行优化，每个小组都要齐心协力才能夺得金杯，获得"金杯"和"五星打字王"就是每一名学生兴趣源源不绝的源动力。

"快乐打字"不仅改变了学生学习信息技术的方式，也体现了"合作学习、自主学习和探究学习"的理念，活跃了课堂气氛，有利于学生综合素质的培养。

【教学过程】

广州地区学校从四年级开始开设信息技术课，现行使用的是市编《信息技术》新教材，键盘教学有六课时，时间短，训练量大，难以形成规范的键盘指法，作为补充，"快乐打字"教学适合在三年级校本课程中开展，时间为一学期。

我们课题组遵照理论与实践相结合的原则，由浅入深、循序渐进地安排教学内容，把键盘指法教学编排为五部分，具体见图4-4-3：

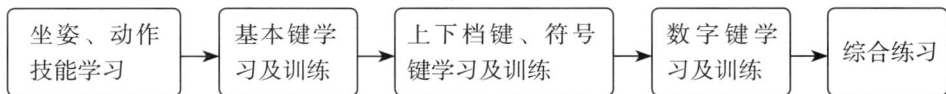

坐姿、动作技能学习 → 基本键学习及训练 → 上下档键、符号键学习及训练 → 数字键学习及训练 → 综合练习

图4-4-3 "快乐打字"教学内容划分

在以上五部分内容划分的基础上，进一步把教学内容细分为十三课时，具体划分见表4-4-1：

表4-4-1 "快乐打字"课时划分

课时	学习内容	游历城市
第1课时	学习字母键和符号键"A、S、L、；"击键方法	广州
第2课时	学习字母键"D、F、J、K"击键方法	中山
第3课时	学习字母键"G、H、T、Y"击键方法	珠海
第4课时	学习字母键"E、R、U、I"击键方法	东莞
第5课时	学习字母键"Q、W、O、P"击键方法	惠州
第6课时	学习字母键"V、B、N、M"击键方法	揭阳
第7课时	学习字母和符号键"X、C、，、."击键方法	梅州
第8课时	学习字母和符号键"Z、'、'、"击键方法	河源
第9课时	学习上档键"shift"击键方法	韶关
第10课时	学习符号键""、"、？"击键方法	肇庆
第11课时	学习数字键"3、4、7、8"击键方法	阳江
第12课时	学习数字键"1、2、9、0"击键方法	湛江
第13课时	学习数字键"5、6"击键方法及综合练习	广州

为配合每一课的教学，我们开发了互动教学课件，以"广东风情游"为主线，按亚运火炬传递路线把广州、中山等十三个城市串联起来，把教学内容设计成十三课，每周一课。通过每一课的图片、文字、视频等传递城市精神，同时穿插新知学习，每一课的重难点学习都寓于快乐旅途中，让学生在游学中形成并掌握打字技能。

下面，以第1课《学习字母键和符号键"A、S、L、；"击键方法》为例，说明利用此互动教学课件构筑高效打字课堂的具体操作方法：

第1课以游历"广州"为主线，根据教学内容设置了键盘拼图、指法视频、游览指引、游戏闯关、补充单词、积分兑换等教学环节。在键盘拼图、指法视频以及教师讲授等教学环节后，学生对本课的知识技能基本掌握，则进入利用所学进行闯关的游戏环节。

本课有五个景点，每个景点为一个关卡，并根据本课知识点设置障碍，学生每完成一个关卡即可获得相应积分和景点介绍，根据通关能力和获得的积分高低，课件上会显示相应的打字"星级"。通过所有景点关卡后进入利用本课所学"补充单词"的环节，和英语学科整合。课件最后还准备了很多广州市其他景点介绍，但需要学生用积分兑换门票后才能参观。

除了在打字课件中获得打字"星级"外，每名学生还有五颗小星星，每完成一关则放相应的小星星到显示器上，表示已完成，老师可以随时掌握学生的完成情况。在黑板上，还有"小组PK擂台"，对学生在课堂中的学习情况、指法、小组合作等进行评价。最后，老师综合各种评价，对获得冠军的小组授予流动金杯。

借助教学课件，配合教师的激趣引导和"星级打字王""任务小星星""小组PK擂台"等及时、有效的评价，可以极大地调动学生学习的积极性，引导其快乐地参与到打字学习中去。为了能兑换更多的景点门票和成为"星级打字王"，学生能不断地去重复闯关，以获得更多的积分，同时，也巩固了所学的知识和技能。

【教学反思】

"快乐打字"主题游戏互动教学法把握了低年级学生的学习心理特点，精心设计课件，融游戏、人文及各种公民素质教育于打字教学中，学生在教师的引导下进行合作、自主探究学习，做学习的主人。此教学法实施后，学生对键盘学习的热情空前高涨，打字课堂的教学效果得到明显提高。

但是，也有不足和需要改进的地方，主要内容如下：

在课件和教学中融入了许多有关广东的风土人文元素，在有效激发和保持学生学习兴趣的同时，不可避免地占了课堂训练的时间。因此，需要进一步优化各教学环节的时间分配，精讲多练，进一步提高课堂教学效率。

课堂中使用的教学课件是已设计好的，而课堂却是动态的，在实际的运用中如何处理好教学中"课件预设"与"课堂生成"之间的矛盾，既要重视课件，又不盲从课件；既要依托课件，又不被课件所束缚，这就需要教师有较强的驾驭课堂的能力和丰富的教学经验。

（广州市海珠区海珠区龙潭小学　邹红毅）

在 Scratch 教学中培养信息社会责任素养的途径

一、德育教育背景下的 Scratch 课堂

Scratch 操作简单，不需要学习非常复杂的语法，仅仅是按照逻辑拼接组合进行模块排列。德育背景下的 Scratch，以学生的兴趣为基础，以德育为指导，在学生的学习过程中融入渗透。

1. 转变角色观念，让德育因素在 Scratch 课堂中萌芽

传统的 Scratch 课堂中，学生往往跟随教师"依样画葫"，即跟着教师的脚步和思路，学习活动缺乏主动性。素质教育背景下的 Scratch 课堂，教师要转变观念，转变对自身定位的认知。信息技术的高速发展促进了 Scratch 技术的发展，这要求信息技术教师也要跟随时代的发展潮流，不断充实自己的知识，掌握一定程度的新技术，以便更好地与学生在课堂中交流。同时也要改进学生的学习方式，让学生积极主动地去学习，同时更新思维观念。例如，学生在键盘控制以及条件侦测一课中，教材内容主要以学生对键盘控制、颜色侦测和角色侦测的学习为主，因此在实际教学过程中，教师可以给学生创造一个良好的学习情境，让学生在学习情境中感受与体验，在轻松的学习氛围中提高学习的热情。在这一过程中，学生和教师的角色就有了一定程度的转变：从被要求学转变到主动学，以及和老师、同学进行合作学习，在学生完成基础任务，掌握技能之后，教师可以设置挑战任务分配小组合作完成，在小组合作的过程中，学生往往能齐心协力地思考并解决很多问题。通过合作学习，每名同学的价值都得以体现，潜力都得以发掘和发展。

2. 回归学习本质，让课堂回归生活

信息技术的飞跃发展为我国教育开创了更大的舞台，不仅开阔了学生的眼界，拓宽了学生的知识面，而且还极大地促进了学生的创新实践能力的发展。教师是课堂的引领者，在课程学习中应该结合实际，解决学生的实际问题。在核心素养框架下，责任担当是很重要的一个元素。学生在享受信息技术带来的便利的同时，也应该承担起这样的责任。遵守信息社会法律法规、道德规则、

文明公约等是每名学生所必备的素养。

二、Scratch课堂中德育渗透的具体措施

1. 把握教材特点，强化引导教育

由于Scratch相对于其他内容具有特殊性，因此在教学中要因地制宜，从实际情况出发制订道德教育渗透方式。Scratch教学分为理论和实践两部分，理论部分具有鲜明的特征。在进行课程的实践部分之前，对小学生的理论教育可以提高小学生对Scratch的正确认识，让小学生明确这一内容的目的和意义，从根本上改变学生对信息技术学科学习的偏差认知，改变一些小学生对软件操作的排斥感。

Scratch教学的实践部分项目多种多样，每个章节的训练都有各自的鲜明特征，在教学过程中应该根据实际情况有目的地制定德育渗透方式。同时授课教师也应该注意适宜适度原则，对学生的技能训练强度应该视小学生的心理状态而做出相应的调整，同时采用心理暗示的方法，鼓励学生，稳定学生的情绪，完成任务的同时磨砺学生的意志。

2. 精心组织课堂教学，多种活动渗透德育

在Scratch课堂中，同学们合作学习，不仅要向别人学习，还要为自己学习，这也是德育的重要形式之一。①举办比赛。以合作的方式有利于激发每名学生的集体与竞争意识。学生们为了达到共同的目标，都会全力以赴去努力，都会为集体的荣誉而战，大家努力完善自己，强烈的集体荣誉感在一举一动中就会展现出来。②分小组练习。在教学的过程中，技能掌握程度差的学生也应该得到尊重，将其与程度较好的学生进行组队合作，这有助于很快把学习效率提高，有利于培养学生的上进心，养成持续练习的好习惯。③阶段总结。老师要每周记录学生的课堂表现，并每周做总结，分析一周以来的不足和进步，为下一次上课吸取更多的经验，从而为更好地进行课堂活动做准备。培养学生的自我反思习惯，从而促进个体得到更好地发展。

3. 课堂授课营造文明氛围

教师必须真正以爱的名义走进学生内心的情感世界。教师动作比语言教学更重要。对于学生来说，老师是朋友，是道德环境的创造者和爱的主人。因此，教师应给予学生更多的关心、关注和尊重。在教学中，教师要善于发现教

育的起点和结合点，以达到自然渗透和潜移默化的影响。在课堂上，教师营造文明和谐的学习氛围，不仅可以提高学习效率，还可以使学生在学习中培养情感，学会文明礼仪，使知识和道德共同进步。课堂教学不仅是语言知识的学习和实践所在，也是师生情感交流、交际能力和创造精神生活的场所。学生只有在轻松、和谐、愉悦的氛围中学习，才会培养完善的人格。

4. 针对学生的年龄特点，坚持正面教育为主，表扬与批评相结合

教育应该正面进行，建立自信心。由于经济的快速发展，家庭和社会环境对学生的影响各不相同，这就一定程度上导致了学生的逆反心理；而且由于亲人的过度保护，他们形成了依赖心理，面对困难和挫折不能独立解决；再加上学生的性格差异，所以学生的承受能力也不尽相同，承受力弱的同学可能在学习Scratch中更容易出现消极不自信的现象。因此，老师应该坚持正面教育为主，给予他们适当的鼓励。针对学生不同的性格特点，采取不同的应对措施，让学生的智力和道德共同进步。在教育时，要一视同仁地对待学生，树立正确的榜样，鼓励后进生迎头赶上。

5. 注入信息社会责任讨论，强化德育渗透效果

在Scratch动画设计中，关于一些角色情景对话、人物行为动作的设计，让学生通过小组讨论、集思广益后，编辑积极正面的语段到程序脚本中。在此过程中促使学生自觉树立遵循信息社会的法律法规，遵守社会道德规范，有秩序、有道德地开展信息活动，养成良好的信息社会学习、工作、生活习惯的观念和意识。并结合实际生活，培养正面的思想道德情操，确保学生创作的作品作风端正、价值观正确。

（广州市海珠区南武实验小学　梁　戈）

俭以养德，培养德才兼备的好少年

——以小学Scratch的"键盘控制及条件侦测指令"为例

【教学分析】

1. 内容分析

本课是广东省科研课题《基于项目学习在小学信息技术Scratch教学中的应用研究》实践课例的第4课时，学习的新知有：角色的面向、键盘的控制、颜色和角色的侦测。本节课首次引入键盘控制程序执行，改变了之前顺序编程的思维方式，程序执行的控制方式变得更丰富，在此基础上，融入"如果……"控制指令和"碰到颜色……""碰到……"条件侦测指令等。键盘控制和条件侦测是Scratch程序设计的重要组成部分，本课是在学生学会了Scratch基本指令的基础上的进一步延伸，对后续内容的学习起到承前启后的作用，更为后面的课程做铺垫。

2. 现状分析

课题研究实践课以德育项目为主线，把中国传统的德育价值观：礼、让、信、俭、孝、悌、忠、义、和、恕、爱、仁，用Scratch动画或游戏呈现出来，本课以"俭"进行创作，并让学生体会传承中华美德从"俭"开始。

【教学方法】

信息技术课需要体现德育、人文素养和计算思维的教学思想。

传统的程序设计课枯燥乏味，Scratch课堂教学中，不少教师为了提高学生的积极性和课堂的趣味性，引入了不少生动有趣的学习情境，编造刺激好玩的游戏，但游戏情境跟实际生活相差甚远，容易造成学生道德观与价值观的偏离，基于此，以二十四孝为主题，通过一系列德育主题活动的制作，使学生在模拟当今社会情境中进行体会、尝试、实践，提高自身保护意识和对不良现象、行为的防范意识，并逐步养成良好的行为习惯。同时，在信息技术课中融入人文因素，也体现了未来学科融合的方向。

信息技术课堂的核心培养目标之一是培养和发展学生的计算思维，现在的信息技术课堂更注重提高学生应用信息技术思考问题、解决问题的能力，并引导学生理解技术表象背后相对一致的算法原理，从而正确地看待、批判性地使用技术。本课程系列主要是让学生在利用Scratch语言程序进行创作的过程中，培养逻辑思维能力与解决问题的能力，并把解决问题的思维方式迁移到实际的学习生活中，成为独立思考的创造者，从而达成初步培养学生计算思维意识的目标。

【教学目标】

1. 知识与技能：使学生会用键盘控制指令控制程序执行；会用"面向……方向"动作指令编写程序脚本；会用"如果……"条件控制指令编写程序脚本；会用"碰到……"条件侦测指令编写程序脚本。

2. 过程与方法：通过自主尝试、小组合作、师生互动等方式，使学生掌握键盘控制及条件侦测指令的应用，能综合运用外观指令、动作指令编写更加丰富的作品。

3. 情感、态度与价值观：使学生用Scratch制作"俭"主题的美德作品，学习俭以养德，从身边的小事做起；通过创作Scratch作品，提升Scratch学习编写程序的兴趣，培养遇到问题后善于分解难度，逐一解决问题的思维习惯。

【教学流程】

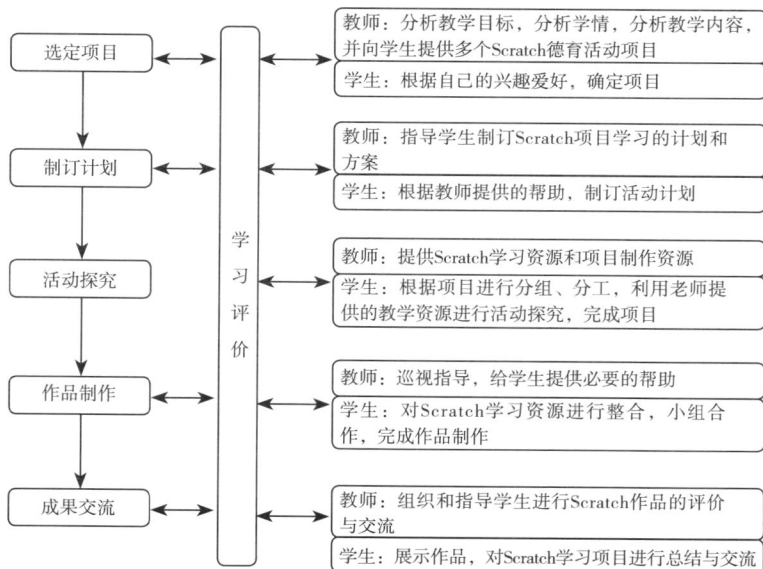

选定项目	教师：分析教学目标，分析学情，分析教学内容，并向学生提供多个Scratch德育活动项目
	学生：根据自己的兴趣爱好，确定项目
制订计划	教师：指导学生制订Scratch项目学习的计划和方案
	学生：根据教师提供的帮助，制订活动计划
活动探究	教师：提供Scratch学习资源和项目制作资源
	学生：根据项目进行分组、分工，利用老师提供的教学资源进行活动探究，完成项目
作品制作	教师：巡视指导，给学生提供必要的帮助
	学生：对Scratch学习资源进行整合，小组合作，完成作品制作
成果交流	教师：组织和指导学生进行Scratch作品的评价与交流
	学生：展示作品，对Scratch学习项目进行总结与交流

（中间竖栏：学习评价）

本课主要以广州市小学信息技术教科书的课程教学目标为基础，采用基于项目学习的方式，以计算思维探究式的教学模式，以"俭以养德"为活动主线，合理地设计学习任务。

1. 教法：运用计算思维探究式的教学模式。具体实施过程：①范例（或视频）引领，激发学生的兴趣并提出探究式问题；②运用计算思维方式，启发学生思考；③实时提供资源，帮助学生进行自主探究学习；④教师提供协助，让学生通过小组合作解决问题；⑤总结拓展。

2. 学法：采用基于项目学习的方式，以传统德育文化中的"俭"为活动主线，以解决问题为主旨，让学生自主、协作探究，达成学习目标。为进一步降低学习难度，提高学习效率，适时采用分组合作、相互交流的团队式学习解决问题。

【教学过程】

教学环节	教师活动	学生活动	设计意图
生活情境	1. 教师出示图片，引入本课 图1　铺张浪费图	思考并回答	从生活实例引入新知，用信息技术手段体现生活，以此突出学习的意义与价值；用学生熟悉的元素，激发学生创作的欲望；其设计简单，易于操作，让学生感受成功的喜悦
	2. 老师说：同学们，生活中铺张浪费的场景有很多，今天我们主要以校园生活为例，学习如何养成勤俭节约的美德。老师根据发生在校园的小事情制作了一个Scratch动画，下面我们带着问题一起观看	观看并思考	
	3. 播放"俭以养德"范例		
	4. 怎样运用Scratch制作"俭以养德"的动画呢？		

教学环节	教师活动	学生活动	设计意图
	5. 出示课题："第4课 俭以养德——键盘控制及条件侦测指令"		
分析思考	1. 分解动画逐步提问： （1）如何调整角色的方向？ （2）如何控制角色往不同方向移动？ （3）如何设置"碰到……"的条件？ 2. 逐步启发，引出新知	小组讨论、思考及回答	通过素材分解，思考作品的组成，明确用什么指令解决问题
新知探究	学习任务一：角色的面向和键盘控制		
	1. 老师说：同学们，经过前面的Scratch学习，我们掌握了使用"角色的旋转和移步"指令来控制角色的运动。怎样让角色朝不同的方向移动，又能随时停下来呢？	思考及回答	
	2. 讲解： 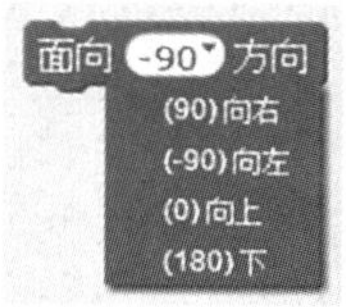 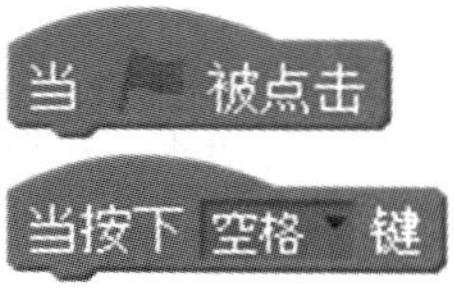 图2 角色的面向　　图3 键盘控制		学生在前面的课程中已经学习了"角色的旋转和移步""当绿旗被点击"等知识
	3. 布置学习任务： （1）教师示范完成 "A同学"角色向左移动 （2）让学生自主尝试操作完成后面的任务。为角色编写脚本，实现它分别朝上、下、左、右移动的效果 （3）鼓励学有余力的学生在完成任务的基础上进行创作	自主尝试操作，完成学习任务一	充分发挥学生的学习能力，引导学生通过自主探究完成。以达到以旧带新、举一反三的效果
	4. 巡视学生，个别指导		
	5. 教师根据学生的汇报，进行适时点拨、引导，总结角色的面向和键盘控制的方法	学生汇报	
	学习任务二：条件侦测		

续 表

教学环节	教师活动	学生活动	设计意图
新知探究	1. 导语：当"A同学"角色碰到"水龙头"角色，"水龙头"立即停止滴水，这是怎么做到的呢？	观看并思考，说出"水龙头"角色条件侦测流程图	
	2. 讲解指令：  当按下 空格 键 如果 碰到 A同学 ？ 那么 将造型切换为 水龙头（关） 图4 角色的侦测		
	3. 布置学习任务：为"水龙头"角色编写脚本，执行过程见下图。 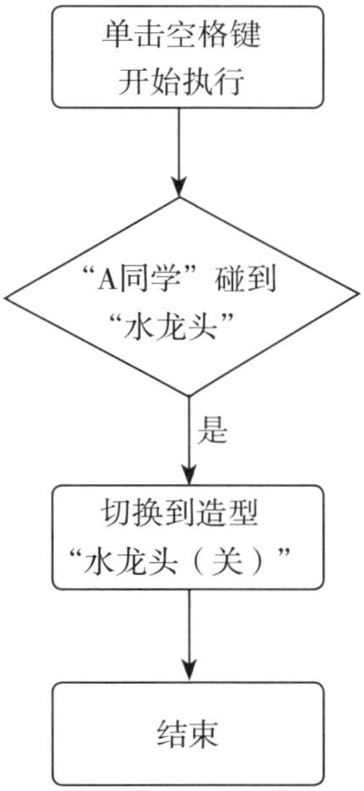 单击空格键 开始执行 ↓ "A同学"碰到 "水龙头" ↓是 切换到造型 "水龙头（关）" ↓ 结束 图5 "水龙头"角色编写脚本	聆听及观察	呈现脚本流程图，让学生观察、思考，初步培养学生分析问题与数据的能力，让学生根据流程图编写程序脚本，即培养学生算法设计的能力
	4. 巡视学生，个别指导	上机操作，完成任务二	

续 表

教学环节	教师活动	学生活动	设计意图
新知探究	5.教师根据学生的汇报，进行适时点拨、引导，总结条件侦测指令的方法	思考、查找及回答	通过分析、比较、思考、教师示范，不仅让学生学会操作的技能，还让他们知道技术背后的知识和原理，学习并内化新知，突破重难点
拓展延伸	任务三：作品创作		基于新软件学习及新授课型，重在"双基"落实，对学有余力的学生在完成任务的基础上鼓励其进行创作
	1.导语：在校园里，除了节约用水，我们还要做到节约用电、节约粮食，等等，请同学们根据老师提供的素材，完善作品	上机操作，完成任务三	
	2.作品展示与评价（生评、师评）	欣赏及评价	
	3.根据老师或同学的建议修改完善作品后上交	修改后上交作品	
总结提升	1.提问，谈本课收获或者感想	思考后回答	总结升华，为学生进一步深入学习Scratch编程做铺垫
	2.总结、留白		

（广州市海珠区知信小学　孔吉生）

诚信品质的培养——《电脑小报的页面设置》教学设计

本课主要介绍页面纸张大小、方向、颜色、边框的操作方法及预览、打印文档的设置方法。通过前一节对文字修饰的学习，学生已经会通过修饰文字来美化文章，本节是上节的延续，美化的重点放在页面设置上。本节内容对文章美化效果的影响是全局性的，有较强的视觉冲击力，也是后续小板报制作的重要基础。

【教学目标】

使学生了解"页面设置"组件的作用；会设置页面的纸张大小、方向、颜色、边框。

通过自主尝试、小组交流进行模仿制作，掌握设置页面的方法。通过完成"诚信书籍推荐卡"的制作，体验完成作品的成就和快乐，提高学习信息技术课程的兴趣，感受信息技术在生活中的作用。

【教学方法】

1. 遵循"学生为主体，教师为主导"的教学理念，以"做中学"为指导思想，采用任务驱动教学法和范例教学法，以参与学校"做诚信孩子"的活动，将制作《诚信书籍齐分享》为主线贯穿整个课堂，把设置页面的纸张大小、方向、颜色、边框及预览、打印文档的操作方法融入活动中。

2. 设置三个层次的任务来突破重难点，开展教学。任务一："诚信孩子，齐点赞"，分享诚信故事和身边的诚信故事，点燃孩子心中的诚信种子；任务二：《诚信书籍推荐卡》的页面属性设置，解决知识重难点。任务三：继续编辑《诚信书籍推荐卡》作品并打印，学以致用，分享诚信书籍。

3. 学生进行自主探究，可以通过阅读教材、上机实践、同伴互助、师生互动等活动开展相关学习。

4. 设计四个环节展开教学，即"情境导入—探究新知—巩固拓展—课堂小结"。

【教学过程】

教学活动一：情境创设——"诚信孩子，齐点赞"

学校活动公告：同学们，听说过《狼来了》的故事吗？说谎的孩子，最后会失去救援之手，为自己的言行付出代价。鲁迅也曾说过，诚信乃为人之本！快快加入"做诚信孩子"的活动吧！

设计意图：诚信是中华民族的传统美德，自古就被品德高尚者奉为立身之本，倡议大家一起来做诚信的孩子。

教师："人无诚信不立""国无诚信不稳"，请你分享诚信故事和身边的诚信事迹，播撒诚信的种子到大家的心中。

设计意图：以学校活动情境引导同学们分享身边的诚信故事，为下一步诚信书籍推荐卡的制作做铺垫。

教学活动二：探究新知——制作《诚信书籍推荐卡》

展示作品：通过阅读，很多同学都想把自己喜欢的诚信书籍推荐给其他同学，确实也有同学已经做了，请同学们对比这两个作品，仔细观察并说说它们之间的不同。

设计意图：从进行了页面设置和没有进行页面设置的两个作品对比中，感受全局性的文章美化效果，不仅可以引起学生的兴趣，也可以引出本课的新授知识。

教师：你更喜欢哪个作品？如何用技术做出这种效果？

设计意图：通过文章效果视觉冲击的对比，引发学生思考——用什么技术可以做出这样的效果。

教师：其实要达到这种效果，只要进行页面设置即可，那么怎样进行设置？大家可以通过尝试、微课、课本、小组交流的方式来学习。

设计意图：通过学习支架的指引，落实学生自主学习的任务，提高学生的自学能力。

教学活动三：巩固拓展——美化、分享作品《诚信书籍推荐卡》

教师：运用前一节所学的文字修饰知识美化《诚信书籍推荐卡》，并分享给你的同学。

设计意图：引导学生学以致用，在巩固新知的同时，体验学习的乐趣和成功感。

【教学反思】

1. 单元教学主题与学校进行的"做诚信孩子"活动一致

学校开展"做诚信孩子"活动期间，恰好五年级进行本单元学习，因此采用以诚信为主题的文章，从诚信文章进行录入，学习输入法、修改、删除等操作，到对诚信文本的字体、字号加以修饰，插入诚信图片，美化文章，进行页面设置，最后制作诚信主题的小板报，跟学校活动主题一致，用学科技术手段进一步加深对诚信的理解，学生在这样耳濡目染中逐渐将"诚信"的品德内化在自己的思想意识中。

2. 教学各环节渗透诚信教育

本课以"诚信孩子，齐点赞"作为情境引入，分享身边的诚信故事，引出制作《诚信书籍推荐卡》，让学生发现问题，并提供学习支架让学生在自主探究的过程中学会操作方法。通过设计不同的任务，突出教学重点，突破教学难点。教学各环节中均以温馨提示诚实对待小组竞赛，渗透诚信教育。

3. 小组内成员自评、互评，促使学生自我认同与完善

利用小学生好胜、好强的特点开展学生诚信自评、互评，课堂上抓住时机进行适当的师评。通过教师对学生行为的分析评价和学生对自己、同伴行为的分析，让学生对自己的能力、状态、行为进行反思，并改进目前的行为，向预定目标前进，最后提升自我、超越自我。

总之，随着技术的不断发展和延伸，信息社会的网络生活逐渐成为现代社会必不可少的一种生活方式和文化现象，但是网络也是把双刃剑，在给社会进步、人类发展带来便利的同时，也给人带来诸多复杂的问题。小学生正是良好品德塑造和良好习惯养成的关键时期，他们的诚信状况关乎社会主义市场经济能否持续健康发展的关键，因此，诚信教育作为当代信息道德教育的一个新视点，是一个长期、系统的过程。作为教育工作者，有责任培养学生的诚信行为，笔者在所任教的信息技术学科课堂教学中加入诚信教育，收到良好效果，这样既端正了学生学习中的态度和习惯问题，提高了学习效率，也提升了其信息道德意识和信息责任意识。

（广州市海珠区客村小学　罗秀红）

以和为贵——《Scratch 角色的控制及变量的使用》教学设计

"和"是相安、谐调的意思。自古以来崇尚"和谐"，以和为贵是儒家倡导的道德实践的原则。《论语》中提道："礼之用，和为贵。"就是说，礼的最重要的作用，就是使一切都能够和顺和谐。在今天，习近平总书记提出的社会主义核心价值观中，"和谐"更是处在三个层面中最高的层面。我们有必要从小就培养学生的"和"意识。

本课尝试把培养"和"意识与广州市信息技术教科书小学第三册第二单元Scratch程序设计教学相结合，让学生通过新知学习，创作Scratch作品来表现生活中的"和"。本课的新知识点有：用"当角色被点击"控制角色脚本运行，变量的创建及运用等。"当角色被点击"指令能触发角色执行某一程序脚本快，是创作交互式Scratch作品的重要指令之一。而变量又是程序设计中相关数据复制与计算的暂存器，在稍复杂的程序脚本设计中扮演着重要角色。因此，本课是在前面学会条件判断和重复、数字与逻辑运算等指令的基础上，承前启后，延伸学习，为后续创作综合作品打下良好基础的重要一课。

【教学目标】

使学生了解"当角色被点击"控制指令的作用；会用"当角色被点击"指令控制程序脚本的执行；能新建一个变量，并对变量的值进行设置；能对变量进行简单的计算。

在课堂创设的情景和任务学习活动中，制作表达"和"意识的作品，理解"和"的含义，培养"以和为贵"的价值观。

【教学方法】

本课的学习者是小学六年级的学生，经过学习，已经掌握了动作、外观、控制、侦测、逻辑运算等部分指令，在Scratch程序脚本设计方面已有一定的逻辑思维能力和分析能力，而本节课的学习内容对学生的抽象思维能力有一定的要求，因此，教学中着重通过实例帮助学生加深理解。

本课设置了三个任务，逐步达成教学目标：任务一为"点击角色轻提醒，造型切换'和为贵'"，学习"当角色被点击"控制指令的用法，学会用"当角色被点击"触发脚本的执行；任务二为"创建变量控程序，和谐气氛可视化"，学会创建变量以及通过指令控制变量值的增减，突破教学重难点；任务三为"新旧知识综合用，和谐结局自主创"，引导学生综合运用学过的指令，自主创作当变量值达到指定数值时才会触发的结局动画。

本课采用计算思维探究式的教学模式开展教学：①创设情境并展示范例，激发兴趣并提出问题，明确学习目标；②通过互动问答，协助学生分析范例，启发学生思考，把复杂的问题细分为若干小问题，训练学生的计算思维；③提供学习资源，让学生自主探究学习；④每个任务完成后，让学生对作品进行点评，并改进、完善自己的作品；⑤引导学生对本课所学进行梳理总结、巩固升华。

【教学过程】

教学环节	教师活动	学生活动	设计意图
导入	1. 问：社会主义核心价值观是什么？	积极思考	把本课重点学习的"和"意识，通过互动问答的形式传达给学生
	2. 说：核心价值观分三个层面，其中最高的国家层面就包含"和谐"这一价值观。同学们知道"和"是什么意思吗？	回答问题	
	3. 解释"和"的含义，问：你知道哪些跟"和"有关的词句？	思考回答	
	4. 今天我们就以中国传统的道德价值观中的"和"为主题，开展Scratch学习与创作吧！（出示课件PPT，板书标题）		
范例分析	1. 说：在我们的校园生活、学习中，有没有遇见过这样的情境？（出示范例）面对这样一触即发的紧张气氛，我们该提醒他们什么？（展示范例功能）	观看演示	展示贴近学生生活的范例作品，激发学生的学习兴趣
	2. 问：请分步说范例的整体流程（师写板书）	分析回答	借助互动问答和流程图，帮助学生明确目标，抽象程序流程模型
	3. 说：老师已经帮同学们编写了程序的一部分，请同学们运行素材程序，回答以下两个问题： （1）每个角色有几个造型？ （2）哪些流程还没做出来？	上机尝试，回答问题	
	4. 明确编程目标： （1）变成"以和为贵"（造型切换） （2）和谐值增减变化 （3）进入和谐结局		
新知探究	**一、点击角色轻提醒，造型切换"和为贵"**		
	1. 板书流程图，表达运行过程		
	2. 问：造型切换是怎样触发的？我们学过哪些触发脚本的指令？（当绿旗被点击、当接收到……广播）这次角色造型的切换又是怎样被触发的？	思考回答	温故知新，迁移学习新知
	3. 介绍"当角色被点击"事件指令	聆听学习	

续 表

教学环节	教师活动	学生活动	设计意图
新知探究	4. 出示任务一: 编写脚本,实现"当角色被点击"时,角色造型切换为"以和为贵"。 方法:参照流程图,如果有问题小组讨论解决或请教老师	上机练习	用流程图表达程序运行过程,培养学生的抽象思维,为之后的指令编程练习提供脚手架
	5. 巡视学生,个别指导		
	6. 小结各组完成情况,展示1名学生的作品	分享交流	
	二、创建变量控程序,和谐气氛可视化		
	1. 问:范例中有一个"和谐值",最初的时候是100,两名学生切换成愤怒造型的时候变成0,切换成"以和为贵"造型的时候又变回100。这是如何做到的呢?这里我们需要新建一个变量	思考回答	变量的使用是本课的重点及难点,由教师讲解示范,做出正确的引导,再让学生通过练习巩固新知,突破教学重难点
	2. 介绍"变量"的创建及使用	聆听学习	
	3. 通过流程图,演示"变量"的添加位置	上机练习	
	4. 出示任务二: (1)创建变量"和谐值" (2)每个角色造型切换为"愤怒"时,"和谐值"减50 (3)每个角色造型切换为"以和为贵"时,"和谐值"加50 (4)方法:参照流程图,如果有问题,小组讨论解决或请教老师		
	5. 巡视学生,个别指导		
	6. 小结各组完成情况,展示1名学生的作品	分享交流	
综合拓展	**三、新旧知识综合用,和谐结局自主创**		
	1. 说:变量可以和数字逻辑运算指令相组合,作为条件控制指令的判断条件		首尾呼应,紧扣"和"价值观主题;与旧知相结合,综合拓展,培养学生的计算思维能力
	2. 演示:编写当"和谐值"重新达到100时,两个角色互相和好的和谐结局	观看演示	
	3. 综合任务:编写当"和谐值"重新达到100时,两个角色互相和好的和谐结局,可综合运用学过的知识进行自由发挥		
	4. 保存作品	上机练习	

教学环节	教师活动	学生活动	设计意图
评价交流	1. 展示学生作品	分享交流	展示学生作品，关注脚本算法进行评价，培养学生计算思维的优化方案能力；首尾呼应，总结提升
	2. 点评小结： （1）是否灵活运用本节课所学指令实现效果？ （2）动画效果是否生动、合理？		
归纳总结	1. 这节课我们了解了哪个道德价值观？	归纳小结 回答问题	
	2. 学习了哪些Scratch新指令？		
	3. 希望同学们在生活中谨记"以和为贵"，携手共建和谐社会！		

【教学反思】

1. 优点

（1）本课的范例取材贴近学生的日常生活，能与学生产生共鸣，学生学习投入，教学目标达成度高。

（2）"和"意识贯穿渗透于整个课堂，教师与学生的互动情况、学生制作的作品都充分体现了"和"，课堂气氛和谐轻松。

2. 不足

（1）前两个任务所用的时间稍超出预设，导致第三个任务的时间不得不被缩短，最后的评价交流环节也未能充分展开。

（2）第三个任务提供给学生的素材不够丰富，学生的创作受到限制，最终导致作品呈现的效果较为单一。

（广州市海珠区大江苑小学 梁永辉）

附　录

课堂教学视频赏析

《我的花档我做主》教学设计
——Excel 数据运算专题复习

《美丽的海底世界》教学设计
——重复执行控制指令

基于"习惯—技能—思维"的
培养与形成的教学设计
——以《海珠湿地大闯关
——表格的编辑》为例

《Scratch 简介》教学设计
——结识新朋友

基于计算思维能力培养的教学设计
——以"角色及外观指令"为例

基于小学信息技术教学中
计算思维的实践探索
——以 Scratch 程序编写
《雨量我知道》为例

英歌舞——声音和舞
台特效

思维导图在小学 Scratch
教学中的应用

《使用矩形、圆角矩形和多边
形工具画画》教学课例

基于数字化学习与创新素养培
养的教学设计
——以"Scratch 编程重复执行
控制指令综合练习"为例

基于项目学习在小学电脑绘画
教学中的实践
——以"'多边形'与'文字'
工具"为例

在 Scratch 教学培养信息社会
责任素养的途径

俭以养德，培养德才兼备的好少年
——以小学 Scratch 的"键盘控制
及条件侦测指令"为例

诚信品质的培养——《电脑小
报的页面设置》教学设计

以和为贵——《Scratch 角色的
控制及变量的使用》教学设计

参 考 文 献

［1］［捷］夸美纽斯.大教学论［M］.傅任敢，译.北京：教育科学出版社，1999.

［2］邬家炜.信息技术教育实用教程［M］.广州：华南理工大学出版社，2004.

［3］广东教育学院教育系.现代教育理论［M］.广州：中山大学出版社，2005.

［4］刘家访.新课程课堂教学探索系列——互动教学［M］.福州：福建教育出版社，2005.

［5］广东省教育研究院教研室.信息技术（初中第一册）［M］.广东：广东教育出版社，2017：19-20.

［6］Wing J. M. Computational thinking［J］. Commun of the. ACM，2006，49（3）：33-35.

［7］Wing J. Computational thinking［J］.J. Comput. Small Coll，2009，24（6）：6-7.

［8］Wing J. Stanzione D. Progress in Computational Thinking，and Expanding the HPC Community［J］. Communications of the ACM，2016，59（7）：10-11.

［9］陈鹏，黄荣怀，梁跃，等.如何培养计算思维——基于2006—2016年研究文献及最新国际会议论文［J］.现代远程教育研究，2018，（1）：98-112.

［10］卢蓓蓉，尹佳，高守林，等.计算机科学教育：人人享有的机会——美国《K-12计算机科学框架》的特点与启示［J］.电化教育研究，2017（3）：12-17.

［11］何钦铭，陆汉权，冯博琴.计算机基础教学的核心任务是计算思维能力的培养——《九校联盟（C9）计算机基础教学发展战略联合声明》解读［J］.中国大学教学，2010（9）：5-9.

［12］李廉.计算思维——概念与挑战［J］.中国大学教学，2012（1）：7–12.

［13］王飞跃.面向计算社会的计算素质培养：计算思维与计算文化［J］.工业和信息化教育，2013（6）：4–8.

［14］李锋，王吉庆.计算思维教育：从"为计算"到"用计算"［J］.中国电化教育，2015（10）：6–10，21.

［15］于颖，周东岱，于伟.计算思维的意蕴解析与结构建构［J］.现代教育技术，2017（5）：60–66.

［16］李锋，柳瑞雪，任友群.确立核心素养、培养关键能力——高中信息技术学科课程标准修订的再思考［J］.全球教育展望，2018，47（1）：46–55.

［17］朱亚宗.论计算思维——计算思维的科学定位、基本原理及创新路径［J］.计算机科学，2009（4）：53–55，93.

［18］Jeannette M.Wing.Computational Thinking：What and Why？［EB/OL］.http：//www.cs.cmu.edu/–CompThink/papers/TheLinkWing.pdf，2010–11–17.

［19］广东省教育厅.广东省义务教育信息技术课程纲要（试行）［S］.广州：广东高等教育出版社，2012.

［20］龚沛曾，杨志强.大学计算机基础教学中的计算思维培养［J］.中国大学教学，2012（5）：51–54.

［21］董荣胜.计算思维与计算机导论［J］.计算机科学，2009（4）：50–52.

［22］任友群，隋丰蔚，李锋.数字土著何以可能？——也谈计算思维进入中小学信息技术教育的必要性和可能性［J］.中国电化教育，2016（1）：2–8.

［23］汪红兵，姚琳，武航星，等.C语言程序设计课程中的计算思维探析［J］.中国大学教学，2014（9）：59–62.

［24］中华人民共和国教育部.普通高中信息技术课程标准［M］.北京：人民教育出版社，2017：185.

［25］李廉.关于计算思维的特质性［J］.中国大学教学，2014（11）.

［26］张立国，王国华.计算思维：信息技术学科核心素养培养的核心议题
　　　［J］.电化教育研究，2018，39（5）：115-121.

［27］钟柏昌，李艺.计算思维的概念演进与信息技术课程的价值追求［J］.
　　　课程·教材·教法，2015（7）.

［28］唐培，徐奕奕，唐新来，等.基于"计算思维"之创新创业教育分析
　　　与思考［J］.国家教育行政学院学报，2016（5）.

［29］中华人民共和国教育部.普通高中信息技术课程标准［S］.北京：人
　　　民教育出版社，2017.

［30］张云江.信息技术教学中学生良好习惯的培养［J］.素质教育，2012
　　　（7）.

［31］黄丽霞.注重习惯培养 促进技能学习［J］.素质教育，2017（36）.

［32］李师贤.广州市小学信息技术教材（第二册）［M］.广州：广东教育
　　　出版社，2013.

［33］范谊.以能力培养推动计算思维形成——基于工具软件的信息技术教
　　　学［J］.数字教育，2016（9）.

［34］曾夏玲.基于计算思维能力培养的"轻游戏"教学模式初探［J］.职教
　　　论坛，2015（11）.

［35］李贤阳，杨志坚.基于计算思维的问题导学型教学模式研究［J］.教育
　　　与职业，2015（33）.

［36］韩秋枫，孔波，李祁.大学计算机课程引入基于计算思维的问题探究
　　　式教学的思考［J］.计算机工程与科学，2014，36（S1）：186-190.

［37］王旭卿.面向三维目标的国外中小学计算思维培养与评价研究［J］.电
　　　化教育研究，2014（7）.

［38］张兆芹，陈守芳，贾维辰，等.职业教育中学生计算思维能力的培养
　　　方案探析［J］.职教论坛，2016（3）.

［39］丁振凡，张恒.Java教学中计算思维能力培养［J］.实验技术与管理，
　　　2016（6）.

［40］李师贤.广州市信息技术教科书小学第三册第二单元第13课：小小魔
　　　术师——角色及外观指令（第1版）［M］.广州：广东省教育出版
　　　社，2018.

［41］肖广德，魏雄鹰，黄荣怀.面向学科核心素养的高中信息技术课程评价建议［J］.中国电化教育，2017（1）：33.

［42］章伟.培养计算思维的小学编程校本教材开发与应用——以应用Scratch创作"迷宫大战"为例［J］.中小学数字化教学，2018（3）：57.

［43］张鹏生.思维导图在教学中的应用［M］.北京：现代教育出版，2014.

［44］［英］东尼·博赞.思维导图：大脑使用说明书［M］.张鼎昆，徐克茹，译.外语教学与研究出版社，2005.

［45］施迪央.学海无涯"图"作舟——谈思维导图在信息技术教学中的初步应用［J］.中小学信息技术教育，2006（6）：23-24.

［46］胡艺文，吴迪，陈绍东.教学中基于思维导图的知识块建构研究［J］.科技广场，2011（7）.

［47］赵蔚，李士平，姜强，等.培养计算思维，发展STEM教育——2016美国《K-12计算机科学框架》解读及启示［J］.中国电化教育，2017（5）：47-53.

［48］中华人民共和国教育部.普通高中信息技术课程标准（2017年版）［S］.北京：人民教育出版社，2018.

［49］核心素养研究课题组.中国学生发展核心素养［J］.中国教育学刊，2016（10）：1-3.

［50］Jeannette M.Wing. Computational Thinking［J］. Communications of ACM，2006，49（3）：33-35.

［51］李应聪.基于计算思维的问题求解教学模式构建与探究——以初中信息技术图像采集为例［J］.中国现代教育装备，2017（20）：49-52.

［52］曾劲伟，卢国庆，杨兵.基于APP Inventor的课堂点名系统设计与实现［J］.软件导刊，2016（4）.

［53］高成英.项目教学法应用于《APP Inventor程序设计》教学［J］.教育，2015（29）.

［54］施静萍.信息技术环境下学生个性化学习的研究——课题研究成果［J］.教育学文摘，2017，2（218）.

［55］赵海涛.论美国"基于问题的学习"模式［J］.全球教育展望，2004
（12）.

［56］SAVERY J. R. DUFFY T. M.Problem-based Learning：an instructional
model and its constructivist framework［J］.Educational Technology，
1995（5）.

［57］吴康，李钦振.基于问题的学习在小学信息技术课堂教学中的应用
［J］.软件导刊（教育技术），2015（2）：5.

［58］广州市教育研究院.广州市信息技术教科书：信息技术教师教学用书
（2013年第1版）［M］.广州：广东教育出版社，2015.

［59］牟连佳，李丕贤.PBL教学模式在信息技术课程中应用的研究［J］.教
育教学论坛，2016，9（37）：253-258.

［60］任友群，李锋，王吉庆.面向核心素养的信息技术课程设计与开发
［J］.课程·教材·教法，2016，36（7）：56-61，9.

［61］董玉琦.信息技术课程设计：构成要因与价值取向［J］.教育研究，
2005（4）：62-67.

［62］祝智庭，李锋.面向学科思维的信息技术课程设计：以高中信息技术
课程为例［J］.电化教育研究，2015，36（1）：83-88.

［63］解月光，杨鑫，付海东.高中学生信息技术学科核心素养的描述与分
级［J］.中国电化教育，2017（5）：8-14.

［64］李师贤.广州市信息技术教科书［M］.广州：广东教育出版社出版，
2015.

［65］胡乾苗.浅析微课在小学信息技术教学中的设计与应用［J］.信息技术
与教学，2018（33）.

［66］广州市教育研究院.广州市信息技术教科书：信息技术（初中　第二
册）［M］.广州：广东教育出版社，2015.

［67］许云峰，张利波.信息技术课堂任务的有效设计——以Excel教学内容
为例［J］.中小学信息技术教育，2009（6）：21-23.

［68］白头莲.案例教学法在Excel教学中的应用及效果分析［J］.中国现代
教育装备，2015（10）：90-93.

［69］朱书慧，李洋.基于任务驱动的信息技术课堂有效教学的研究——

以初中《Excel图表的创建与修饰》为例［M］.软件导刊（教育技术），2009.

［70］侯宏霞.案例教学法在中小学信息技术课程教学中的应用——以Excel具体案例设计及实践为例［J］.内蒙古师范大学学报（教育科学版），2009（12）：160-162.

［71］刘丹蓉."VBA实时测评程序"在初中信息技术技能教学中的应用研究［J］.中国现代教育装备，2014（7）：54-56，61.

［72］胡铁生.中小学微课的设计制作与评审指标解读.PPT［J］.教育部东莞微课培训会，2013.

［73］郭运庆.微课创始人谈微课的现状、问题与未来——访佛山科学技术学院胡铁生教授［J］.数字教育，2016（1）：1-8.

［74］百度百科.建构主义学习理论［DB/OL］.http：//baike.baidu.com/view/630921.htm.

［75］查尔斯·M.瑞格卢斯.细化理论：学习内容选择和排序的指南［J］.杨非，译.开放教育研究，2004（2）：26.

［76］苗逢春.信息技术教育评价：理念与实施［M］.北京：高等教育出版社，2004.

［77］何振林.MS Office与VBA高级应用案例教程［M］.北京：中国水利水电出版社，2010.

［78］车启凤，方媛.基于微课的翻转课堂教学模式研究及案例分析［J］.中国教育信息化，2017（2）：42-46.

［79］黎加厚.微课的含义与发展［J］.中小学信息技术教育，2013（4）.

［80］岑健林.胡铁生.微课：数字化教学资源新形式［J］.教育信息技术，2013（4）.

［81］焦建利.微课及其应用与影响［J］.中小学信息技术教育，2013（4）：15-16.

［82］胡铁生.微课的内涵理解与教学设计方法［J］.广东教育：综合版，2014（4）：33-35.

［83］李师贤.广州市小学信息技术教材（第三册）［M］.广州：广东教育出版社，2013.

［84］盛贤良."数字化学习与创新"素养培养的教学实践——以校本选修课程《兴趣的发现：让我们一起玩编程》为例［J］.中小学电教，2018（6）：54–56.

［85］陈至立.抓住机遇加快发展在中小学大力普及信息技术教育［J］.中国民族教育，2000（6）：3–7.

［86］祝智庭.教育信息化：教育技术的新高地［J］.中国电化教育，2001（2）：5–8.

［87］李艺.寻找信息技术课程可持续发展的源泉［J］.中小学信息技术教育，2013（1）：14–15.

［88］朱良，李全华.儿童读物插图的功能及审美取向［J］.学前教育研究，2009（6）：45–47.

［89］陈晖.论绘本的性质与特征［J］.海南师范学院学报（社会科学版），2006（1）：40–42.

［90］曹新跃.基于项目的学习在小学信息技术教学中的应用研究［D］.济南：山东师范大学，2011.

［91］魏雄鹰.中小学信息技术教学案例专题研究［M］.杭州：浙江大学出版社，2005.

［92］霍益萍.研究型学习实验与探索［M］.南宁：广西教育出版社，2002.

［93］森山京.幸福的大桌子［M］.北京：二十一世纪出版社，2018.

［94］麦克·史密斯.100层的巴士［M］.孙慧阳，译.北京：二十一世纪出版社，2014.

［95］罗兰·哈维文.海滩假日［M］.张博，译.广州：新世纪出版社，2011.

［96］汪勇.Windows画图软件与小学生电脑绘画［J］.中小学电教，2014（9）：75–77.

［97］裴娟.小学信息技术初级绘画教学中学生想象力的培养［J］.中小学电教（下半月），2014（4）：77.

［98］吕骏.童心画世界——学生画图过程中培养创造性思维的方法［J］.小学时代：教育研究，2013（23）：9.

［99］蔡青.对小学信息技术课中渗透思想品德教育的探讨［J］.教育信息化，2006（21）：15–16.

［100］孙继清.浅议信息技术教学中的德育教育［J］.中国信息技术教育，2010（2）：39.

［101］李金发.思想品德教育在小学信息技术课中的渗透［J］.才智，2016（10）：83.

［102］马晶.创客时代视角下信息技术课堂教学的探索和实践［J］.中小学电教，2016（11）.

［103］刁韵.基于核心素养的初中信息技术课堂教学实践与思考［J］.中国教育技术装备，2017（23）：112–114.